图书馆信息资源融合与
知识服务共享网络构建研究

李 靖/著

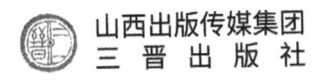

山西出版传媒集团
三晋出版社

图书在版编目(CIP)数据

图书馆信息资源融合与知识服务共享网络构建研究 / 李靖著 .-- 太原：三晋出版社，2024.12.--ISBN 978-7-5457-3175-0

I.G250.73

中国国家版本馆 CIP 数据核字第 2024FG6251 号

图书馆信息资源融合与知识服务共享网络构建研究

著　　者：李靖
责任编辑：张路

出 版 者：山西出版传统集团·三晋出版社
地　　址：太原市建设南路 21 号
电　　话：0351-4956036（总编室）
　　　　　0351-4922203（印制部）
网　　址：http://www.sjcbs.cn

经 销 者：新华书店
承 印 者：广东虎彩云印刷有限公司

开　　本：787mm × 1092mm　1/16
印　　张：14.5
字　　数：240 千字
版　　次：2025 年 1 月　第 1 次
印　　次：2025 年 1 月　第 1 次印刷
书　　号：ISBN 978-7-5457-3175-0
定　　价：79.80 元

如有印装质量问题，请与本社发行部联系　电话：0351-4922268

前　言

本书立足于当前信息时代背景，旨在探讨图书馆在信息资源融合与知识服务中的角色转变和未来发展方向。随着信息技术的飞速发展，图书馆的功能早已超越了传统的书籍存储与借阅服务，而逐步成为知识整合、信息传递的枢纽。如何通过信息资源的融合，优化知识服务，并在共享网络中实现资源的最大化利用，成为图书馆学界亟待解决的核心问题。

当代信息资源呈现出多样化、海量化的特征，这对传统的信息管理模式提出了巨大挑战。信息资源融合的概念，在图书馆管理中愈发重要，它不仅是对不同来源、类型的信息进行整合，更是对这些信息进行深度的组织与优化，以便更好地服务于用户。通过理论模型与技术手段相结合，信息资源融合为图书馆提供了全新的服务框架。它不仅提升了信息管理的效率，也扩展了资源利用的广度与深度。信息标准的统一、元数据的规范化，以及大数据和人工智能技术的应用，为资源的整合与再利用提供了有力支撑。

知识服务的提出，为图书馆的功能转型提供了新的思路。它要求图书馆不仅仅是信息的提供者，更应成为知识的创造者与传播者。知识服务通过精细化、智能化的手段，帮助用户从大量信息中提炼出有价值的内容，满足其个性化需求。我认为，图书馆在这一过程中扮演着引导者和桥梁的双重角色，不仅要在资源整合中确保知识的准确性和可用性，还要通过多样化的服务手段，为用户提供深度的知识体验。

共享网络的构建是信息资源融合与知识服务的必然延伸。图书馆在共享网络中的定位，不再仅限于单个机构内部的服务，而是通过跨机构、跨区域的协同合作，实现信息资源的广泛共享。通过共享网络，图书馆能够突破空间和时间的限制，将不同类型的信息资源和服务进行有机整合，最大限度地发挥其社会价值。共享网络的构建不仅仅是技术层面的革新，还包括了组织结构、管理机制的创新。只有建立起合理的运行机制与资源调度策略，才能确保信息资源在共享网络中的高效流动与利用。

技术的革新为信息资源融合与知识服务提供了新的驱动力。人工智能技术的广泛应用，使图书馆在信息资源的组织和管理中能够更加智能化、自动化。大数据技术则为图书馆提供了信息资源的深度挖掘与分析能力，帮助图书馆从海量数据中识别用户的需求趋势，并根据这些趋势提供个性化的服务。此外，区块链技术的引入，使得图书馆在信息资源共享网络中的数据安全与隐私保护得到了更好的保障。这些新技术的应用，使得图书馆在未来的知识服务中，能够提供更加精准和高效的服务，提升了用户的使用体验。

全球化的加速，促使图书馆在知识共享和网络服务的国际化合作中面临新的挑战与机遇。通过构建全球化的共享网络，图书馆能够与国际其他图书馆开展资源共享与协同服务，共同推动知识的全球流动。我认为，在未来，全球图书馆知识服务共同体的建立，将成为提升图书馆国际影响力的重要途径，同时也有助于构建一个更加开放、协作的知识共享生态系统。

本书的撰写不仅关注理论层面的探讨，更结合了大量的实践案例与前沿技术。同时，深入分析了信息资源融合的定义、模型与技术手段，探讨了知识服务的核心技术与应用场景，并提出了共享网络构建的若干路径与策略。这些内容的研究，不仅为图书馆在信息时代背景下的发展提供了理论基础，也为实际操作提供了具体的指导方向。

目　录

第一章　信息资源融合的理论基础 …………………………………… 001

　　第一节　信息资源融合的定义与内涵 ………………………………… 001

　　第二节　信息资源融合的模型与框架 ………………………………… 008

　　第三节　信息资源融合的技术手段 …………………………………… 016

　　第四节　信息资源融合的发展趋势 …………………………………… 023

第二章　图书馆信息资源的整合与优化 ………………………………… 031

　　第一节　图书馆信息资源的现状分析 ………………………………… 031

　　第二节　信息资源整合的必要性与可行性 …………………………… 040

　　第三节　信息资源整合的策略与方法 ………………………………… 050

　　第四节　信息资源优化的案例分析 …………………………………… 058

第三章　知识服务的理论与实践 ………………………………………… 062

　　第一节　知识服务的定义与分类 ……………………………………… 062

　　第二节　知识服务的核心技术与工具 ………………………………… 069

　　第三节　知识服务的实践案例 ………………………………………… 076

　　第四节　知识服务在图书馆中的应用与发展 ………………………… 080

第四章　共享网络的构建与管理 ………………………………………… 089

　　第一节　共享网络的定义与特点 ……………………………………… 089

　　第二节　共享网络构建的关键要素 …………………………………… 092

　　第三节　共享网络的管理与维护 ……………………………………… 100

第四节　共享网络的安全与隐私保护 …………………………………… 107

第五章　图书馆信息资源融合与知识服务共享网络的建设模式 ………… 117

第一节　信息资源融合与知识服务共享网络的耦合关系 ……………… 117
第二节　图书馆信息资源融合与共享网络的建设路径 ………………… 124
第三节　多机构协同下的知识服务共享网络构建 ……………………… 133
第四节　信息资源融合与共享网络的综合案例研究 …………………… 141

第六章　图书馆信息资源融合与知识服务共享网络的评估 ……………… 145

第一节　评估指标与方法 ………………………………………………… 145
第二节　图书馆信息资源融合评估体系 ………………………………… 152
第三节　知识服务共享网络的效能评估 ………………………………… 159
第四节　评估结果的应用与反馈机制 …………………………………… 166

第七章　图书馆信息资源融合与知识服务共享网络的发展趋势 ………… 183

第一节　信息资源融合与共享网络的前景展望 ………………………… 183
第二节　新技术对信息资源融合的影响 ………………………………… 191
第三节　图书馆知识服务的未来发展方向 ……………………………… 197
第四节　全球化背景下的图书馆共享网络构建与合作 ………………… 204

第八章　结论与展望 ………………………………………………………… 213

第一节　主要研究结论 …………………………………………………… 213
第二节　研究的局限性与未来研究方向 ………………………………… 215
第三节　对图书馆信息资源融合与知识服务的建议 …………………… 218

参考文献 ……………………………………………………………………… 223

第一章　信息资源融合的理论基础

随着信息社会的快速发展，信息资源的整合与融合已成为当代图书馆建设的核心内容。信息资源不仅涵盖了传统的书籍和文献，还包括大量的数字资源、数据集以及多媒体资料等复杂形态。这些丰富的信息资源构成了图书馆服务的基础，也对其管理与利用提出了更高的要求。随着用户对信息获取的方式与速度的需求不断增加，图书馆必须通过信息资源的有效融合，构建适应时代发展的服务体系。不同资源之间的协调、关联与统一管理，不仅能够提升资源利用的效率，还能为知识的创新与传播提供有力的支撑。同时，信息资源融合不仅是技术层面的革新，更需要从理论基础、架构设计与管理策略等方面进行系统的探索。这种探索将为图书馆未来的发展奠定坚实的基础，并推动其服务模式的转型与创新。

第一节　信息资源融合的定义与内涵

信息资源的定义和内涵，常常随时代的发展而演变，它不仅仅是指具体的知识载体或信息集合，更包含了多维的文化、学术和技术背景。在当代图书馆的运作中，如何合理界定信息资源的范畴，并深入理解其特征和价值，已成为学术研究和实践的关键问题。信息资源的融合，不仅关乎资源的简单聚合，还涉及更为复杂的协作、管理与利用方式，这些元素共同决定了信息资源在图书馆环境中的作用与潜力。通过对其内涵的探讨，能够帮助我们更全面地理解信息资源融合的核心要素，并为后续的理论和实践提供基础。

一、信息资源融合的概念界定

信息资源融合，作为图书馆界的一个热点话题，其概念内涵尚未形成统一认知。不同学者从各自的研究视角出发，对信息资源融合的概念作出了多样化的阐释。

纵观已有的研究，信息资源融合概念的提出可以追溯到20世纪90年代。伴随着信息技术的发展和数字资源的迅速增长，学者们开始关注不同载体和类型信息资源的整合问题。早期研究多从异构数据库整合的技术视角切入，强调通过统一元数据标准、中间件技术等实现跨系统、跨库的信息资源互操作和集成访问。这一阶段的融合概念侧重于信息资源的物理整合，尚未涉及资源语义关联和服务层面的融合。

随着语义Web、链接数据等技术的兴起，信息资源融合的内涵逐渐拓展。学者们开始关注信息资源的语义整合问题，强调在资源描述、组织和关联中融入更多语义元素，挖掘资源间的内在联系，实现资源的语义关联和链接，提升资源的语义组织和发现能力。这一阶段的融合概念超越了单纯的物理整合，开始强调资源语义层面的融合。

信息资源融合概念的外延进一步拓展源于大数据和智慧图书馆时代的到来。海量异构数据给传统的信息资源融合方式带来了新的挑战，也带来了融合信息资源、挖掘知识的新机遇。研究者们开始将大数据分析、知识发现等方法引入信息资源融合，注重从融合的海量数据中发现新的关联、提炼新的知识，强调信息资源融合与知识发现和智慧服务的结合。这一阶段信息资源融合的概念内涵更加丰富，融合不再局限于信息资源本身，而是与分析技术、挖掘技术、智慧服务等紧密结合，成为图书馆实现知识服务和智慧服务的基础。

综合以往研究，笔者认为，信息资源融合是一个多层次、动态演进的过程，不应局限于某个特定技术层面的概念界定。从宏观层面看，信息资源融合是图书馆顺应信息环境变化，整合内外部资源，优化资源组织，深化资源服务，适应用户需求的战略选择和行动过程。这一过程贯穿了信息资源管理和服务的各个环节，涉及物理层面的资源整合、语义层面的资源关联、服务层面的资源聚合、数据层面的资源挖掘等诸多方面。

具体而言，在资源整合方面，信息资源融合强调打破不同来源、载体、格式的信息资源之间的壁垒，通过标准规范、元数据框架、中间件平台等技术手段，实现信息资源的无缝整合与集成访问，将分散的信息资源进行聚合并统一管理，便于用户的一站式检索与获取。

在资源语义关联方面，信息资源融合注重在资源描述、组织中嵌入更多语义元素，挖掘资源间的语义关系，构建资源的语义网络。通过语义标引、本体构建、链接数据发布等方式，突破资源间的异构性，实现资源的语义关联与链接，以便从多个维度、多种路径揭示资源的内在联系，促进资源的关联发现和语义检索。

在服务聚合方面，信息资源融合强调围绕用户需求，整合多元资源与服务，提供个性化、定制化的一站式知识服务。通过构建资源发现系统、学科化服务门户等，将分散在不同系统、平台的信息资源和服务集成到统一的用户界面，实现跨库、跨域的一站式检索。同时注重将信息资源与用户关注的切入点相结合，开发基于知识图谱的智能问答、个性化推荐等智慧服务，最大限度地满足用户需求，提升服务便捷性和智能化水平。

在资源挖掘分析方面，信息资源融合日益强调运用大数据分析、人工智能等新技术，深度挖掘融合资源的内在价值，创造新的知识。通过文本挖掘、数据分析、知识抽取等技术，从海量异构数据中发现新的模式与规律，揭示隐藏的关联与趋势，提炼新的研究问题与研究方向，为创新研究、科学决策、学科服务提供新的视角与依据。

需要注意到，信息资源融合并非简单的技术堆砌，而是需要体现在资源建设、组织、服务等业务流程中的系统性变革。它要求图书馆以开放、协作、创新的理念，统筹规划信息资源的采集、整合、组织、揭示和利用，构建资源协同共享的新机制，重塑业务流程与服务模式，实现从资源导向到服务导向、从数据提供到知识创新支持的转变。这是一个系统工程，需要政策、机制、技术、流程等多方面的创新与协调。

二、信息资源融合的特征分析

信息资源融合作为图书馆事业变革与发展的重要驱动力，呈现出一些鲜明的时代特征。这些特征体现了信息资源融合的内在规律和发展趋势，反映了图书馆在应对信息环境变革中的角色定位与使命担当。

信息资源融合的一个显著特征是跨越异构资源的界限，实现多源异构资源的无缝整合。当前图书馆面对的信息资源呈现出空前的异构性和分散性，不同学科领域、不同载体形式、不同组织机构的信息资源分布在各自独立的系统与平台之中，彼此间缺乏有效的互联互通与交互，形成了信息孤岛。这种资源的碎片化状态不仅造成了资源建设的重复与浪费，也极大地影响了用户对资源的便捷发现和获取。信息资源融合通过元数据规范、语义关联、发现系统等途径，突破异构资源原有的隔阂，实现资源的集成组织与统一管理，将分散在不同系统中的异构资源进行聚合、映射和关联，最终呈现为一个逻辑统一、互联互通的资源整体，方便用户的一站式检索与获取。这种打破资源界限、突破异构壁垒的融合理念，是信息资源融合的题中应有之义。

另一个重要特征是关注信息资源内容的语义组织与关联。面对海量信息资源，传统的资源组织方式，如著录、分类、主题标引等，已难以充分揭示蕴藏在资源内容中的语义信息和内在联系。信息资源融合强调在资源组织中嵌入更多的语义元素，通过对资源进行深层次的语义标引、语义链接和本体映射，挖掘资源内容的语义特征，建立资源间的语义关系网络。通过语义组织，一方面增强了资源描述的语义表达能力，克服了传统资源组织中概念词与检索词脱节的问题，实现资源内容与用户检索的语义匹配。另一方面通过资源进行语义链接，突破资源的边界，实现资源的关联导航与发现，便于用户从多个维度、多种路径探索资源的内在联系。语义成为维系信息资源内容关联的纽带，语义组织成为实现资源融合的关键。这种着眼语义链接内容的资源组织理念，是信息资源融合的重要特征之一。

信息资源融合还呈现出服务化、个性化的鲜明特征。在大数据和云计算技术的驱动下，用户对信息资源的需求日益呈现个性化、场景化、精准化的特点。仅仅提供海量的信息资源已不能满足用户的高阶需求，如何从海量资源中甄选出真正切合用户需求的信息，如何将分散的资源按照用户的要求组织成问题解决方案，如何对信息资源进行再加工、再组织，形成新的知识产品和智力成果，已成为当下亟待解决的问题。信息资源融合顺应这一趋势，从关注资源本身转向关注资源服务，强调在资源融合的基础上，围绕用户需求开发个性化、智能化的知识服务。通过用户画像、行为分析等技术，深入挖掘用户特征与偏好，动态推送个性化的资源组合；通过数据挖掘、知识发现等手段，深度分析用户的学习、研究、工作场景，主动提供情境化的资源解决方案；通过开放数据、开放服务等机制，鼓励用户参与资源加工与再创作，形成用户与资源的交互融合，催生创新性的成果与应用。服务化的资源融合强调资源的流动性、资源组合的灵活性和服务供给的精准性，体现了以用户为中心的发展理念。

另外，信息资源融合的创新驱动特征日益凸显。融合海量异构资源、挖掘资源内在价值，需要运用前沿的信息技术和数据整理方法，需要跨学科的知识融合和交叉创新。信息资源融合实践中，大数据、人工智能、区块链等新兴技术的应用不断拓展资源融合的新疆域。运用大数据分析、机器学习等技术，可以从海量异构数据中揭示隐藏的关联，发现新的趋势与规律；利用知识图谱、自然语言处理等人工智能技术，可以建立资源内容的概念语义网络，形成跨库、跨域、跨语言的知识关联；应用区块链技术，可以实现分布式环境下的资源协同管理，促进不同机构间的资源共享与流通。新技术与资源融合既拓宽了资源融合的广度和深度，也为资源融合注入新的创新动力，对传统的资源组织、服务流程形成变革性影响。技术驱动、创新引领已成为信息资源融合的重要特征和时代主题。

协同共享是信息资源融合的另一显著特征。海量信息资源的汇聚与融合，单靠一己之力难以完成，需要多方主体的通力合作。信息资源融合实践表明，图书馆与学术机构、出版社、数据中心、技术企业等形成战略联盟，建立资源协同共建共享机制，能够集聚多方优势资源，实现优势互补，扩大资源融合的覆盖面和影响力。通过发挥学术机构的学科优势、出版社的内容优势、数据中心的数据优势、技术企业的技术优势，共同推进资源采集、加工、整合、服务的一体化融合，打造资源融合的集成化解决方案。协同共享还体现在鼓励用户参与资源融合全流程，变单向服务为双向互动。通过建立用户参与的众包机制，鼓励不同领域的专家学者、社会大众共同参与资源标注、评论、优化等工作，增强资源组织的专业性和准确性；通过建立创作者参与的自助出版平台，汇聚用户生成的内容，丰富资源的多样性和时效性；通过发挥用户的集体智慧，对已有资源进行再利用、再组织，实现资源的二次创作与增值利用。多元主体参与、多方资源汇聚、供需双方互动，成为信息资源融合实践的新常态，协作共享已成为融合发展的内在要求。

信息资源融合还呈现出系统性、渐进性的特点。融合是一个复杂的系统工程，不是一蹴而就的。它涉及信息资源管理和服务的方方面面，需要在资源建设、元数据规范、组织框架、检索揭示、智能服务等环节系统谋划、统筹推进、协调配合。任何环节的缺失或脱节，都会影响资源融合的整体效能。同时资源融合是一个循序渐进、持续优化的过程。从局部探索到整体推广，从初步整合到深度融合，从关注资源到关注服务，资源融合在不断摸索、完善中逐步推进，在成果积累、经验总结中不断优化。这种系统性、渐进性特征要求图书馆以战略眼光谋划融合实践，制定长远规划，分阶段组织实施，协调各要素齐头并进，在融合实践中坚持问题导向，注重成果转化，持续改进优化，最终实现由表及里、由点到面、由局部到整体的融合升级。

了解了以上特征，我们可以看出信息资源融合是顺应信息技术革命和知识服务变革的必然选择。打破异质资源藩篱，挖掘资源语义内涵，创新服务模式，驱动学科创新，已成为信息资源融合的时代主题。多元融合、协同共享、系统集成、持续优化的发展理念，正引领图书馆走向资源融合、知识融合、服务融合的全新境界。

三、信息资源融合的价值与意义

在数字化、网络化、智能化的时代背景下，信息资源融合已成为图书馆适应环境变革、提升服务品质、彰显社会价值的必由之路。深入分析和把握信息资源融合的价值内涵，对于图书馆界凝聚共识、明确方向、优化路径具有重要的指导意义。

图书馆长期以来积累了大量的印刷型馆藏资源，同时也引进了众多品种的数字资源。然而，由于资源的异构性和分散性，这些资源往往分别存储在不同的系统和平台之中，彼此间缺乏有效的关联与沟通。资源的碎片化和割裂化不仅影响了资源的管理效率，也极大地制约了资源的使用效率。读者难以通过一个统一的检索入口对所需资源进行发现和获取，造成了资源利用的低效和浪费。信息资源融合通过整合元数据、建设统一检索平台等方式，将传统馆藏目录、数字资源、网络信息等进行无缝对接，建立资源的有机联系，实现一站式检索，节省读者检索时间，提高资源利用率。资源融合还可突破馆藏资源的限制，通过与学术机构、出版社等建立资源共享联盟，充分汇聚校内、区域、行业的特色资源，扩大资源覆盖面，提升馆藏的广度和深度。总之，信息资源融合从根本上破解了资源碎片化的桎梏，推动了资源的集约化管理和一体化服务，是图书馆实现资源效能最大化的必由之路。

海量异构资源给传统的资源组织方式带来巨大挑战，仅依赖题名、主题、分类等描述性元数据已难以充分揭示资源内容的语义信息，难以建立资源间的关联。信息资源融合强调在资源组织中嵌入更多的语义元素，通过语义标引、本体映射、知识抽取等技术，深度挖掘资源内容的概念、实体、关系等语义要素，建立资源的语义链接。通过语义组织，资源检索从基于关键词的查准率提升转向基于概念语义的关联探索，用户可根据概念词的语义关系进行系统化浏览和发现性探索，有效弥补了关键词查准率不高、资源内容揭示不足的缺陷。同时资源内容经过语义抽取、映射、链接融合处理后，突破了原有物理载体和存储位置的限制，实现了语义层面、知识层面的互联互通。用户可从任意资源出发，根据主题概念、研究问题、学习情境等进行横向探索和纵向钻研，发现资源间隐性的内在联系。这种立足语义、关注内容、强化关联的资源组织方式极大地拓宽了资源发现的广度，提升了资源主题揭示的深度。

当前，学科领域之间的交叉融合日益频繁，新兴学科不断涌现。学科用户对信息资源的需求越来越体现出小众化、精细化、情境化的特征，仅仅提供海量资源已难以满足其知识创新的多样化需求。信息资源融合顺应这一趋势，强调以学科和用户需求为导向，在资源整合的同时，着力开发个性化、精准化的学科知识服务。通过学科本体构建，可深度挖掘和揭示学科知识脉络、研究热点、发展趋势；通过学科用户画像分析，可准确把握学科用户的兴趣偏好、行为特征、研究课题；通过学科资源知识库建设，可多维度积累学科核心资源。在此基础上，图书馆可为学科用户提供知识脉络导航、研究热点推送、研究问题剖析、科研数据管理等高水平的知识服务，实现从文献级服务向知识级服务、从被动响应式服务向主动发现式服务的跃升。资源的融合使得知识服务供给从数量导向转向质量导向，从共性需求转向特殊需求，从以资源为中心转向以用户为中心，有效支撑和引领了学科创新发展。可以说，知识服务是信息资源融合的落脚点和价值归宿，体现了图书馆服务的核心价值和独特优势。

在开放获取、开放科学的浪潮推动下，科研成果的开放共享已成为国际学界的广泛共识，科研过程的开放协作正成为知识生产的新范式。信息资源融合为图书馆参与和引领这一变革提供了难得的机遇。通过建设机构知识库，图书馆可广泛收集和长期保存学校师生的科研论文、科研数据等学术成果，并以开放获取的方式供校内外读者免费使用，打通了学术成果的传播渠道；通过建设数据管理平台，图书馆可参与科研全流程数据管理，协助科研团队规范采集、组织、存储科研数据，支持数据共享与二次利用，为跨学科、跨机构的科研协作奠定了数据基础；通过构建学术社交网络，图书馆可整合资源、数据、人员等创新要素，搭建学者交流、项目合作、成果分享的网络空间，成为学术界开放创新的"枢纽"和"催化剂"。图书馆以融合的学术资源、开放的数据平台、协作的创新网络形成创新服务合力，不断汇聚社会化的创新资源，构建开放包容的知识生态系统，推动从封闭式创新向开放式创新的系统转型。由此，图书馆的服务边界从馆舍走向社会，服务对象从读者延伸到创新创业群体，服务内容从学术支持拓展到创新全流程赋能。可以预见，图书馆将成为高校乃至整个社会知识共享和开放协作的重要基础设施。

海量异构资源的整合对图书馆的组织管理能力提出了新的要求和挑战，信息资源融合为摆脱资源管理困境提供了新的思路。通过构建一体化的采访流程，图书馆可统筹纸质资源和数字资源的采访，强化资源协调，避免重复采购，提高经费使用效率；通过实施统一的编目标引规范，可最大限度地揭示和关联资源的内容特征，构建资源的有机整体；通过资源生命周期管理，可动态评估资源的价值，及时更新淘汰资源，确保资源的新颖性和有效性；通过建设统一的资源管理平台，可集中调度和管理各类资源，统筹制定和执行资源的组织、存储、利用策略，实现资源全流程的精细化管理和一体化服务；通过开展资源的统计分析和利用评估，可掌握资源利用的总体情况，并为资源建设、学科评估等提供数据支持。总之，信息资源融合为传统的资源管理方式注入了新的理念和活力，推动了资源管理的规范化、标准化、精细化、数据化，为提升资源管理与服务效能提供了坚实的组织保障。同时资源的一体化管理也为图书馆的精细化管理、绩效评估、决策优化奠定了数据基础，助推图书馆组织管理迈向科学化、规范化。

第二节　信息资源融合的模型与框架

在信息资源融合的过程中，建立合理的模型与架构是关键一步。这些模型不仅为资源的有效整合提供了理论支持，也为信息的组织、存取与再利用奠定了基础。随着信息量的不断增长，传统的单一管理模式已经难以适应现代图书馆的需求，而多层次、多维度的架构设计则能够更好地应对复杂的资源环境。信息资源的理论模型不仅要考虑信息的物理属性，更需要结合用户需求和服务模式的变化，以实现资源的最佳配置与利用。这一过程不仅需要技术手段的支持，还需要对管理理念和实践方法进行不断优化。

一、信息资源融合的理论模型

纵观学界已有的研究，国内外学者从不同视角对信息资源融合的理论模型进行了探索。这些模型研究为揭示信息资源融合的基本规律、丰富信息资源融合的理论内涵做出了有益尝试。但总体而言，现有的理论模型大多聚焦于信息资源融合的某一特定层面或环节，缺乏对信息资源融合内在机理和实现路径的系统阐释。建构一个能够全面反映信息资源融合复杂系统、揭示信息资源融合一般规律的理论模型仍然是摆在学界面前的紧迫课题。

梳理已有研究，信息资源融合理论模型的演化大致经历了三个阶段：技术层面的融合模型、语义层面的融合模型和服务层面的融合模型。技术融合模型主要关注信息资源的系统整合和一体化组织，强调运用信息技术手段突破异构资源的物理壁垒，实现信息资源的集中管理与统一检索。这一阶段的代表性模型有 Dempsey 等提出的图书馆资源环境模型，该模型从系统互操作的角度阐述了图书馆信息系统的体系结构；Tomer 提出的图书馆集成系统模型，其探讨了图书馆业务流程再造和系统功能融合的实现路径等。这些模型奠定了信息资源融合的技术基础，但过于关注系统层面，对资源语义组织和服务层面涉及不足。

伴随语义 Web、元数据的发展，语义融合模型受到广泛关注。该类模型强调在资源组织中嵌入更多语义要素，通过知识组织体系、本体映射、语义关联等技术，深化对资源内容的语义表达，挖掘资源间的内在联系。Miller 提出的语义互操作模型、Zeng 提出的元数据语义模型、马建霞提出的语义一致性模型等，都是这一阶段的代表性成果。这些模型加深了对信息资源语义融合规律的认识，为深层次挖掘资源内容、增强资源发现能力奠定了基础。但语义模型侧重理论阐释，对语义融合如何支撑服务创新缺乏深入探讨。

随着数字图书馆和数字学术空间的发展，服务融合模型逐渐兴起。该类模型立足用户需求，强调资源—技术—服务的协同耦合，探索信息资源融合与知识服务的深度融合。陈仁亮提出的知识服务融合模型，刘炜提出的资源整合服务模型，包兴华提出的信息资源聚合模型等，都对此进行了有益探索。服务融合模型开拓了信息资源融合的新境界，但对支撑服务融合的资源生态、融合路径缺乏系统阐释。

鉴于已有模型的不足，笔者基于系统科学理论，提出一个"资源—融合—服务—创新"的信息资源融合理论模型。该模型以整体观为视角审视信息资源融合的全过程、各要素，揭示信息资源融合的内生规律和演化机理，突出资源、技术、服务、创新的良性循环与动态交互，力图为信息资源融合实践提供全局性指导。该模型以信息资源融合系统理论为基础。系统理论强调研究对象的整体性、关联性和动态性，主张用联结的、动态的、发展的眼光分析问题。将系统理论引入信息资源融合研究，有助于从全局视角揭示信息资源融合过程的结构要素、功能机制和演化规律。模型从资源、融合、服务、创新四个层面阐释信息资源融合的内在机理和实现路径。

资源是信息资源融合的物质基础。信息资源具有多样性、动态性、关联性的特征。多样性是指资源的类型、载体、表现形式、组织格式的多样化。动态性是指资源内容更新速度快、资源生命周期不断变化、用户对资源的新需求不断涌现。关联性是指不同学科领域、不同文献类型资源之间存在内在或隐性的相关性。信息资源的多样性、动态性、关联性决定了资源不能简单堆砌，必须进行优化整合与深度挖掘。

融合是信息资源一体化管理与集成利用的关键。融合包括物理空间的集中、逻辑空间的聚合、语义空间的关联、社会空间的协同。物理空间的集中，是指利用标准规范、中间件技术、云平台等实现异构资源的规范化采集、集中存储和统一管理。逻辑空间的聚合是指建立资源的统一描述模型、关联知识主题和概念、构建资源的有机整体。语义空间的关联是指利用本体论、知识图谱等方法，深化资源内容的语义表达，构建跨库跨域的资源语义网络。社会空间的协同是指构建资源共建共享的网络化生态，实现用户与资源、用户与用户的交互与协作。多维度融合使得资源在物理、逻辑、语义和社会空间形成立体交织的网络，呈现出聚合化、关联化、智能化的特征。

服务是信息资源融合的本质要求和价值体现。融合的资源离不开服务，服务也要立足资源。信息资源融合应致力于增强知识服务能力，要从数量服务转向质量服务、从被动服务转向主动服务。通过个性化推荐、智能问答、情景感知、数据分析、创新工具等，为用户提供精准、便捷、智能的知识供给，支持用户的知识创新活动。知识服务是信息资源融合的落脚点，服务创新是信息资源融合的生命力所在。

创新是信息资源融合的动力和归宿。知识服务应以用户创新为中心，注重赋能用户的学习、研究、决策等高层次需求。通过嵌入用户工作流程，参与用户问题解决，形成创新服务合力，催生知识创新成果。知识创新进一步带来新的资源生产，形成资源积累。新的资源积累经过聚合、关联、挖掘形成知识，又转化为服务，推动服务升级。服务创新进一步激发新的知识创新，由此形成资源、知识、服务、创新的良性循环和螺旋上升。创新导向彰显了信息资源融合服务的使命担当，丰富了信息资源融合的内涵外延。

基于该模型，信息资源融合可概括为资源、融合、服务、创新螺旋递进、循环上升的动态过程。该模型揭示了信息资源融合要以资源为基础，以融合为手段，以服务为导向，以创新为归宿。资源、融合、服务、创新相互依存，相互促进，共同构成信息资源融合的有机系统。

"资源—融合—服务—创新"模型对指导图书馆信息资源融合实践具有重要价值。图书馆要审时度势，立足当前，着眼长远，统筹谋划信息资源融合战略。在资源建设上，既要注重资源的聚合，也要注重资源的优化。在资源组织上，既要注重物理集成，也要注重语义关联。在资源服务上，既要注重服务创新，也要注重赋能创新。要从战略高度整合资源、技术、服务、机制等要素，推动由资源保障向创新引领的角色转变，实现资源、技术、服务、管理的变革融合、创新驱动，不断开创信息资源融合发展的新境界。

二、信息资源融合的体系架构

信息资源融合是一个复杂的系统工程，需要一个科学合理的体系架构作为支撑。体系架构是从全局视角对信息资源融合的各要素、各层次、各流程进行系统梳理和顶层设计，是指导信息资源融合实践活动的路线图。构建完备的信息资源融合体系架构，对于统筹资源、技术、服务、管理等要素，优化业务流程，推动图书馆战略转型具有重要意义。

国内外学者围绕信息资源融合体系架构开展了广泛而深入的研究。这些研究从不同视角切入,对体系架构的组成要素、层次结构、实现路径等进行了探讨,为信息资源融合实践提供了有益参考。但总体而言,已有研究或聚焦于某一要素,或侧重于某个层面,尚缺乏对信息资源融合各要素间内在联系与作用机理的系统阐释。信息资源融合体系架构尚需进一步优化和完善。

笔者认为,信息资源融合体系架构应致力于实现资源、技术、服务、管理的系统融合与协同创新,构建资源融合、技术集成、服务协同、创新驱动的一体化运行机制。基于这一理念,笔者提出一个由资源层、技术层、服务层、管理层组成的信息资源融合体系架构。

资源层是信息资源融合体系的基石。图书馆拥有丰富的印本资源、数字资源、特色资源、学位论文、科研数据等,但这些资源长期存在分散建设、重复采购、缺乏整合的问题。资源层要统筹规划资源建设,完善采访流程,建立资源协调机制,推动多源异构资源的精细化采集与集约化管理。通过制定科学的采访策略,图书馆可兼顾纸质资源与数字资源,回溯性资源与现用性资源,通用资源与特色资源,促进资源类型的均衡发展。通过实施统一的资源编目与元数据标引,可增强资源的规范化描述和精细化组织。通过引入馆藏发展评估和资源生命周期管理,可优化资源结构,实现资源的动态更新。资源建设要立足用户需求,紧扣学科发展,推动资源由被动采购向主动获取转变,由粗放管理向精细服务转变,为深层次融合奠定资源基础。

技术层是实现信息资源融合的驱动力。图书馆业务系统长期存在碎片化、封闭化的问题,缺乏统一的数据规范和系统规划,影响了数据的流通共享和业务协同。技术层要遵循开放、集成、智能的原则,推动业务系统的互联互通、数据共享和流程贯通。通过建立统一的技术标准,制定数据互操作规范,可实现异构系统间的无缝对接。通过构建基于 SOA 或微服务的开放平台,可实现业务系统的解耦和服务化重组。通过引入大数据、人工智能、区块链等新兴技术,可革新传统业务流程,催生新型服务应用。要立足开放协同理念,利用云计算、开放 API 等技术,推动系统架构从封闭分散走向开放融合,实现从烟囱式的信息孤岛到扁平化的融合平台的跃迁。

服务层是信息资源融合的本质要求。图书馆服务长期存在同质化、被动化的问题,知识服务能力不足,创新引领作用发挥不够。服务层要坚持以用户为中心的服务理念，[①]创新服务内容，优化服务方式，提升服务效能。通过精准的用户画像，挖掘用户行为，洞察用户特征与需求，为用户提供个性化的资源推送。通过开发知识发现系统，设计学科情报分析工具，可聚合跨域资源，提炼研究热点，为学科发展提供情报支持。通过设计情景化服务，开发创新协作空间，引入创新方法工具，可深度参与用户的学习与研究活动，提供嵌入式的知识服务。通过开放数据与服务，吸引用户参与资源加工与知识再造，可充分汇聚用户生成资源与集体智慧，形成资源与服务的良性互动。要从服务供给侧发力，推动服务模式从被动式、事务式服务转向主动式、顾问式服务，实现从传统的信息服务到创新的知识服务的升级换代。

管理层是保障信息资源融合有序运行的关键。信息资源融合不仅仅是一个技术问题，更是一个系统工程，需要构建与之匹配的组织管理体系。管理层要树立战略思维和创新意识，优化顶层设计，创新体制机制，统筹推进资源、技术、服务、人才的融合发展。通过成立跨部门的资源建设委员会，建立馆员与用户协同的资源建设机制，形成资源融合的合力。通过制定统一的标准，优化采访、编目、存储、服务等业务流程，建立科学规范的管理制度。通过加强团队建设，完善绩效评估和创新激励机制，鼓励馆员开展创新实践活动，培育服务创新文化。通过加强内外部合作，与学术机构、出版社、数据中心等建立战略伙伴关系，拓展资源获取渠道，创新服务模式。要从体制机制创新入手，推动管理理念从数字化管理向智慧化治理转变，建立适应信息资源融合要求的现代治理体系。

资源、技术、服务、管理是信息资源融合体系的四大要素，但它们并非简单的机械组合，而是相互交织、相互作用、共同演化的有机整体。资源、技术、服务、管理相互依存，资源是基础，技术是支撑，服务是本质，管理是保障。资源通过技术得以整合，通过服务得以流通，通过管理得以优化。技术要立足资源，服务于用户，嵌入管理。服务要聚合资源，运用技术，体现于管理。管理要统筹资源，规划技术，创新服务。四要素之间相辅相成，缺一不可。同时，资源、技术、服务、管理又相互制约，资源禀赋制约技术路径，技术水平制

[①] 李春明,杜照熙,薛雪,等.公共图书馆为国家立法和决策服务的模式与路径研究——以国家图书馆为例[J].图书馆,2022（11）：92—97.

约服务能力，服务需求倒逼资源建设，管理体制则影响资源、技术、服务的建设水平。四要素之间互为因果，互为条件。因此，构建信息资源融合体系，必须立足系统思维，统筹兼顾，协调推进，实现四要素的螺旋上升和良性循环。

基于上述分析，笔者认为信息资源融合体系架构需要把握以下原则：一是坚持需求导向，深入分析用户需求，以需求牵引资源建设、技术应用和服务创新。二是坚持开放共享，打破部门壁垒，构建跨系统、跨部门、跨机构的资源共享与协作机制。三是坚持融合创新，在资源、技术、服务、管理各层面系统谋划、统筹推进，实现由表及里的全方位融合。四是坚持系统集成，遵循标准规范，保障数据互通与业务协同，实现各层面的无缝对接与一体化集成。五是坚持智能进化，充分运用人工智能、大数据等新兴技术武装业务流程，优化服务供给，实现体系架构的迭代优化和智能进化。

三、信息资源融合的关键要素

资源要素是信息资源融合系统的物质基础。信息资源是图书馆开展服务、创造价值的根本，然而，当前许多图书馆仍不同程度地存在着资源建设分散、资源配置不均、资源组织粗放等问题。图书馆亟须在坚持需求导向的基础上，进一步创新资源建设理念，搭建资源协调机制，实现纸质与电子、购置与自建、本地与远程资源的科学调配与均衡发展。要进一步强化特色资源的策划与开发，在开放共享的前提下，构建本馆独具特色的核心资源。要进一步创新资源组织模式，运用语义关联、知识挖掘等技术，促进显性资源与隐性知识的融合。

技术要素是驱动信息资源融合变革的引擎。图书馆亟须顺应信息技术的迭代演进，用开放融合的姿态拥抱新兴技术，让创新驱动融入业务发展的方方面面。要积极运用大数据技术，深度参与数据采集、存储、分析、应用的全生命周期管理，挖掘数据价值，洞察服务需求。要积极运用人工智能技术，赋能资源揭示、学科服务、知识发现等业务流程，开发智能化的新型服务功能。要积极运用区块链技术，探索图书馆在版权保护、学术评价、社会共享等领域的角色创新。

机制要素是保障信息资源融合规范运行的助推器。面对信息资源融合的新形势、新要求，图书馆亟须在完善顶层设计的基础上，进一步理顺内部运行机制，打破部门壁垒，构建开放协同的服务运营新机制。要进一步健全资源建设与服务创新的良性互动机制，建立以需求为导向的动态资源优化机制。要进一步创新绩效管理与激励机制，将开放融合、协同创新等理念融入评价体系，引导形成资源共享、跨界协作的组织文化。

主体要素是推动信息资源融合不断进化的参与者。信息资源融合已经从单一机构的封闭运作，走向多元主体的互动共治。图书馆亟须主动突破业务边界，以开放包容的心态汇聚多方力量，与学术机构、出版社、研究团队、技术企业等广泛开展战略协作，构建跨界融合、优势互补的命运共同体。要充分尊重并发挥用户在信息资源融合中的主体作用，搭建学术社交平台，开放用户参与渠道，将用户的智慧与创造力引入资源建设与服务创新的全过程。

需求要素是牵引信息资源融合不断优化的风向标。随着信息环境日新月异，用户需求持续分化，从按需服务走向预测服务、从共性服务走向个性服务、从被动服务走向主动服务已成为图书馆创新发展的时代主题。图书馆亟须从战略和全局高度重估服务定位，牢固树立需求导向意识，建立常态化的需求分析与服务改进机制。要进一步丰富用户画像，挖掘用户行为，精准把握用户特征。要聚焦学科发展需求，为科研团队和创新项目提供全流程的嵌入式服务。唯有时刻以需求为导向，以用户为中心，让服务供给与需求变化精准匹配、动态调整，方能不断增强信息资源融合的针对性和有效性。

文化要素是滋养信息资源融合持续演进的土壤。开放、融合、协作、创新的文化基因，是推动信息资源融合行稳致远的内在力量。图书馆亟须在全馆范围内大力培育开放融合的意识，营造鼓励创新、宽容失败的氛围。要进一步强化服务意识，秉持用户至上、知识共享的服务理念，将用户利益放在首位。要进一步弘扬协作精神，推动馆员之间、部门之间、机构之间的沟通互动与协同创新。更要传承并发扬图书馆服务社会、传播文明的人文情怀。

综上所述，资源、技术、机制、主体、需求和文化是支撑信息资源融合系统运转的六大关键要素。系统论认为，系统是相互联系、相互作用的有机整体，任一要素的微小变化，都会引发连锁反应，进而影响整个系统。六大要素以极其错综复杂的方式彼此交织、相互影响、动态演化，资源是融合的物质基础，技术是融合的驱动力量，机制是融合的制度保障，主体是融合的参与者，需求是融合的牵引力，文化则是融合的精神动力，共同构成一个开放多维、动态适应的复杂系统。推进信息资源融合，必须立足全局，系统思考，统筹谋划，协调各要素间的关系，优化资源配置，创新体制机制，激发内生动力，在多要素良性互动中释放系统整体效能。

系统科学为分析信息资源融合要素提供了更加宏观、整体的视角。系统科学认为，面对复杂的系统，要从整体的视角考察问题，强调部分与整体、要素与要素、系统与环境的关联性、多样性与动态演化特征。引入系统科学理念，有助于图书馆跳出传统的线性思维定式，将资源、技术、服务等要素置于开放的系统情境中审视，探究要素之间的非线性关联和动态反馈机制，进而优化系统整体绩效。同时，鉴于外部环境的不确定性，系统科学还强调增强系统的适应性与灵活性，主张采用开放互联、动态适应的方式应对环境变化。这为图书馆顺应时代潮流，拥抱多元文化，构建开放融合的资源生态提供了思路启迪。

第三节　信息资源融合的技术手段

技术手段的进步为信息资源的融合提供了前所未有的机遇。在现代图书馆中，元数据的标准化、语义技术的应用，以及大数据分析工具的引入，极大地提升了信息资源的融合效率与准确性。这些技术手段不仅有助于资源的快速整合，还能够帮助图书馆更好地揭示资源间的关联性，为用户提供更为精准的检索与服务。与此同时，这些技术也在不断发展，随着技术边界的拓展，图书馆的信息资源融合方式将变得更加智能化和自动化。了解并运用这些技术，图书馆才能在信息资源管理中保持领先地位，并持续优化服务质量。

一、元数据在信息资源融合中的应用

元数据的概念最初源于计算机领域，用于描述数据的数据，是对信息资源的内容、属性、来源、格式、获取方式等进行结构化描述的数据。随着数字图书馆的发展，元数据逐渐被引入图书情报领域，成为描述和组织信息资源不可或缺的工具。从书目控制到语义关联，从数字对象管理到机构知识库建设，元数据技术为解决图书馆业务发展中的技术难题提供了新思路。特别是在海量异构信息资源不断涌现的背景下，元数据因其很强的描述性、结构性和关联性，日益成为信息资源有序管理与集成利用的关键。

纵观图书馆界的元数据实践，大致经历了从书目元数据到结构元数据、管理元数据、描述元数据，再到语义元数据的发展历程。早期的元数据主要服务于信息资源的编目与检索，以书目元数据为主，旨在实现对文献资源的规范化著录与主题标引，代表性的成果有 MARC、DC 等元数据规范。随着信息资源形态的多样化，特别是数字资源的迅猛发展，描述信息资源的属性、揭示信息资源的内容、管理信息资源的生命周期等成为元数据的新要求。由此，一些面向特定领域、特定资源类型的元数据标准应运而生，如 TEI、EAD、MODS、PREMIS 等。这些专门化的元数据规范极大丰富了信息资源描述的内容与形式，推动了特色资源、专门资源的精细化管理。进入语义网时代，面对语义计算与关联发现的需求，语义元数据开始受到重视。语义元数据引入本体论、知识组织系统等语义模型，以更加结构化、规范化的方式描述信息资源的概念、语义关系等，为实现资源的知识关联、智能检索奠定了基础。

在信息资源融合实践中，元数据发挥着不可替代的作用。首先，元数据是实现信息资源互操作、整合异构资源的基础。通过对不同来源、不同格式的信息资源进行元数据描述，采用统一的元数据标准规范，可以实现对异构资源的标准化表示与规范化管理。这为异构系统之间的数据交换、异构资源的集中发现与获取扫清了障碍，为实现信息资源的无缝整合提供了途径。例如，通过对接 OAI-PMH 协议，可以方便地实现分布式系统间的元数据共享，从而将分散的信息资源进行聚合，实现一站式检索。

元数据在促进信息资源的语义关联方面也有着独特优势。语义元数据通过嵌入学科本体、叙词表等语义模型，可以更加准确、细致地描述信息资源的主题内容，揭示资源之间的语义关系。这使得资源的组织由传统的自然语言标引向概念语义标引转变，有助于揭示资源内容的知识结构，挖掘资源之间的内在联系。利用语义元数据，可以实现跨库、跨域的资源语义链接，构建资源的知识关联网络。用户可以根据资源的概念语义关系实现智能化、关联化的检索，在浏览一个主题时发现与之相关的其他主题资源，极大拓展了资源发现的广度和深度。

同时元数据还是实现信息资源全生命周期管理的有力工具。通过使用描述性、结构性、管理性等不同类型的元数据，可以对信息资源的采集、组织、存储、长期保存、获取利用等环节进行全过程的描述与追踪，为资源的规范化管理提供依据。管理型元数据对信息资源的知识产权、保存状态、技术参数等进行描述，为数字资源的长期保存与权限管理提供了元数据支撑。而对资源利用情况的元数据描述，则可以帮助评估信息资源的利用绩效，为资源建设决策提供参考。

图书馆开展信息资源融合，需要构建科学、规范、完备的元数据框架体系。这个框架需要在总结既有元数据规范的基础上，兼顾不同资源的描述需求，既考虑通用元数据规范在互操作中的优势，又注重专门元数据规范对特定资源的精细描述，做到描述的广泛性和精准性相统一。同时，元数据框架的设计还需要面向语义，注重元数据语义层次的表达，用知识组织系统等语义模型武装元数据体系，增强元数据描述的语义准确性。元数据框架还应致力于实现元数据的关联互通，与权威数据、开放数据实现链接，提升元数据的语义关联表达能力。只有构建起兼顾通用与专门的元数据体系，方能为信息资源融合奠定坚实的数据基础。

构建科学规范的元数据不是一蹴而就的，它需要图书馆界形成合力，在实践中不断总结完善。在元数据方案设计上，要充分吸收学科专家、元数据专业人员的意见，做好需求调研、方案论证，力求使元数据框架涵盖面广、逻辑严谨、结构灵活、开放兼容。在元数据著录实践中，要加强对元数据著录人员的培训，完善质量控制与评估机制，搭建元数据编辑工具，提高元数据著录的规范性与效率。在元数据共享方面，要积极参与 CALIS、CASHL 等联盟，推动元数据的共建共享，实现元数据资源的集成利用。在元数据语义化方面，要加强与知识组织、语义技术研究者的合作，探索本体驱动的语义元数据构建路径，用好语义技术武装元数据，催生新型知识服务。

二、语义 Web 技术在信息资源融合中的应用

语义 Web 是一个能够让计算机理解互联网上的信息语义并进行逻辑推理的扩展网络。它通过为网络信息资源提供结构化、语义化的描述，使得分散的异构资源在语义层面实现关联互通，为资源的智能检索、链接聚合和知识发现奠定了基础。将语义 Web 技术引入信息资源融合，恰逢其时，大有可为。

图书馆是语义 Web 技术的拥趸和积极实践者。图书馆所拥有的海量异构资源对语义组织提出了迫切需求，而图书馆在知识组织、主题分析方面的深厚

积淀，又为语义 Web 技术的应用提供了肥沃土壤。自语义 Web 概念提出以来，国内外图书馆界围绕语义 Web 技术开展了诸多探索实践，在本体构建、链接数据发布、语义搜索、知识关联等方面取得了一系列有益进展，极大地推动了语义技术与图书馆业务的融合发展。

语义 Web 技术的核心是通过形式化的本体描述来表达信息资源的语义。本体作为一种概念层面的领域知识建模工具，通过定义领域内的核心概念、概念的属性以及概念间的相互关系，以形式化的方式表征特定领域的知识体系。将本体引入图书馆，可以突破传统主题词表等知识组织系统的局限，实现对图书馆资源的概念化、结构化、语义化表示。通过本体描述资源的主题概念、概念间的语义关系，挖掘资源蕴含的知识体系，从而实现资源内容的深度揭示与关联。

本体驱动的语义标注是语义 Web 技术在信息资源融合中的一大应用。传统的资源标引大多采用自然语言词表，存在标引词主观性强、词间关系缺失、资源内容揭示不足等局限。而本体驱动的语义标注则利用规范化的本体词表，对信息资源的主题内容进行概念级和语义级的标注，一方面增强了标引的客观性和准确性，另一方面通过概念间的语义关系揭示资源的内在联系。这种立足语义的标注范式能够深度挖掘资源内容，为资源的语义检索、关联分析、知识推理奠定基础。

本体构建是语义标注的前提和基础。国内外图书馆界在本体构建方面进行了诸多有益尝试。美国国会图书馆牵头构建的 BIBFRAME 本体，旨在用本体的方式重塑书目数据，提供更加丰富、灵活的语义描述模型。上海图书馆围绕非物质文化遗产领域构建的非遗本体，则从概念、术语、人物、文献等多个维度对非遗知识进行了系统表征。复旦大学图书馆构建的档案本体，通过描述档案门类、实体、属性及其关系，构建起档案领域的知识框架。这些本体实践极大地丰富了图书馆知识组织的内涵，为开展语义标注、实现资源语义融合提供了有力工具。

链接开放数据是推进信息资源融合的另一有效途径。链接数据强调以 RDF 等标准规范发布结构化、语义化的数据，并通过 RDF 链接将分散的数据关联起来，形成可被计算机处理和理解的数据网络。链接数据能够突破资源间的异构壁垒，实现资源在语义层面的互联互通。作为信息资源的主要提供者，图书馆正在成为链接数据的生力军。对图书馆而言，发布链接数据不仅有利于提升自身数据的开放性和影响力，也为汇聚多源异构资源、促进资源融合提供了契机。

国内外诸多图书馆已经开始链接数据的实践探索。美国国会图书馆、德国国家图书馆、英国国家图书馆、法国国家图书馆等知名图书馆均已启动链接数据项目，大规模发布本馆的链接数据。OCLC 发布的 WorldCat 链接数据，通过语义关联扩充了书目的检索途径。上海图书馆发布的中文图书链接数据，围绕中文图书提供了丰富的语义描述与链接。清华大学图书馆发布的学位论文链接数据，通过链接知识库、机构库等，增强了学位论文的语义检索与发现服务。这些链接数据实践极大地促进了图书馆资源的开放共享，为资源融合提供了坚实的语义基础。

语义搜索是语义 Web 技术应用的一大亮点。传统的关键词检索往往存在查准率低、查全率差的问题，难以准确满足用户的语义检索需求。语义搜索利用本体知识库、链接数据等，通过语义理解用户需求，将用户检索词映射到本体概念，再基于本体语义扩展、推理等实现资源的精准检索与关联发现。这种"知道你想要什么"的智能搜索，必将极大提升用户的检索体验。

图书馆在语义搜索方面的实践日益增多。哈佛大学图书馆的 linked library project，利用 LCSH 等规范词表构建的本体知识库，实现主题词的语义扩展与相关资源的关联推荐。北京大学图书馆的 SSDL 系统，利用 cnSchema 知识库实现古籍资源的语义检索，并提供知识卡片、知识问答等智能服务。CALIS 联盟的 OneSearch 平台，基于 CALIS 联合目录本体，实现跨库跨域的一站式语义检索。这些创新尝试极大地拓展了传统检索的广度与深度，为用户带来更加智能、精准的检索新体验。

知识发现与智能问答是语义技术的高阶应用。知识发现旨在利用本体推理、机器学习等技术，从大规模语义数据中发现新的概念、实体及其关系，挖掘隐藏的知识。智能问答则是利用知识图谱、深度学习等，构建端到端的自动问答系统，实现从用户用自然语言表达问题到获得精准答案的映射。将知识发现与智能问答引入图书馆，可以创新知识服务模式，为用户提供"融合式、关联式、发现式"的智能知识服务。

图书馆在这一领域的探索方兴未艾。弗吉尼亚理工大学图书馆发布的

EFO 本体、康奈尔大学图书馆发布的 VIVO 本体，均致力于从学术文献中发现科研人员、科研机构、项目、成果等实体及其关系，构建科研知识图谱。南京大学图书馆的 Gene Ontology 项目利用生物医学本体，通过本体映射与推理从文献中提取基因知识，助力生物信息挖掘。浙江大学图书馆的 Arch QA 系统基于档案本体知识库，实现档案领域的自动问答。武汉大学图书馆的"E 读猫"基于开放知识图谱，为读者提供个性化的知识问答服务。语义驱动的知识发现与智能问答正在为传统的参考咨询服务插上腾飞的翅膀，未来大有可为。

诚然，语义 Web 技术在图书馆的应用仍处于起步阶段，无论是本体构建、链接数据发布，还是语义搜索、知识问答，都还面临诸多挑战。本体如何更好地表达领域语义、链接数据如何与图书馆业务深度融合、语义搜索如何实现知识库的自我学习与智能进化，都有待在实践中不断探索。但毋庸置疑的是，语义 Web 技术为信息资源融合带来了崭新的解决方案，为知识组织与服务注入了新的活力，标志着图书馆事业正在迈向知识时代、智能时代。

三、大数据技术在信息资源融合中的应用

图书馆界对大数据技术的关注由来已久。伴随数字化进程的推进，图书馆所拥有和掌握的数字化信息资源呈爆炸式增长，尤其是读者行为日志、系统运行日志等非结构化数据大量积累，蕴藏着丰富的应用价值，亟待利用新技术予以分析挖掘。同时，高速网络、云计算、物联网等现代信息技术的发展，也为图书馆开展大数据应用提供了基础设施支撑。在政策与技术的双重驱动下，国内外图书馆陆续开展了大数据技术在信息资源组织、知识服务创新、智慧管理决策等方面的探索实践，极大地推动了大数据技术在图书馆行业的嵌入应用。

大数据技术为深度挖掘信息资源内容带来了新的工具。海量文献资源中蕴含着丰富的学术脉络、研究热点、学科态势等内在知识，传统的内容组织方法难以充分揭示其背后的规律。引入大数据技术，综合运用文本挖掘、自然语言处理、机器学习等技术，可以从海量非结构化文本中自动抽取实体、概念等语义要素，揭示事物间的相互关系，发现新的模式和趋势，从而实现资源内容的深度组织与知识关联。

国内外图书馆在这一领域进行了诸多有益尝试。哈佛大学图书馆基于机器学习算法对馆藏学术论文进行话题聚类和演化分析，揭示学科领域的动态演

进。宾夕法尼亚州立大学图书馆借助文本挖掘和语义分析技术，从馆藏历史文献中提炼地名、人名等实体信息，建立历史知识库。南京大学图书馆利用大数据技术对馆藏政府工作报告进行语义分析，形成反映政府工作重点的知识图谱。这些创新实践不仅提升了信息资源的语义组织水平，也为后续的知识挖掘和智能服务提供了高质量的数据基础。

大数据分析为深入洞察用户需求、优化资源配置决策提供了新思路。传统图书馆难以全面、精准地捕捉读者在资源使用中的行为数据，对读者需求的把握大多基于经验和抽样调查。大数据时代，海量的读者借阅记录、检索日志、阅读行为等数据被系统捕获和存储，成为图书馆认识和服务读者的"金矿"。通过数据采集、清洗、分析等过程，读者画像日益清晰，知识体系、兴趣偏好、行为模式逐渐浮现。数据成为服务创新最直接、最客观的依据。

众多图书馆在这一领域大胆探索，收获颇丰。新加坡国立大学图书馆利用借阅数据分析读者的学科背景与阅读偏好，形成个性化推荐服务。密歇根大学图书馆通过采集其网站和发现系统的用户使用日志，优化界面设计，改善用户体验。武汉大学图书馆利用读者借阅数据进行聚类分析，将读者划分为不同群体，提供分众化服务。中国科学院文献情报中心对机构知识库的资源点击、下载等使用数据进行统计分析，形成资源利用评估报告，为学科资源建设提供决策参考。大数据使得读者需求和资源利用"可感知"，读者服务从"以馆藏为中心"真正走向"以需求为导向"。

大数据分析也为图书馆精细化管理和科学决策提供了支撑。传统的图书馆管理大多基于经验和直觉，缺乏必要的数据支撑。随着各类业务系统数据的大量积累，从环境数据、设备数据到业务数据、管理数据，无不蕴藏着提升管理与服务的"富矿"。利用大数据技术，分析图书馆业务运转和资源利用的多维数据，形成决策报告和可视化仪表盘，为优化馆藏结构、合理配置资源、改善服务流程、完善管理机制提供了精准的数据视角。通过对环境和行为数据进行分析，可实时监测图书馆各场所的温湿度、噪音、人流等指标，优化环境管理。通过对设备运行参数进行监测分析，可实现设备的预测性维护和智能调度。大数据分析使得管理决策从经验走向数据驱动，从粗放走向精细，管理流程更加透明高效，服务效能持续提升。

数据驱动的知识服务是大数据技术应用的高阶形态。凝聚了海量数据智慧的知识服务，必将从资源导向走向洞见导向，从检索服务走向发现服务，从揭示已知走向挖掘未知。大数据语境中，知识服务供给将从"千人一面"走向"千人千面"，从被动响应走向主动预测，从提供信息走向深度参与用户的学习研究活动，成为嵌入式、情境化、个性化的知识伴随服务。知识地图、知识推理、趋势预测、智能推荐等一系列数据驱动的知识服务产品和服务模式将应运而生，创造独特的知识价值，引领知识服务模式的革新。

国内外图书馆在这方面进行了富有成效的尝试。密歇根州立大学图书馆利用机器学习算法，基于海量学术文献数据，绘制学科知识图谱，刻画学科发展脉络。纽约公共图书馆发布"Building Inspector"服务，利用众包方式邀请读者参与历史地图数据的人工标注，形成可供检索的历史地理数据库。清华大学图书馆基于机构知识库数据，借助文本挖掘和社会网络分析，绘制科研人员知识图谱，支持科研合作网络发现和优化。大数据正在重塑图书馆知识服务的广度、深度和温度，开启服务升级的新征程。

当然，大数据技术在图书馆的应用还面临诸多挑战。海量异构数据的采集、存储、处理对图书馆的技术架构提出了新的要求。数据孤岛、数据质量参差不齐、缺乏数据标准规范等问题制约着数据的深度整合与融合应用。数据驱动的业务创新有赖于新型数据专业人才的引进与培养。隐私保护、数据伦理、知识产权等大数据应用的社会问题有待进一步研究应对。但这些挑战也预示着图书馆变革的方向，预示着今后图书馆服务的广阔前景。

第四节　信息资源融合的发展趋势

信息资源融合的发展充满了多种可能性，它不仅仅是技术上的革新，也在很大程度上依赖于社会、经济和文化的综合影响。图书馆在应对信息资源融合带来的挑战时，必须始终保持前瞻性，灵活调整自身的服务策略。未来的图书馆信息资源融合，将不仅局限于资源管理的层面，还会更加深入地嵌入到知识服务体系中。通过持续观察其发展动因与演变阶段，图书馆能够更清晰地把握信息资源融合的趋势，制定出适应时代变化的长期发展规划。这将有助于图书馆在知识社会中持续发挥重要作用，并引领今后的创新方向。

一、信息资源融合的动因分析

信息技术的迅猛发展，引发了信息环境的深刻变革，图书馆只有紧跟技术前沿，创新应用新兴技术，方能把握发展先机。大数据、人工智能、区块链等新技术的出现，为深度挖掘信息资源内涵，跨越异构资源鸿沟，构建智能化知识服务供给奠定了坚实基础，为传统的资源组织、揭示与利用方式带来了全新思路。积极运用大数据技术，可以从海量异构数据中发现新的关联与价值。应用人工智能技术，可以突破人工组织的局限，实现资源内容的自动语义标引与关联推理。利用区块链技术，可以实现分布式环境下资源的可信共享与协同管理。新兴技术既是信息资源融合的基础，也是重构资源组织新秩序、创造智能化知识供给的关键支点。因此，图书馆必须立足前沿，主动求变，加快新兴技术在信息资源融合中的创新应用，以技术创新驱动服务升级，进而加速图书馆事业的数字化、网络化、智能化发展进程。

随着数字时代的来临，用户的知识获取方式、学习工作方式发生了巨大变化，对信息资源和知识服务的需求日益呈现个性化、场景化、精准化的特征。碎片化阅读、移动化获取、交互式体验、社交化分享已成为用户知识消费的新常态。海量信息资源的涌现，也使得用户对精准知识发现与获取提出了更高要求。传统的资源组织模式，已难以适应用户跨媒体、跨语言、跨系统使用信息的需求，难以满足用户在特定情境中获取针对性知识服务的期待。因此，深度整合异构资源，加强资源的关联与语义化组织，变"资源推送"为"知识服务"，构建从"资源中心"到"用户中心"的服务新生态，成为新形势下图书馆生存发展的现实所需。图书馆要立足用户视角，深入分析用户行为，精准把握需求动向，建立常态化的需求分析与服务优化机制，以开放、关联、智能的资源供给，创新、精准、个性的知识服务，满足用户不断升级的知识消费需求，为用户创造更大价值。

跨学科研究的兴起和大科学时代的来临，让学术研究范式正发生深刻变革。交叉融合已成为知识生产的主旋律，通过整合不同学科领域的理论、方法和数据，催生知识创新，是当代科研创新活动的显著特点。数据密集型研究范式的兴起，对科研数据的汇聚、管理与分析提出了新的要求。这就需要图书馆构建内容更加综合、形式更加多样、传播更加开放的资源保障体系，通过深度整合、关联分析、挖掘再利用，破除学科藩篱，消解资源壁垒，构建起有机融合的学术资源空间，为学术研究提供跨域发现、关联分析、协同利用的一站式知识服务。同时，充分利用大数据、人工智能等新兴技术，聚焦具体科研场景，嵌入科研过程，通过数据分析、知识发现、智能推荐等，为科研问题求解、科研方法创新、跨学科研究提供精准智能的知识支持，从而推动图书馆从文献资源保障向知识服务转型，从服务科研向赋能创新迈进。

开放获取运动、开放科学实践、开放数据倡议，正在成为重塑学术交流生态的"三驾马车"，成为知识生产与流通的新范式。其核心理念是，用开放共享的理念处理知识生产要素，以开放获取的方式传播科研成果，让科研数据、科研工具乃至科研过程本身都在更大范围内实现交流共享，进而加速知识创新。作为学术信息流通的核心枢纽，图书馆理应成为开放获取的积极参与者、开放科学的重要推动者。这就需要图书馆突破机构边界，整合校内外资源，打通人才、数据、项目、成果等创新要素，搭建开放获取平台，促进资源的广泛流动与充分利用；构建机构知识库，支持本机构科研成果的开放共享与传播利用；打造虚拟研究环境，为科研团队提供协作研究与跨域融通的网络空间；建设开放数据平台，鼓励科研数据的共享利用与价值挖掘。图书馆要成为连接开放获取、开放数据、开放科学的重要纽带，推动形成社会化的资源共享网络，进而构建开放包容的知识生态系统。这不仅是顺应时代发展潮流的迫切要求，更是图书馆主动融入开放科学体系、彰显社会服务价值的必然选择。

随着信息技术的日新月异和用户需求的不断升级，传统的文献信息服务模式已难以适应数字时代知识服务的新要求。破除资源孤岛，整合跨介质、跨库、跨域的异构资源，最大限度地释放资源价值，是知识服务转型的重要基石。通过嵌入学科服务，深入把握学科用户特点，有的放矢地提供精准化、个性化的学科资源。通过开展智库服务，利用数据分析、知识挖掘等手段，为科研团队提供情报分析、项目咨询、辅助决策等高层次服务。通过构建学术社交网络平台，链接科研用户、科研机构、科研项目、科研成果，营造生动活跃的学术交流氛围，助推协同创新。图书馆要立足全局，着眼未来，加快实现从资源服务向知识服务、从环境提供向能力建设、从支撑保障向赋能创新的全面跃升。信息资源融合正是知识服务转型的"催化剂"，通过重塑资源组织模式，创新服务运行机制，必将推动形成从"藏"到"用"、从"书"到"人"、从"管"

到"育"的全新服务形态，进而引领知识服务模式的变革，为用户创造更大价值。

综上所述，技术变革、需求牵引、学术创新、开放共享、知识服务是推动信息资源融合发展的五大动力。面对纷繁复杂的信息环境与知识生态，图书馆唯有立足使命，与时俱进，积极顺应技术变革浪潮，主动适应需求变化，深度融入学术创新实践，引领开放共享理念，加速知识服务升级，推动信息资源的全面整合与关联，方能在动荡变革中把握新机遇，开创新局面。信息资源融合是图书馆事业发展的"新引擎"，需要在继承中创新，在创新中发展。

二、信息资源融合的发展阶段

信息资源融合作为图书馆事业发展的战略选择，内涵不断丰富，外延不断拓展。通过了解信息资源融合的历史沿革，从最初的实体资源整合，到数字资源的集成，再到跨介质、跨库、跨域的异构资源全面融合，信息资源融合不断深化发展，呈现出从物理层面到逻辑层面、再到语义层面的阶梯式推进态势。科学把握信息资源融合演进脉络，梳理其发展阶段与典型特征，对于理清信息资源融合理论谱系，指导信息资源融合实践显得尤为重要。

信息资源物理整合是信息资源融合的初级阶段。这一阶段主要解决异构信息系统之间的互联互通、数据交换等技术问题，实现异构资源在物理层面的"松散耦合"。图书馆利用数字化技术对传统印本型资源进行大规模数字化转化，通过中间件、协议转换等技术对接异构数字资源系统，初步实现对分散异构资源的集中揭示与统一管理。这一时期的代表性成果是图书馆集成系统、联合目录等，实现了异构书目数据在形式层面的集成与检索，但对资源内容缺乏深层次的语义组织。这一阶段虽然资源整合的广度有所突破，但整合的深度还比较有限，难以从根本上破解信息孤岛问题。

资源内容揭示与链接是信息资源融合的关键一环。在物理整合的基础上，通过元数据描述、知识链接等手段，深化对资源内容的语义表达，挖掘并呈现资源的内在联系，是信息资源融合由物理空间走向语义空间的重要标志。这一阶段的典型特点是引入语义 Web、链接数据等技术，构建可扩展、外延开放的语义网络。图书馆界借助 RDA、BIBFRAME 等新一代书目控制模型，实现书目数据的语义化表示；引入主题词表、分类表、叙词表等规范词表，增强资源主题标引的规范性、语义性与关联性。探索应用本体、知识图谱、知识库等，加强资源组织的概念化、结构化、语义化水平。积极推动本馆数据的"链接化",实现与外部开放数据的互联互通。可以说,这一阶段的信息资源融合实现了从"松散耦合"到"紧密耦合"的跨越,在资源整合的广度和深度两个维度实现了新的突破。

大数据环境下信息资源融合进入全新阶段。海量文献资源及其相关数据呈爆炸式增长,对数据价值的深度挖掘与关联分析提出了新的需求。依托大数据、云计算、人工智能等新兴技术,图书馆可以实现多源异构数据的采集、存储、处理与分析,通过数据驱动的资源组织与智能化知识服务,推动信息资源融合从数据整合走向知识融通、价值创造。图书馆利用文本挖掘、机器学习等技术,对资源进行深层次语义挖掘,揭示学术脉络、研究热点、学科态势。利用自然语言理解与知识推理技术,支持用户以自然语言表达检索需求,实现基于知识的智能检索。利用知识发现与数据分析,从海量数据中甄别、推送高价值信息,为创新研究提供精准知识服务。大数据时代的信息资源融合超越了传统的资源整合,致力于从海量数据中萃取知识精华、关联分析、智能挖掘,构建数据驱动的知识创新服务新生态。

智慧融合是信息资源融合的高阶形态和终极目标。随着人工智能、认知计算等智能技术的发展,未来图书馆将从数字化、网络化走向智能化,[1]以数据为基础,以人工智能为驱动,全面重构资源组织新模式,开创智慧化知识服务新局面。智慧融合不仅仅是资源、技术、平台的融合,更是人的智慧与机器智能的交互融合。通过人机协同,充分发挥人的领域知识和机器的计算能力,优化资源语义标引和知识挖掘过程,形成更加准确、全面、动态的知识图谱和行业知识库。基于智能技术的深度学习和认知推理,实现用户兴趣偏好和知识脉络的精准画像,形成基于认知计算的个性化、情景化知识推送。依托虚拟现实、增强现实等新兴交互技术,构建沉浸式、交互式、体验式的学习研究空间。智慧融合是数字融合从量变到质变的飞跃,标志着信息资源融合进入"无缝衔接、协同增效"的智能时代。

尽管理论界对信息资源融合的发展阶段已有诸多研判,但这种阶段划分并非泾渭分明,而是相互交织、迭代发展的。同时,不同类型、不同发展水

---

[1] 段杰.移动互联网背景下公共图书馆转型研究[D].秦皇岛:燕山大学,2017.

平的图书馆，面对的资源禀赋、技术环境、服务需求各不相同，信息资源融合所处的发展阶段也存在差异。一些发达国家的图书馆已经进入语义融合、智慧融合阶段，而许多发展中国家的图书馆还处于物理整合、内容揭示阶段。即便在同一图书馆内，面向不同资源、服务于不同业务场景，资源整合推进的程度也不尽相同。因此，判断图书馆信息资源融合的发展阶段，需要立足当前，放眼未来，因地制宜，循序渐进。

三、信息资源融合的未来展望

信息资源融合是图书馆事业发展的主旋律。图书馆如何审时度势，创新驱动，把握信息资源融合趋势，重塑资源组织新模式，开创知识服务新局面，成为推动图书馆事业变革发展的关键命题。立足信息技术革新浪潮，洞察知识生产新范式，分析用户需求新动向，构想图书馆转型新路径，对于科学谋划信息资源融合，推动知识服务创新，引领图书馆事业发展具有重要参考价值。

大数据时代信息资源融合呈现精准化、精细化特征。大数据技术突破了传统数据环境的资源组织瓶颈，通过对资源全生命周期过程的多维度数据采集与分析，形成对资源内容更全面、更精细的刻画，挖掘资源内在联系与深层语义，从而实现对海量异构资源的精准表达与精细组织。图书馆应顺应大数据发展浪潮，构建标准规范的元数据框架，实现多源异构资源的采集、标引、关联、整合、服务全过程的元数据驱动。探索引入机器学习、自然语言理解等人工智能技术，增强资源组织的自动化、精准化水平，实现用户需求与资源内容的精准匹配，进而为精准知识服务奠定坚实的资源基础。

人工智能时代信息资源融合突出智能化、个性化特点。人工智能通过模拟、延伸和扩展人类智能，赋予信息系统感知、理解、推理、决策的能力，推动资源组织从"以库藏为中心"走向"以需求为核心"，标志着知识服务范式的重大变革。图书馆应以人工智能为驱动，构建覆盖资源组织、揭示、发现、利用各环节的智能化知识服务链。通过机器学习实现资源主题的自动标引和分类揭示，通过知识图谱把握学科知识脉络，形成立体化、关联化的资源组织。发挥知识推理和认知计算的优势，从海量异质数据中甄别、推送高价值信息，实现个性化、情景化的知识供给。未来图书馆将由被动应对转变为主动智能响应，知识服务将嵌入用户的学习、研究、生活全过程，无所不在、无时不在。

网络化、平台化是未来信息资源融合的主要形态。以互联网、物联网为基础设施，云计算、边缘计算为支撑，Web API 为纽带，分散的数字资源将汇聚成资源协作网，形成虚实交融的网络化资源空间。通过平台聚合多源数据、汇集多方力量、链接多元服务，资源将由封闭走向开放，实现供需精准对接。图书馆应发挥平台型、枢纽型作用，构筑连接馆藏资源与开放资源的立体化资源体系。打造集成多元主体参与的开放协作平台，实现用户、资源、服务的精准匹配，成为连接数字世界与物理空间的桥梁纽带。未来图书馆将超越机构边界，从提供资源的场所转变为链接资源的平台，从资源的所有者转变为组织资源的"园丁"。

沉浸化、交互化是未来信息资源融合的重要特征。随着扩展现实、混合现实等新兴交互技术的发展，物理世界与数字世界将加速融合，形成沉浸式、交互式的资源呈现与利用新形态。信息资源不再局限于二维平面展示，将与用户形成实时、动态、多维的交互，提供身临其境的认知体验。图书馆应顺应交互技术发展趋势，探索构建多元感官交互的资源展示新模式，为用户提供沉浸式、体验式的知识服务。[①] 运用 3D 建模、全息成像等技术，创设虚实融合的学习空间，用户可以在虚拟现实场景中获取知识、开展协作、分享创意。未来图书馆将由资源获取空间转变为知识体验空间，成为用户探索未知、启迪智慧的"第三空间"。

资源融合服务从支撑保障走向融入创新的趋势愈加明显。随着开放科学、开放创新等新范式的兴起，未来知识生产呈现出更加开放、更加协同的特点，对创新要素的全面融合提出了更高要求。作为学术信息基础设施的核心枢纽，图书馆应通过融通文献、数据、软件、工具等多元创新要素，为用户提供一站式、端到端的科研支持服务。通过嵌入科研项目、参与学术评价、打造学术社交网络，深度融入科研全生命周期。通过发挥创客空间、数据实验室等新型服务载体的作用，汇聚多学科智慧，催生交叉融合的知识创新。

以用户为中心、数据为驱动的资源融合成为未来发展主流。随着物联网、移动互联网的深入发展，海量用户数据正在多元采集、动态汇聚，形成全方位

---

① 李振，周东岱，童婷婷. 元宇宙视域下图书馆空间重构的价值意蕴、逻辑理路与发展路径 [J]. 图书馆工作与研究，2023（02）：5—11.

反映用户特征、行为和需求的数据洪流。基于大数据的用户洞察和需求预判，将成为资源整合的重要驱动力。未来图书馆应从数据中洞察人、用数据服务人，运用用户画像、行为分析等技术，把握用户兴趣偏好和知识脉络，形成个性化、精准化的服务决策。通过构建基于用户的资源知识库，发现隐性的行为模式和知识关联，实现资源、服务与用户的最佳匹配；依托物联网技术，通过情境感知和实时交互，实现资源服务与用户的无缝衔接。可以预见，未来用户既是资源融合的服务对象，也将成为资源融合的积极参与者、重要贡献者。

需要注意到的一点，信息资源融合是一个持续演进的复杂过程，不同图书馆所处的发展阶段和面临的现实环境存在差异，资源融合的重点和策略也应有所侧重。对于发达国家图书馆，技术环境良好、数据基础扎实，更加注重人工智能、认知计算等前沿技术在资源组织中的创新应用，应推动从数据整合向智慧服务跨越。对于发展中国家图书馆，数字基础设施尚不完善、数据积累还不充分，应着重夯实资源数字化基础，加快机构知识库、学术信息资源库等基础平台建设，为深层次的资源融合奠定物质技术基础。同时，资源融合是一项系统工程，不仅需要资源、技术、平台等要素的协同集成，还需要与机构文化、管理体制、服务流程的变革创新相匹配。这就要求图书馆因地制宜，统筹兼顾，一方面立足需求，把握大势，借助新技术优化完善资源融合路径，另一方面也要立足实际，循序渐进，在夯实基础、完善机制中稳步推进资源融合进程。

本章小结

通过深入探讨信息资源融合的理论基础，我们可以看到，图书馆作为信息的汇集和传播中心，在当前信息化时代承担着极其重要的角色。信息资源的有效融合，不仅依赖于技术手段的成熟，还需要对资源管理模式进行系统化的调整。多样化的信息资源为图书馆的服务创新提供了丰富的素材，但也提出了更高的管理和服务要求。只有在资源整合的基础上，结合科学的架构与模型，才能为用户提供更为精准和高效的服务。同时，信息资源的融合还必须关注技术手段的创新与应用，元数据标准化和语义技术的结合，以及大数据的引入，推动资源利用效率不断提升。无论是理论模型的构建，还是技术手段的不断发展，都是为了更好地满足用户多样化的需求，为信息的再利用和知识传播提供强有力的支持。

第二章　图书馆信息资源的整合与优化

随着信息技术的不断发展，图书馆信息资源的整合与优化成为提升其服务质量和效率的关键因素。现代图书馆不再只是单纯的文献存储机构，而是信息服务的枢纽，信息资源的管理在其中扮演着至关重要的角色。信息资源的整合不仅指物理层面的汇聚，还包括对数字资源、数据库、数据集等多种形态信息的有效管理与利用。在当前的环境下，图书馆的信息资源越来越多样化，这也促使信息资源整合和优化成为图书馆发展的重要目标之一。图书馆需要通过不断改进其管理模式，将有限的资源最大化地服务于读者，满足其日益多元化的需求。同时，信息资源整合还应注重资源的精准利用，避免冗余和浪费。通过这一过程，图书馆不仅能够提升资源的使用效率，还可以为知识的传播与创新提供更加有效的支持。

第一节　图书馆信息资源的现状分析

图书馆的信息资源种类繁多，随着时代的变迁，资源的形式也在不断变化。从纸质文献到电子书籍、从多媒体资料到庞大的数据库，图书馆所掌握的资源涵盖了多种类型与特点。这种多样性为图书馆在服务用户方面提供了丰富的选择，但同时也带来了巨大的管理挑战。图书馆如何根据用户需求灵活调整资源配置，合理管理不同资源的存取与更新，成为当前面临的重要问题。了解现有信息资源的特点，是图书馆优化资源管理的基础，这不仅能够帮助图书馆更好地把握信息资源的使用情况，还能为未来的资源建设和整合提供依据。

一、图书馆信息资源的类型与特点

图书馆信息资源类型呈现多样性。传统图书馆的馆藏资源以纸质文献为主，涵盖图书、期刊、报纸、学位论文、会议文集、科技报告等多种文献类型。[①]数字环境下，数字化资源迅速涌现，如电子图书、电子期刊、数据库、音视频等，极大丰富了图书馆资源的表现形式。近年来，随着大数据、人工智能等新兴技术的发展和开放科学理念的兴起，科学数据、科研软件、开放教育资源等新型资源不断涌现，拓展了图书馆服务的广度和深度。与此同时，图书馆还高度重视特色资源的开发，如地方文献、学术会议资料、机构知识库等，进一步凸显了馆藏资源的独特性。可以看出，图书馆信息资源的载体和表现形式日益多元，传统型资源与数字化资源并存，商业资源与开放获取资源并重，通用资源与特色资源兼备，资源类型不断向多样化、综合化发展。

信息资源载体的多样化带来异构性问题。不同类型资源在采集、编目、存储、管理、检索等方面存在较大差异，对资源组织提出了新的挑战。以描述性元数据为例，印本型资源多采用MARC、DC等通用元数据格式，而数字资源则往往采用自身的特有元数据规范，如TEI、EAD、METS等。不同学科领域的资源对元数据语义表达的丰富程度、专业性要求不尽相同，使得元数据在语义层面的互操作难度加大。对于科学数据、科研软件等新兴资源类型，尚缺乏成熟定型的元数据标准规范，大多依托特定平台或机构的实践，资源组织方式各具特色。资源载体的异构性导致管理系统、描述规范的割裂，不同类型资源难以实现无缝整合，影响了资源的集中揭示和一站式检索利用。因此，突破资源异构性藩篱，实现多元资源的标准化表示和一体化组织，是整合优化图书馆信息资源的关键所在。

图书馆信息资源的主题内容呈现多学科分散化特征。伴随学科专业的不断细分和交叉融合，图书馆馆藏资源覆盖了自然科学、工程技术、人文社科等各个学科领域，资源主题范围不断扩大，学科主题日趋多元化、综合化。同时，由于采访渠道多样、来源分散，针对不同学科主题的资源在揭示深度、组织方式上差异较大。一些基础学科领域的核心文献资源比较集中，得到了系统的揭示和重点建设，而一些新兴交叉学科资源则相对分散，尚未形成系统收藏，缺乏整体组织。学科资源内容的分散化导致资源主题揭示不足，用户难以对某

---

① 牛继伟.智慧化图书馆的服务模式构建与探索[J].文化产业，2023（05）：109—111.

第二章　图书馆信息资源的整合与优化

一学科主题的资源进行全面发现和获取。因此，亟须加强学科主题视角下的资源整合，通过学科知识组织、本体构建等手段，实现资源内容的关联聚合与主题揭示，为学科用户提供一站式、全方位的学科资源保障服务。

信息资源获取方式的多元化导致资源越来越分散。图书馆信息资源的采集渠道日益多样，除了传统的购买方式，还广泛涉及自建、捐赠、交换等多种途径。网络信息爆炸背景下，许多高质量的开放获取资源被图书馆所重视，通过链接、整合等方式为读者提供服务。此外，随着用户生成内容的快速增长，图书馆还注重发掘和吸纳用户创造的独特资源，如读者评论、阅读标注等。多元的资源获取方式在丰富馆藏的同时，也导致资源管理的碎片化。不同来源的资源在揭示方式、管理流程、系统平台上存在差异，缺乏统一管理，割裂了资源的内在联系。用户往往需要分头检索、对比甄别，获取资源的便捷性大打折扣。因此，统筹规划资源建设，完善采访流程管理，加强资源的系统整合与集中揭示，实现多来源资源的一体化利用，是提升资源管理与服务效能的有效举措。

网络环境下信息资源的动态性特征日益凸显。电子资源具有动态更新、实时发布的特点，资源内容不断发生变化，版本更迭频繁。以网络数据库为例，资源提供商会定期增删数据库内容，及时更新检索平台，用户每次访问面对的可能是最新的资源集合和功能界面。再如机构典藏系统中的科研成果，随着科研进程不断充实完善，呈现动态累积、实时更新的特点。学位论文提交流程电子化后，论文的受理、初审、答辩、修改、终审、发布呈现动态流转的过程性特征。资源内容动态多变对组织管理提出了新的要求，传统的一次性编目、静态管理方式已难以适应，需要建立动态资源组织新机制。通过元数据自动抽取、本体自动构建等技术手段，动态捕获资源变化情况，智能关联资源内容，为用户及时推送资源动态，已成为未来资源组织的重要发展方向。

信息资源数字化进程不断加快，数字资源比重持续攀升。在数字化浪潮的推动下，图书馆加快对传统印本型馆藏的数字化改造，电子资源引进力度持续加大，自建特色库的数字化进程不断加速。与此同时，网络信息资源井喷式增长，也为图书馆数字资源的补充和拓展提供了广阔空间。可以预见，数字资源在图书馆馆藏中的主导地位将愈加显著。但不容忽视的是，当前图书馆仍普遍存在数字资源与传统纸质资源"双轨制"并行的局面。两类资源在采访、编目、存储等环节彼此独立，缺乏统筹协调，割裂了天然的关联，不利于实现资源的一体化管理与整合。这就需要图书馆系统谋划，优化完善资源管理策略和服务机制，协调推进纸质资源和数字资源融合发展，实现两类资源优势互补、相互促进，为用户提供全方位、多样化的文献信息保障。

从资源生命周期管理视角审视，信息资源呈现阶段性分散的特点。信息资源从采集、组织、存储到利用，经历采访、编目、典藏、流通等一系列环节，表现出明显的阶段性特征。然而，受管理体制、业务流程的制约，不同阶段的资源管理往往是割裂的、分散的。采访与编目脱节，采访元数据向编目元数据转换不畅，导致重复劳动；存储与检索分离，资源的组织、揭示、利用缺乏统筹协调；资源选购与使用反馈脱节，难以实现基于资源利用数据的精准采购。资源生命周期的碎片化管理模式已难以满足资源精细化管理和个性化服务的要求，需变革创新。破除资源管理各环节的"孤岛"，加强元数据驱动的全流程资源组织，将资源采集、编目、存储、利用链接成一个有机的闭环，已成为资源整合的关键举措。

二、图书馆信息资源建设的现状

图书馆信息资源建设是图书馆工作的基础。信息资源是图书馆的核心资产，是开展各项服务的根本保障。图书馆要充分发挥支撑科学研究、传承人类文明的作用，必须高度重视信息资源建设，不断完善资源保障体系。纵观国内外图书馆界，信息资源建设经过长期发展，已经取得了丰硕成果，但仍存在一些需要解决的问题。

当前，各类型图书馆均高度重视信息资源建设，将其作为业务工作的重中之重。以高校图书馆为例，许多高校将文献资源建设经费列入学校预算，建立专项资金持续投入。一些高校实行院系分摊经费的办法，发挥院系主体作用，提高文献资源建设的针对性。还有一些高校图书馆成立了由院系专家、学科馆员组成的资源建设委员会，发挥他们在学科资源遴选、学科服务等方面的专业特长。公共图书馆普遍加大地方文献的征集力度，[1]通过社会捐赠、旧书征集等方式搜集地方文献，建设具有浓郁地域特色的特藏资源。一些公共图书馆探

---

[1] 黄美兰. 新形势下基层公共图书馆地方文献工作刍探[J]. 成才之路, 2020 (20): 42—43.

索与街道社区合作，利用社区资源建立分馆，打造"图书馆+"的资源服务新模式。专业图书馆充分发挥行业优势，建立覆盖行业、服务行业的特色资源体系，为行业发展提供情报支持。可以看出，重视程度的提升、投入力度的加大、主体作用的发挥已成为多类型图书馆共同的资源建设态势。

信息资源总量持续增长，尤其是数字资源增长迅猛。《中国图书馆年鉴》数据显示，近年来各类图书馆馆藏资源总量保持稳步增长态势，年均增长超过5%。到2021年年底，全国图书馆共有纸质图书收藏量10.3亿册，比2016年增加2亿册；期刊合订本藏量1.09亿册，比2016年增加700余万册。在纸质文献保持稳步增长的同时，数字资源建设如火如荼，呈现跨越式发展态势。据统计，全国图书馆电子图书总量已达到3.2亿册，是2016年的2.4倍；电子期刊总量达1.2亿册，是2016年的2.7倍。可见，以电子图书、电子期刊、数据库为代表的数字资源已占据馆藏的"半壁江山"，数字资源与纸质资源的比重消长已成为不可逆转的发展趋势。

资源结构不断优化，品种日益丰富。一方面，文献资源的学科覆盖面不断扩大，综合性日益增强。各馆普遍重视学科基础文献、核心期刊的建设，着力构建覆盖面广、厚度适度的文献资源体系。许多图书馆围绕学校重点学科、优势特色学科建立专藏资源，满足学科用户的深度需求。另一方面，多媒体资源、特色资源建设力度持续加大。图书、期刊等文本型资源是传统馆藏的主体，非书资料在馆藏中的比重偏低。近年来，图书馆普遍加强音视频、图像等非文本资源的引进，优化馆藏资源的媒体结构。同时，地方文献征集、文化典籍采购等特藏资源建设成为各馆的重要着力点。一些图书馆还尝试开发专题资源库，整理汇编馆藏孤本、珍稀文献，形成独具特色的数字人文项目。此外，高校图书馆高度重视学位论文、会议论文等学术成果的征集，公共图书馆注重本地作家文库、地情资料的建设。丰富、均衡的馆藏结构正在形成。

数字资源采购模式多样化，电子资源引进的广度和深度不断拓展。订购数据库是图书馆引进数字资源的主要方式。近年来，许多图书馆建立专门的电子资源采访团队，制定相对独立的电子资源采购预算，形成常态化的数据库引进机制。据统计，2021年全国图书馆引进的中外文数据库达5.6万个，是2016年的2.2倍。与此同时，"买断+订阅"并举的电子资源采购新模式不断涌现。在"买断"方面，图书馆购置电子书、电子期刊等数字资源的永久使用权，纳入馆藏体系实现长期保存。在"订阅"方面，图书馆根据需求引进数据库、知识服务平台等资源的访问权，供读者查询利用。近年来，一些图书馆还引入了 PDA（Patron-Driven Acquisition）机制，以实现读者决策的电子资源购置。此外，通过整合开放获取资源形成特藏专库也成为许多图书馆拓展电子资源的重要渠道。总之，需求驱动、多元并举已成为图书馆数字资源采购的显著特点。

数字资源自建力度持续加强，机构知识库、数据库自建如火如荼。近年来，许多图书馆充分发挥自身学科优势和馆藏特色，主动开发本地特色资源，形成了一批质量上乘、特色鲜明的自建数据库。以高校图书馆为例，依托学校重点学科，开发了大批具有学科特色的专题数据库，涵盖理工农医、人文社科等各个领域。许多图书馆立足区位优势，整理地方文献，建设地方文化典籍库，形成了具有鲜明地域特色的数字人文项目。同时，抓住机构知识库建设的契机，高校图书馆广泛搜集、长期保存本校师生的学术成果，构建了一批内容丰富、功能完备的机构知识库，集中展示学校学术实力，支持科研评估与学术评价。公共图书馆则注重挖掘本地文史资源，通过征集、数字化等方式，建设了地情资料库、老照片数据库、非遗资源库等一批特色鲜明的本地资源库。可以看出，丰富馆藏、彰显特色已成为自建数据库的主基调。

资源共建共享力度不断加大，参与联盟、跨界合作持续深化。资源共建共享是图书馆界的优良传统，近年来这一理念得到进一步彰显。区域性文献资源共建共享成效显著，以 CALIS、CASHL、NSTL 等为代表的全国性文献资源共享体系更是将资源共享推向新的高度。许多图书馆积极参与国内外联盟组织，引进联盟电子资源，实现优质学术资源的普惠共享。一些发达地区的公共图书馆探索"总分馆制"模式，实行统一采购、统一编目、通借通还，较好解决了基层图书馆经费不足、资源匮乏等问题。值得关注的是，跨界合作日益成为资源建设的新路径。图书馆主动联合出版社、数据商开发知识服务产品，与学术机构、互联网企业合作推出创新性资源建设项目。一些图书馆还尝试与博物馆、档案馆联合开发文化遗产数字资源，建设融合多元资源的数字人文平台。跨界合作正在成为拓展资源、提升服务的重要抓手。

资源揭示与整合不断深化，但尚未完全突破"资源孤岛"困境。近年来，许多图书馆积极探索数字资源整合，大力推进数字资源发现系统建设，初步实现对本馆纸质文献和电子资源的统一检索，方便读者一站式发现资源。但不可否认，由于编目标准、数据规范、检索语言等方面存在差异，不同来源、不同类型的资源尚未实现真正意义上的无缝整合。资源的异构性、碎片化特点仍较为突出，体现在：纸质资源与数字资源"双轨制"管理的局面尚未根本改观，难以实现融合利用；引进资源与自建资源割裂，缺乏统一的管理平台；不同学科主题、不同媒体类型的资源组织方式差异较大，缺乏关联。用户仍需在多个系统平台间切换，无法实现资源的一站式、全方位揭示与整合利用，这已成为制约资源管理与服务效能提升的突出问题。

纵观国内外图书馆信息资源建设的发展历程，成绩斐然，经验丰富，但挑战与机遇并存。海量异构资源的汇聚，为创新知识服务提供了丰厚的资源底蕴，但资源碎片化、"孤岛化"的问题也日益凸显。用户需求不断走向个性化、学科化、情境化，传统的资源"囤积"模式已难以为继，需转向主动策划、精准施策的资源建设新路径。大数据、人工智能、知识图谱等新技术方兴未艾，亟待深度融入图书馆资源建设的全生命周期。可以预见，随着环境的变迁、技术的进步、理念的更新，资源建设必将从粗放式增长走向精细化管理，从关注资源数量走向关注资源质量，从夯实资源基础走向提升资源绩效，从强调资源保有走向强调资源共享，从单一化建设走向协同化发展。"藏"与"用"的辩证统一，将成为检验图书馆信息资源建设成效的试金石。

三、图书馆信息资源管理中存在的问题

信息资源管理的基础在于对资源的规范化描述与组织，元数据规范是实现异构资源互操作、保障资源长期可用的重要依托。然而，受发展基础、应用需求等因素影响，不同部门、不同项目间采用的元数据标准差异较大。以高校图书馆为例，纸质文献编目中通常沿用 CNMARC、MARC21 等标准，而在机构典藏、学术论文、科研数据、学习资源等方面则广泛采用 Dublin Core 及其相关的特定领域元数据方案如 ETD-MS、LOM 等。同时，引进数据库提供商自定义的元数据规范，与图书馆现有标准难以实现无缝对接。一些开放获取资源也因元数据的标准化程度不高而难以充分揭示。此外，面向新兴的视听媒体、网络信息、研究型数据等，尚缺乏公认、成熟的元数据规范。元数据标准缺乏统一性导致异构资源语义映射、关联融合的效率不高，难以实现资源的全面整合、精准揭示和集成利用，极大制约了资源管理与服务效能的发挥。

信息资源管理贯穿资源生命周期的始终。采购、编目、典藏、存储、鉴定、统计等环节错综交织，组成了一个有机循环的完整过程。然而受传统业务布局影响，许多图书馆的资源管理呈现碎片化特征，资源生命周期各环节间缺乏必要的统筹协调。表现之一是环节间的数据壁垒问题突出，采购与编目、存储与服务等脱节现象较为普遍。例如，采购环节形成的订单记录、评估数据未能有效流转到编目环节，影响了编目工作的高效开展。编目环节积累的元数据资源未能充分指导采购决策，难以支撑精准采购。表现之二是环节内部的业务割裂现象依然存在。以采购为例，纸质文献与电子资源分头采购的局面尚未根本改观，缺乏科学的经费分配机制，整体布局有待进一步优化。资源生命周期管理的碎片化制约了管理效率的整体提升，影响资源效益的最大化发挥。

资源管理系统是规范工作流程、提高管理效率的重要载体。随着数字化进程的持续推进，各类新型资源管理系统不断涌现，然而不同系统间的互联互通程度不高，数据共享与流转面临诸多障碍。以高校图书馆为例，OPAC 系统、电子资源导航系统、机构知识库系统、学位论文管理系统等各自为政，缺乏统一的资源揭示与集成平台。同时，编目、典藏、流通等环节虽引入了专门的业务管理系统，但彼此割裂，与学科服务、参考咨询等服务系统对接不畅，资源数据与服务数据融合不足。此外，管理系统普遍存在对非文本资源支持不足，移动服务功能薄弱等问题。管理系统的碎片化格局导致信息孤岛、数据烟囱林立，制约了管理数据的共享开放，不利于管理决策的科学化、精细化。

随着数字化信息资源的持续增长，数字资源长期保存已成为摆在图书馆面前的现实课题。据相关调查，当前许多图书馆尚未建立科学完善的数字资源长期保存方案，保存系统的标准化、规范化程度不高。一些图书馆虽制定了相关政策，但执行不力，保存机制流于形式。同时，在具体保存实践中，常因购置协议的限制，难以获取数字资源的永久归档权，缺乏必要的技术、法律保障。此外，数字资源载体更新换代快，版本变迁频繁，迁移、再格式化等长期保存操作面临诸多技术难题。部分较早采购的数字资源，因商业模式调整、出版商更迭等因素，已无法继续访问。可见，受政策、机制、版权、技术等多重因素制约，我国数字资源长期保存工作仍存在诸多不足，亟须标本兼治，多管齐下。

资源管理的根本目的在于充分挖掘资源价值，最大限度地实现资源的可发现、可获取。然而，受编目深度、检索工具等因素制约，许多图书馆的资源揭示工作仍存在诸多不足。例如，编目对象多聚焦于资源的形式特征，对资源内容的主题标引、知识组织的力度不够，揭示深度和广度有待进一步加强。异构资源映射、关联等方面的工作开展不充分，导致不同类型、不同来源的资源缺乏语义关联，难以形成有机整体。受检索系统功能限制，缺乏对用户使用行为的分析挖掘，个性化、精准化检索服务水平偏低。资源揭示的碎片化、表层化影响了隐性知识的充分展现，制约了资源发现与获取效率的整体提升。

专业馆员是信息资源管理工作的主力军，其知识技能水平和创新意识高低直接影响管理效能。纵观国内图书馆界，资源组织专业人才普遍存在数量不足、知识结构单一、继续教育缺乏等问题。相关调研表明，编目、采访、典藏等专业技术岗位的馆员数量配比失衡，专业背景相对单一，对新兴学科领域的把握不够。跨学科复合型人才匮乏，既懂信息技术，又精通学科知识的"双能型"人才难觅。面对语义组织、知识关联、数据分析等新技术应用，专业技能普遍欠缺，创新意识不强。专业队伍能力的不足，制约了图书馆及时响应环境变革，主动拥抱新技术，难以适应信息资源管理的新需求、新挑战。

完善的管理制度是提高资源管理质量，推进管理规范化的重要保证。然而，受发展基础、认识水平等因素制约，多数图书馆在资源管理相关制度建设方面仍显滞后。主要表现在：资源管理的顶层设计缺乏，发展规划制定不够科学合理；资源建设的质量评估标准不明晰，评估机制流于形式；电子资源引进的评估、退订等环节缺乏必要的规章制度，难以适应数字出版的特点；开放获取资源、特色资源管理的相关政策有待进一步细化完善；资源共享、馆际互借的规章制度不够健全，影响了文献传递、异地访问等服务的时效性。管理制度建设滞后于资源建设，不利于形成科学规范的资源管理秩序，制约了图书馆资源保障与服务效能的持续提升。

数字时代，海量网络信息资源的汇聚，使内容产权日益复杂，资源的规范管理与合法利用面临诸多挑战。一方面，网络环境下作品的传播与使用方式发生重大变革，著作权保护措施不断创新，给图书馆电子资源的采购、揭示、利用等带来新的制度约束。另一方面，数据资源日益成为数字经济时代的关键生产要素，围绕数据采集、存储、加工、交易、利用等引发的法律纠纷与权益争议，对图书馆的数据管理工作提出了新的挑战。同时，在数字人文、开放科学等新兴领域中，数据挖掘、关联分析日益频繁，相关的产权界定、隐私保护、伦理审查等问题尚无定论，数据资源利用的合法边界有待进一步厘清。可见，数字版权保护与合理使用的平衡，数据资源产权界定与开放共享的平衡，已成为图书馆界的重要议题，需在实践探索中加以破解。

第二节　信息资源整合的必要性与可行性

信息资源整合的必要性随着技术发展和用户需求的变化日益凸显。在一个信息爆炸的时代，资源的分散和重复建设已经不再适应高效利用的需求。图书馆需要通过信息资源的整合，打破各资源间的孤立状态，实现资源的协同利用。这一过程不仅可以提高资源的利用率，还能为用户提供更加便捷的访问途径。然而，信息资源的整合并非易事，它不仅涉及技术层面的处理，还需要从战略层面确保整合的可行性。面对不断变化的环境，图书馆必须灵活应对资源整合中的各种挑战，以确保整合工作的顺利推进。

一、信息资源整合的必要性分析

当前，信息资源的碎片化、割裂化问题日益凸显，制约着文献保障能力与服务效能的全面提升。

表现之一，馆藏资源内容分散，缺乏关联。印本型资源与数字化资源并轨而行，缺乏统筹；引进资源与本地资源自成体系，缺少融合；商业资源与开放资源各自为政，缺少汇聚。这种多源割裂、碎片分散的格局导致资源内容揭示不充分、深层关联挖掘不足，读者难以便捷获取所需资源，资源利用绩效无法充分发挥。

表现之二，资源管理过程缺乏统筹。资源采购与编目脱节，元数据转换不畅；采访与流通数据割裂，无法支撑精准决策；存储、揭示环节衔接不足，整体管理效率不高。这种业务割裂、流程碎片化的方式导致资源管理过程中数据孤岛频出，业务协同效率低下，难以有效提升资源建设的规模效益。

表现之三，资源揭示与服务系统碎片化突出。资源发现、获取系统分立，使用体验参差不齐，一站式整合程度不高；纸质文献借还、电子资源访问等服务系统割裂,流程衔接不畅。这种服务碎片化格局致使读者使用资源时要在不同系统之间频繁切换,多次检索,无法实现资源的无缝获取,严重影响了服务便捷性。可见,资源的碎片化、割裂化已经成为制约图书馆事业发展的主要因素,亟待从资源内容、管理流程、服务系统等层面进行系统性整合。

信息环境的快速变革对资源整合提出了新的更高要求。一方面,网络信息资源呈爆炸式增长,数字出版日益活跃,各类型图书馆的数字资源建设如火如荼,电子资源已占据馆藏半壁江山。海量异构电子资源与传统纸质资源的深度融合,是摆在图书馆面前的现实课题。另一方面,学科交叉融合日益频繁,新兴学科不断涌现,学科用户对文献信息资源的需求日趋专业化、精细化。单一学科背景下的传统资源组织模式已难以适应跨学科整合利用的新需求,亟待实现多学科资源的关联聚合与集成揭示。同时,开放获取理念日益深入人心,机构知识库、开放期刊与图书等新型学术资源不断涌现,对传统馆藏资源形成有益补充。将开放资源一并纳入整合视野,增强图书馆资源的广度与深度,已成为大势所趋。此外,人工智能、大数据等新技术发展日新月异,为信息资源整合带来前所未有的创新机遇,但也对图书馆的资源管理能力提出了更高挑战。图书馆必须主动应对环境变革,顺应技术发展潮流,优化完善资源组织模式,实现从被动应对到主动适应的根本转变。

用户需求的深刻变化对资源整合提出了新的迫切要求。随着数字化浪潮的持续推进,用户的信息行为发生了革命性变革。移动化、碎片化、交互化、个性化成为用户获取信息的突出特点。传统的基于馆藏目录、电子资源导航等分立系统的资源供给模式,已难以适应读者对一站式、全方位发现资源的要求,也无法满足用户随时随地、按需获取资源的期待。整合分散在不同来源、不同系统中的异构资源,构建统一的资源发现与获取平台,实现资源供给与需求的精准匹配,成为新形势下资源服务创新的基本前提。同时,伴随知识生产模式的深刻变革,跨学科研究不断深化,多尺度、多维度、多视角的综合性资源需求持续增长。图书馆必须及时调整资源保障策略,创新资源组织模式,实现对多源异构资源的关联、聚合与集成,为用户提供一揽子的学科化知识服务解决方案。此外,在大数据时代,用户对个性化、精准化资源推送的期望也与日俱增。图书馆必须通过资源整合,强化对用户兴趣、行为等数据的挖掘分析,洞察用户深层次需求,实现资源、服务与用户的精准匹配,让知识服务融入用户的学习、研究、工作全过程。由"要我服务"到"我要服务",用户需求牵引的资源供给将成为未来知识服务的主旋律。

提升资源利用效能是推动资源整合的内在动力。长期以来,各类型图书馆都投入了大量资金构建文献资源体系,但受碎片化资源组织模式的制约,资源利用绩效与投入不成正比,优质学术资源尤其是高成本引进的数字资源的使用效益难以充分发挥。根据相关数据,国内高校图书馆电子资源的经费支出占比不断攀升,从2016年的41.25%上升至2021年的52.73%,而电子资源的利用率却不高,远未实现投入产出的最优化。资源利用率不高的症结在于,资源的碎片化造成了资源的可发现性不足,用户无法便捷获取、充分利用所需资源。通过资源整合,集中揭示分布在不同系统中的异构资源,并基于用户需求进行针对性组织,构建一站式、全方位资源发现与获取平台,将显著改善资源的可见性与可得性,有效提升资源利用的广度与深度。可以预见,伴随从资源整合到知识服务的深度变革,高频次、精准化、个性化的资源供给必将成为常态,资源利用率将显著攀升,资源投入产出的有效契合将成为可能,进而最大限度地发挥图书馆在知识传播与学术创新中的基础作用。

知识服务转型发展的内在需求推动着资源整合的持续深化。在数字网络时代,图书馆面临着日趋激烈的生存竞争,传统的资源保障职能正受到多方挑战。知识服务转型升级,树立以用户为中心、以需求为导向、以创新为引领的服务新理念,成为图书馆谋求可持续发展的必由之路。资源整合是推动服务转型的基石。通过资源整合,深度挖掘、关联分析多源异构的文献信息资源,将分散、静态的资源有机结合,形成结构化、关联化、语义化的知识单元,进而为用户提供系统化、情境化、特色化的知识服务。通过优化知识组织,创新服务流程,充分发挥资源整合的聚合效应、关联效应、增值效应,将有效提升知识服务的供给能力和效益水平。同时,面向学科服务、智库服务、创新创业服务等新兴领域,资源整合也在不断拓展服务的广度和深度。例如,通过汇聚学科领域的多元异构资源,构建覆盖全面、颗粒度细的学科知识地图,为学科用户提供精准化的学科动态分析和决策咨询。通过整合文献计量、科学计量、网络计量等数据,开展科研评价、创新管理等战略情报分析与辅助决策服务。通过构建创新创业信息资源库,为创新创业活动提供全流程的文献保障与智力支持。可见,资源整合正在成为创新驱动、价值创造型知识服务的重要抓手,是引领图书馆服务模式变革的先导力量。

信息资源整合是一项系统工程，需要从战略高度、全局视野统筹谋划。从资源生命周期管理的角度看，信息资源整合贯穿于资源建设、组织、存储、揭示、服务等业务全过程。在资源建设层面，要坚持需求导向，优化结构布局，推动多元资源的深度融合；在资源组织层面，要解决业务割裂问题，构建元数据驱动的一体化组织流程；在资源揭示层面，要强化资源关联，完善资源发现机制，实现一站式无缝获取；在资源服务层面，要创新服务理念，完善服务策略，为用户提供个性化、精准化的知识服务菜单。[1] 可见，资源整合不是某个环节的单兵突进，而是一个环环相扣、层层推进的系统性工程，需要统筹规划、分步实施、协同推进，最终实现资源、技术、业务、服务、管理的全面融合与再造。

二、信息资源整合的可行性分析

信息资源整合是破解资源碎片化难题、实现资源深度融合的必由之路。作为信息资源管理与服务的核心策略，资源整合不仅具有现实必要性，也具备可行性。信息技术的迅猛发展、知识组织理论与方法的日臻完善，以及图书馆的主动作为，正在为资源整合营造日益有利的技术、理论、资源、机制环境，全面推动资源整合已具备坚实的可行性基础。

海量异构信息资源是开展资源整合的物质基础。随着信息技术的快速发展和学术交流的日益频繁，海量文献信息资源呈爆炸式增长，资源类型不断丰富，载体日趋多样，各类型图书馆已拥有相当规模的数字化信息资源。以高校图书馆为例，CALIS 数据显示，2016—2021 年间全国高校图书馆电子图书数量年均增长 20.9%，购置数据库数量年均增长 9.7%。海量数字资源为开展资源整合提供了丰富的"原料"，为发挥整合效应奠定了坚实基础。同时，多源异构资源虽存在元数据标准、数据格式、检索语言等诸多差异，在资源整合方面存在难度，但异构性恰恰意味着信息的多样性和互补性，通过加强资源内容与语义的关联，有助于多角度、多层次地揭示资源内涵，实现资源使用价值最大化。海量异构资源带来整合机遇，资源基础坚实，有利于发挥融合效应，

---

[1] 宋丽丽，姜晓轶，赵龙飞，等.领域知识服务体系构建与实践——以海洋知识为例[J].自然资源信息化，2023（03）：1—8.

实现"1+1>2"的资源整合效能。

　　元数据标准的持续完善是资源整合的技术支撑。元数据是实现信息资源有序化组织与关联集成的核心要素。近年来，在国际图联、W3C等组织的推动下，元数据标准体系日臻完善。一系列通用性元数据标准的颁布与实施，如MARC、DC、MODS、METS、PREMIS等，有效规范了不同资源的元数据描述方式，为异构资源的语义关联与映射奠定了规范基础。同时，诸多面向特定资源、特殊领域的专门元数据标准也在不断涌现，如EAD、VRA Core、LOM等，针对档案、文物、教育资源等特定领域资源的描述要求，设计了丰富、精准的元数据要素集。专门性元数据规范与通用性元数据规范的有机结合，极大增强了元数据在语义表达、语义关联等方面的能力，为资源整合提供了关键支撑。此外，语义网、开放链接数据的兴起将资源整合提升到语义层面，BIBFRAME、Schema.org等新一代元数据模型的研发与应用，进一步突破原有元数据的局限，使元数据具备了更强的语义扩展、语义关联表达能力，为资源整合带来新的发展机遇。日臻完善的元数据标准体系已成为资源整合的重要技术支撑。

　　新兴技术的迅猛发展为资源整合注入新动能。大数据、人工智能、区块链等新一代信息技术的快速演进，正在深刻重塑信息资源组织的模式与流程。以大数据技术为例，其非结构化数据处理能力可有效突破传统结构化的元数据标引局限，通过数据挖掘、机器学习等，深度揭示海量异构资源的内容特征，发现资源之间的内在关联。语义网技术、知识图谱方法的应用，则可实现从元数据的"资源描述"到"语义表达"的跃升，构建起立体化、语义化、关联化的资源组织新模式。人工智能技术的飞速发展，使得规模化、自动化的语义标引成为可能，并可通过知识推理、深度学习，揭示资源的深层语义，形成颗粒度更细、内涵更丰富的语义网络。区块链技术为分布式环境下的资源协同整合开辟了新路径，为资源共享新模式注入新动力。此外，自然语言处理、虚拟现实、5G等一系列新兴技术也正加速向资源组织领域渗透，极大拓展了信息资源整合的技术想象空间。可以预见，伴随新兴技术与资源组织的深度融合，资源整合将实现从人工向自动、从局部到全面、从表层到深层的智能化、精准化发展，为知识服务变革带来新的技术红利。

　　知识组织理论与方法的日益成熟为资源整合奠定理论基石。资源整合的实质是将分散的信息资源按照一定的标准和规则进行系统化的重组与揭示，从而实现资源的有序呈现与关联利用。这一过程离不开扎实的理论基础和方法指导。在知识组织领域，诸多理论流派和学派的方法经过长期发展，日趋成熟完善。以本体论为代表的概念层面知识组织理论，从概念内涵、外延、属性、关系等角度刻画知识单元，构建可表达领域知识的概念系统；以主题分析法为代表的内容层面知识组织理论，通过分析文献内容，提炼主题概念，揭示资源主题。以叙词表、分类法为代表的词汇层面知识组织理论，则强调规范词表对概念的标准化表达与系统化组织。各个层面的知识组织理论与方法相辅相成、互为补充，共同指导资源整合实践。此外，计算机科学领域的诸多理论方法，如数据挖掘、信息检索、自然语言理解等，也被引入知识组织领域，与传统理论方法交叉融合，极大拓展了知识组织的深度与广度。日益完善的知识组织理论与方法体系，支撑和推动着信息资源整合向纵深发展。

创新的资源整合模式为资源融合开辟新路径。面对信息环境的深刻变革，传统的以本地馆藏资源为中心的整合模式已难以为继。近年来，全球范围内掀起了一股"开放"的资源整合新浪潮。开放获取（OA）作为重要的资源整合新模式，通过对 OA 期刊、OA 图书、开放教育资源、开放科研数据等资源的整合，极大拓展了读者获取学术资源的深度和广度。OA 资源具有数量大、增长快、获取便捷等特点，通过 OA 资源的整合，能够在很大程度上弥补本地资源的不足。基于开放获取理念的机构知识库也为资源整合带来新的契机，通过对本机构科研论文、学位论文、会议论文等学术成果的收集、保存、揭示，集中展示了机构的学术产出，构成了本地资源的重要补充。此外，通过建立学科主题知识库、区域性资源联合知识库，实现不同学科、不同区域、不同载体的资源汇聚与集成利用，极大丰富了资源的类型与内容。创新的资源整合模式正成为图书馆界的生动实践，为破解资源"孤岛"难题、构建开放共享新生态带来了新的发展机遇。

资源共享环境的日益成熟为资源整合创造有利条件。信息资源共享是实现资源利用效益最大化的重要路径，是资源整合的题中应有之义。随着信息技术的发展和开放理念的深入人心，资源共享的氛围日益浓厚，共享环境日趋成熟。一方面，数字图书馆、虚拟学习共同体等新型服务模式不断涌现，打破了传统的物理边界，拓展了资源共享新空间。另一方面，联盟协作等资源共建共享新机制不断完善，文献传递、虚拟参考咨询等跨馆合作不断深化，资源共享网络更加紧密。国家、区域乃至全球层面的资源共享联盟相继建立，形成了"横向到边、纵向到底"的立体化资源共享保障体系，为资源的规模化、标准化整合提供了组织保障。此外，开放获取运动方兴未艾，各类学术机构、资助机构纷纷出台开放获取政策，将科研成果、科研数据面向社会开放共享。在国家层面，一些国家也相继将开放获取上升为国家战略，积极构建国家开放获取基础设施。日益开放的资源共享环境不仅极大丰富了可整合资源的规模，也有利于推动图书馆界形成资源融合的共识与合力，为资源整合向纵深发展创造了有利条件。

需求导向成为推动资源整合的内生动力。随着信息环境的快速变革，用户获取信息、利用信息的方式发生了深刻变化，呈现个性化、学科化、情境化特征。分散的、碎片化的资源已难以满足用户的"一站式"发现需求。图书馆需要从单一的资源供给者转变为个性化的知识服务提供者。这就需要图书馆突破传统的资源整合思路，从以资源为中心转向以用户需求为中心，从关注资源数量转向关注资源质量，实现与用户需求的精准匹配。通过构建读者画像，挖掘用户行为，把握新兴学科动向，围绕用户特点开展针对性的资源组织，为用户提供个性化、精准化的资源推送已成为资源整合的重点。同时，随着学科交叉融合的日益频繁，跨学科的综合性需求持续增长，单一学科视角下的资源组织已难以适应用户需求，亟待通过学科主题的关联与聚合，实现多学科资源的集成揭示与融合利用。总之，以需求为导向，紧扣用户特点，成为推动资源整合不断创新的内生动力。由被动的资源提供向主动的需求响应转变，正在成为资源整合的新趋势。

在海量异构资源、新兴技术发展、知识组织理论创新、开放共享环境以及需求导向等多重因素的共同推动下，信息资源整合已进入成熟期，从资源基础、技术支撑、理论指导、环境条件、动力需求等方面为资源整合打下了坚实的可行性基础。

三、信息资源整合面临的挑战

元数据的标准化、规范化程度不高，是制约信息资源整合的技术瓶颈之一。元数据作为连接异构资源的纽带，是实现资源关联、集成、语义组织的重要依托。然而，元数据标准的碎片化现象仍较为突出。相关调查显示，截至2020年，国内外与图书馆领域相关的元数据标准多达 90 余种，涵盖通用标准、领域标准、结构标准、保存标准等。这些标准在设计理念、描述对象、数据格式等方面存在较大差异，互操作性不足。同时，许多数据库商、资源提供商采用自定义的元数据规范，与通用标准衔接不畅。再加上 RDA、BIBFRAME 等新一代编目规则、框架的出台，元数据转换与升级面临新的困难。此外，针对新兴数字资源的元数据标准仍不成熟，尤其是非结构化资源、非文本资源的元数据框架有待进一步探索完善。元数据标准的参差不齐，导致异构资源难以在语义层面上实现无缝对接，不同来源、不同类型资源的聚合比对面临诸多技术障碍。

业务部门分割、系统平台割裂等信息孤岛现象突出，提升了资源整合的组织难度。受传统业务布局的影响，许多图书馆的采编、典藏、流通、参考咨询、学科服务等部门各自为政，彼此间缺乏必要的协调联动。业务部门间的壁垒导致资源管理流程碎片化，采访与编目脱节、编目与服务割裂的问题较为普遍。同时，印本资源与数字资源并轨而行，缺乏统一调配；引进资源与自建资源管理分离，政策标准不一；商业资源与开放获取资源割裂，缺乏融合机制。资源与服务的"打包"模式下，不同资源的检索、获取系统分立，用户整体体验不佳。此外，制度规范滞后、人员能力不足等问题，也在一定程度上制约着资源整合的组织实施。如何突破条块分割的业务布局，构建一体化的资源管理与服务流程，营造资源整合的组织文化，是一项亟待破解的难题。

异构海量资源环境下用户需求日益分化，对资源整合的精准性、时效性提出了更高要求。随着信息环境的快速演变，用户对信息资源的需求呈现出多样化、个性化、动态化特征。学科交叉融合趋势下，跨学科、跨领域的综合性资源需求与日俱增；碎片化阅读时代，音视频等非文本资源需求持续攀升；智慧型服务环境下，知识脉络梳理、学科态势分析、研究热点发现等高层次需求不断涌现。这对资源整合工作提出了新的挑战：如何从海量信息中甄别、发现、获取高价值资源？如何在方法技术层面实现多源、跨介质资源的深度融合与关联？如何深入把握用户背景特征，实现资源供给与需求的精准匹配？传统的基于馆藏的资源组织模式，依靠编目人员的个人经验，已难以适应用户日益专业化、精细化的资源需求，亟须变革创新。以用户为中心，建立常态化的需求分析机制，加强与用户的协同互动，引入用户参与的资源组织新模式，是目前图书馆界积极探索的方向。

知识组织理论方法的局限性，制约着资源整合效用的充分发挥。知识组织是信息资源整合的理论基石。传统的主题词表、分类法等在组织、揭示文献资源方面发挥着重要作用。然而，面对多元化、碎片化、动态化的资源，传统的"资源属性描述"范式已难以适应资源内容本身的语义组织需求，也无法充分揭示蕴含其中的知识联系。此外，日益专业化、交叉化的学科化资源需求，对现有知识组织体系的扩展性、适应性提出了挑战。再者，Web2.0时代用户标注、评论等非规范词汇的涌现，也使得传统词表的应用受到一定冲击。因此，亟须在继承优秀知识组织成果的基础上，充分吸收语义网、知识图谱、本体论等先进理论成果，突破"资源描述"局限，加强资源内容的语义组织与关联，构建有机融合的、具有时代特征的新型知识组织体系，为资源整合奠定坚实的理论基石。

大数据、人工智能等新兴技术方兴未艾，对传统的资源整合模式提出了新的挑战。人工智能时代，机器深度学习、知识推理、自然语言理解等技术的兴起，使得规模化、自动化的语义组织成为可能。知识图谱、语义网络等为资源关联、知识发现开辟了新路径。区块链技术的发展，也为分布式的、去中心化的资源协同组织带来新的机遇。然而，新技术在为资源整合带来创新活力的同时，也对图书馆的资源组织能力提出了新的挑战。如何紧跟新兴技术发展脉络，加快培养专业人才，完善配套政策机制，将新技术深度融入资源组织与揭示的各个环节，是一个亟待思考和实践的重要命题。机器与人工智能的有机融合，构建"人—机—物"协同的资源整合新模式，将成为图书馆界的重要探索方向。

版权壁垒、体制机制障碍等因素，制约着资源共享、协作共建的深度和广度。资源共享共建是信息资源整合的应有之义。然而，图书馆电子资源采购通常受合同条款、许可协议的约束，资源使用权限受到诸多限制，数据获取、挖掘、再利用等方面存在法律风险。即便购买了资源的永久访问权，诸如数据库商倒闭、数据迁移等不可控因素，也会给资源的长期保存和利用带来隐患。同时，条块分割的管理体制、部门本位主义的思想观念，在一定程度上制约了图书馆间的深度合作。此外，缺乏顶层设计、评价激励机制不健全等，也在一定程度上影响了资源共建共享的积极性。破除体制壁垒，健全共享机制，完善宏观政策，推进制度创新，营造开放、包容、互信的创新文化，是推进资源整合持续深化的内在要求。

数字鸿沟、信息素养差距客观存在，信息资源获取的公平性有待进一步提升。在数字化浪潮的裹挟下，不同地域、不同群体在信息资源获取方面的差距正在拉大。偏远地区网络设施建设滞后，数字资源购置经费投入不足，信息资源严重匮乏；特殊群体如残障人士的无障碍数字阅读的需求难以满足；中老年群体信息技能欠缺，数字化适应能力不足；青少年互联网信息素养教育亟待加强。弱势群体在信息获取方面面临的客观困难，对资源整合提出了普惠、均等的新要求。如何建立社会化的资源共享网络，加快推进信息无障碍建设，加强全民信息素养教育，[①]让数字红利惠及大众，让知识成果普惠共享，是新时代赋予图书馆的崇高使命，也是信息资源整合的价值追求所在。

不可否认，在市场化浪潮的冲击下，图书馆资源建设面临着经费紧张、缺乏话语权的困境。据相关调查，高校图书馆电子资源购置费用支出已占总支出的50%以上，且呈逐年上升趋势。数据库商、出版社主导的订阅模式，使得图书馆在资源采购谈判中处于弱势地位，缺乏对资源定价、使用的控制权，经费投入和产出难以平衡。同时，电子资源价格不断攀升，许多中小型图书馆难以承担高昂的订购成本，资源建设捉襟见肘。经费约束下，图书馆的资源自主性严重受限，难以真正做到需求驱动、特色发展，整合资源的广度和深度不免打折扣。长此以往，将影响信息资源供给的及时性与充分性，制约图书馆服务效能的充分发挥。优化资源配置结构，创新采购机制，建立区域联合采购联盟，推进需求驱动的精准化采购，将成为缓解经费困境、实现采购权利回归的重要出路。

综上所述，元数据标准化不足、业务流程碎片化、用户需求把握不精准、传统知识组织理论局限性凸显、新技术应用有待深化、资源共享机制有待健全等，是制约信息资源整合的瓶颈因素。同时，数字鸿沟客观存在、信息资源获取不公平、经费约束日益突出等，也在一定程度上影响着资源整合的广度和深度。应对挑战，需要理论创新和实践探索双管齐下，标准规范与机制建设相辅相成，人才培养和政策保障相得益彰。既要立足现实，直面难题，多措并举，

---

① 杜永华. 全民数字素养教育融入学习型社会建设对策研究［J］. 河南图书馆学刊，2023，43（04）：84—86.

标本兼治；更要放眼将来，充分估计资源整合的艰巨性、长期性，做好打"持久战"的准备。

第三节 信息资源整合的策略与方法

为了实现信息资源的高效整合，图书馆必须制定科学的策略和方法。从战略规划的制定到组织模式的优化，再到服务方式的创新，每一个环节都在资源整合过程中起到至关重要的作用。战略规划不仅决定了资源整合的总体方向，还为图书馆在实施过程中提供了具体的指导框架。同时，资源整合的成功离不开有效的组织模式和管理机制，这意味着图书馆不仅要考虑资源的物理整合，还需要充分关注人力、技术和服务方式的协调。这种策略和方法的科学制定，将为图书馆在资源整合中的创新和实践提供坚实的保障。

一、制定信息资源整合的战略规划

信息资源整合是一项复杂的系统工程，需要从战略层面进行统筹谋划，科学制定资源整合的宏观蓝图与行动纲领。战略规划是资源整合成败的关键一招，需要在系统调研的基础上，遵循科学原则，把握内外部环境，权衡利弊得失，统筹兼顾，科学施策，方能确保资源整合行稳致远、落地生根。

制定战略规划要立足全局，把握环境变化。信息资源整合不是孤立的行为，而是置于复杂多变的信息生态中的系统性活动。制定资源整合战略规划，必须放眼全局，立足环境变化，充分考虑政策环境、技术环境、用户环境等因素的影响。例如，国家"双一流"建设政策对高校图书馆资源建设提出了新的更高要求，需要在资源整合中予以积极回应；大数据、人工智能等新兴技术的迅猛发展，也给资源组织管理带来前所未有的创新机遇；用户需求日益呈现个性化、精准化的新特点，也对资源供给与服务提出了新的挑战。唯有立足新发展阶段，把握新变革趋势，顺应新需求特征，才能使战略规划具有前瞻性、引领性，为资源整合指明正确方向。

制定战略规划要坚持需求导向，突出问题意识。信息资源整合的根本目的是更好地满足用户需求，服务于机构使命与发展目标。必须坚持以需求为导向，深入分析不同用户群体的资源需求特点，准确把握学科发展与科研创新的资源需求动向，充分考虑机构发展目标对学术资源保障的内在要求。例如，高校图书馆要立足学校"双一流"建设总体规划，紧扣优势特色学科发展，聚焦科研前沿与学科交叉，超前谋划资源整合，为一流学科建设和高水平科研创新提供坚实的文献基础。公共图书馆则要紧密结合全民阅读推广、社区教育等中心任务，围绕少儿、老年等重点读者群体，强化资源的供给侧结构性改革，推动特色资源、地方文献的整合与开发利用。与此同时，问题导向也是制定战略规划必须坚持的重要原则。"靶向治疗"式地聚焦信息资源管理中存在的突出矛盾和问题，如资源碎片化、采编脱节等，有针对性地提出系统解决方案，是资源整合战略规划的题中之义。

制定战略规划要坚持创新引领，彰显协同理念。信息资源整合是一场深刻变革，需要激发内生动力，谋求创新发展。制定战略规划要把创新发展理念贯穿始终，立足新时代图书馆转型发展的时代主题，着眼资源组织的理论创新、技术创新、方法创新，加快构建资源整合的现代化治理体系，推动形成资源汇聚、技术先进、服务精准、机制灵活的资源管理服务新格局。同时，创新发展绝非单打独斗，必须坚持开放协同理念，充分调动多元主体参与的积极性。例如，吸引学科专家、产业专家等智库力量，共同研判信息环境与需求变化，优化资源整合的宏观思路。发挥读者参与的群智效应，协同推进特色资源建设。加强与出版机构、数据商、学术团体等的战略合作，拓宽资源建设渠道。协同创新是适应知识生产模式变革、激发资源整合活力的必由之路，需要在战略规划中给予高度重视。

总体目标是战略规划的首要内容，需要紧扣资源整合的价值取向，从宏观层面进行系统设计。总体目标要立足机构战略，着眼学科发展，面向用户需求，彰显服务价值。例如，高校图书馆资源整合的总体目标可概括为"面向双一流建设，构建内容丰富、布局合理、融合创新、便捷高效的信息资源保障体系，支撑一流学科建设和高水平人才培养，为学校争创世界一流大学提供坚实文献基础"。公共图书馆的资源整合目标则可表述为"围绕全民阅读和城市文化建设，整合社会文化资源，完善资源供给结构，打造集学习、休闲、研究、创作于一体的文化资源汇聚中心"。这些目标的提出，需要统筹考虑资源、技术、服务、用户等要素，将价值诉求与现实需求融为一体，形成高远务实、催人奋进的宏伟蓝图。

发展思路是战略规划的重要组成，需要根据总体目标，因地制宜地提出分阶段、分领域的发展路径。发展思路既要尊重实际，立足现有基础，又要超前布局，把握发展机遇。既要注重可操作性，分解落实目标任务，又要保持前瞻性，为创新发展预留空间。制定发展思路，需要统筹近期与远期、当前与未来，科学设定整合的重点领域、关键举措和阶段性目标。例如，在整合初期，可聚焦元数据规范、业务流程再造等基础性工作，夯实资源整合的数据基础和组织基础；随着整合的逐步深入，可侧重开展语义组织、知识关联、智能检索等创新性工作，提升资源整合的智能化水平；在整合的深化拓展阶段，可着力推动开放获取、知识服务、嵌入式服务等探索，实现资源供给与服务模式的系统重构。发展思路的科学提出，有助于分阶段、分步骤推进资源整合，确保战略目标的如期实现。

保障措施是战略规划的关键环节，需要建立健全组织保障、经费保障、人才保障、评估保障等配套机制。组织保障方面，要成立跨部门的资源整合领导小组，完成统筹规划、组织实施、督促落实等各项工作。经费保障方面，要设立资源整合专项经费，制定动态投入机制，为持续发展提供坚实物质基础。人才保障方面，要加强资源组织、语义技术、数据分析等复合型人才队伍建设，完善人才培养使用机制。评估保障方面，要建立科学的评价指标体系，动态监测综合绩效，持续优化改进。唯有构建起支撑有力的保障体系，方能确保战略规划落地生根、开花结果。

战略规划的制定还需要立足民主、科学、规范的基本原则。民主原则要求广泛听取馆员、读者、专家等各利益相关方的意见建议，形成共识，汇聚合力。科学原则强调遵循资源整合的一般规律，尊重事物发展的客观实际，防止主观臆断、盲目蛮干。规范原则要求规划的制定、实施、评估、反馈等各环节必须严格依据法律法规和相关标准，完善配套制度，确保战略规划的权威性和严肃性。同时，战略规划还应定期评估、动态调整，根据实施中的新情况、新问题，及时修订完善，体现时代性和前瞻性。战略规划制定与实施的系统化、规范化，将为资源整合提供根本遵循。

二、优化信息资源整合的组织模式

信息资源整合是一项复杂的系统工程，需要优化组织模式，科学配置资源，形成高效协同的运行机制。组织模式是推动资源整合落地见效的关键一环，事关资源整合的质量与效率。当前，图书馆在信息资源管理中普遍存在部门分割、业务割裂、流程碎片化等问题，传统的组织模式已难以适应资源整合的内在需求。推动组织变革，优化业务流程，创新体制机制，破除资源整合的组织障碍，已成为图书馆转型发展的必然选择。

顶层设计是优化资源整合组织模式的重要前提。图书馆须将资源整合上升到战略层面，摆在事关长远发展的重要位置。充分认识资源整合的紧迫性与必要性，精准把握资源整合的目标任务，统筹谋划资源整合的实施路径，加强体制机制创新，为资源整合提供根本遵循。在顶层设计中，要树立全局观念，充分考虑资源整合涉及的采访、编目、典藏、阅览、参考咨询、学科服务、系统技术等部门的职能边界与业务关联，找准优化组织模式的切入点和突破口。同时，顶层设计要体现需求导向，对标学科发展与用户需求，优化完善资源建设的政策导向，引导资源整合聚焦重点、突出特色，提升供给质量。唯有从战略和全局的高度系统谋划、精心设计，方能为资源整合奠定坚实的顶层基础。

组织机构调整是优化资源整合组织模式的关键抓手。资源整合要求打破部门藩篱，建立矩阵式、柔性化的组织结构，形成跨部门协作的工作机制。在组织机构设置上，可成立专门的资源整合工作小组或项目组，由分管领导牵头，吸纳采访、编目、系统技术、学科服务等部门业务骨干，统筹规划、分工协作、共同推进。工作小组要明确职责分工，完善协调机制，定期研判资源整合进展，协调解决重大问题，形成上下贯通、分工合作的组织运行体系。对于出版社合作、文献采购谈判等涉及外部机构的整合事务，可设立专门的资源协调岗，强化与内部各业务部门、外部合作机构的沟通对接，提升资源整合的组织效能。同时，要建立健全跨部门的业务例会、项目推进会等常态化沟通机制，畅通信息交流渠道，增进团队协作意识。

业务流程再造是优化资源整合组织模式的重要路径。资源整合要求突破传统的线性业务流程，构建一体化的资源组织新机制。在业务布局上，要统筹考虑资源建设、组织、揭示、利用等各环节的内在联系，打通采访、编目、典藏、阅览、参考咨询、学科服务等部门间的工作壁垒，建立健全业务协同机制。例如，建立馆藏发展与读者服务的联动机制，通过读者荐购、借阅分析等方式，将读者需求及时反馈至采访部门。建立采访与编目的协同机制，通过书目数据与采购数据的实时对接，实现新书从采购到上架的无缝衔接。建立纸质文献与电子资源的统筹机制，协调实体资源与虚拟资源的元数据标引与检索揭示，实现多元载体资源的一体化管理。同时，流程再造要立足移动互联时代特点，引入大数据分析、人工智能等新兴技术手段，优化业务流程的精细化、智能化水平。

岗位职责调整是优化资源整合组织模式的重要内容。资源整合对馆员知识结构与专业技能提出了新的更高要求。要根据资源整合需要，调整优化岗位设置，完善岗位职责，激发人力资源活力。一方面，要加强资源组织、数据分析、用户研究、学科服务等专业岗位建设，吸纳具备跨学科背景、精通语义技术的复合型人才，打造一支高水平的资源整合人才队伍。例如，设立资源整合专员岗，专门负责异构资源的采集、标引、组织、揭示等；设立用户研究岗，深入分析用户特征与行为数据，为资源整合提供精准画像。另一方面，要创新完善绩效考核与激励机制，将资源整合任务完成情况、资源利用绩效等纳入部门和个人考核，与职称评聘、岗位晋升等挂钩，调动馆员参与资源整合的积极性、主动性。同时，要加大资源整合专题培训力度，提升全馆员的数字化素养与创新意识，营造资源整合的良好组织氛围。

机制创新是优化资源整合组织模式的根本保障。要建立健全资源整合的管理制度、绩效评估、协调联动等配套机制，为资源整合提供制度支撑与动力保障。管理制度方面，要完善涵盖文献资源采访、编目、存储、利用等各环节的规章制度，明确质量标准、操作规范、奖惩机制，推动形成制度化、规范化的资源整合工作机制。绩效评估方面，要制定科学的评价指标体系，综合考虑资源建设质量、资源利用绩效、用户满意度等维度，动态评估资源整合成效，建立常态化的监测反馈机制。协调联动方面，要构建馆内各部门、馆外相关机构的协调运行机制，搭建跨界合作平台，畅通资源共建共享渠道，实现优势互补、互利共赢。同时，机制创新要积极回应知识服务转型发展新需求，加快推进信息资源整合与学术评价、知识发现、创新管理等深度融合，推动形成资源、技术、服务、创新融为一体的现代化治理格局。

文化建设是优化资源整合组织模式的内在要求。组织文化是推动资源整合的价值引领和精神支柱。要以"融合、开放、协同、创新"为核心理念，培育与资源整合相适应的组织文化，营造团结协作、开拓进取的良好氛围。在文化理念培育上，要加强形势政策教育，组织开展主题鲜明、形式多样的学习实践活动，引导馆员充分认识资源整合的重要意义，树立知识服务意识，坚定文化自信，焕发创新活力。在行为价值引导上，要大力倡导协同共享、交流互鉴的工作理念，鼓励跨部门沟通协作，提倡开放包容、甘于奉献的优良作风，形成心往一处想、劲往一处使的生动局面。在创新文化激励上，要建立容错纠错机制，宽容资源整合探索中的失误，鼓励先行先试、敢为人先，激发馆员的首创精神和改革勇气。要通过塑造学习型、创新型、服务型的组织文化，为资源整合提供强大的价值驱动、精神动力和智力支持。

三、创新信息资源整合的服务方式

信息资源整合是提升知识服务水平的必由之路。资源整合的根本目的在于最大限度地发挥资源的使用价值，为用户提供更加便捷、精准、个性化的知识供给。当前，在数字化、网络化、智能化的时代语境下，用户获取信息、利用信息的方式发生了革命性变革，传统的资源服务模式已难以充分满足用户需求。图书馆必须立足新形势、新特点，以服务创新为牵引，重塑资源整合的服务理念、服务流程与服务方式，完成从资源中心向用户中心、从被动服务向主动服务、从提供资源向提供解决方案的角色转变，不断开创知识服务的新局面。

资源发现系统建设是创新资源整合服务的重要抓手。资源发现系统是基于元数据聚合、关联、挖掘的一站式资源检索与获取平台，通过整合分散在不同系统中的印本资源与数字资源，实现多元异构资源的无缝链接，便于用户跨库、跨域发现和使用资源。图书馆要充分运用大数据、人工智能等新兴技术，完善资源发现系统的功能性、智能化、个性化服务水平。在检索功能上，要支持简单检索、高级检索等多样化检索方式，提供一站式、全方位的资源发现体验。在智能推荐上，要加强用户画像分析，实现基于用户兴趣特征、学科背景的个性化资源推送。在统一认证上，要实现移动图书馆、数字资源、机构知识库等系统的单点登录，为用户提供便捷高效的一站式服务。同时，资源发现系统要与文献传递、原文获取紧密结合，打通资源发现、获取、利用的链接通道，最大限度地提高资源的可得性。

学科知识服务是深化资源整合服务的重要路径。随着学科交叉融合的日益频繁，学科用户对跨学科、跨领域的知识需求持续攀升。图书馆要立足学科发展需求，整合文献计量、科学计量、网络计量等多源数据，开展学科态势感知、研究热点分析、科研影响评估等增值服务，为学科发展决策提供情报支持。在学科资源建设方面，要统筹学科背景资源、一般资源、特色资源，动态优化资源结构，打造具有辨识度的学科特色资源。在学科主题揭示方面，要加强资源的学科分类标引与关联，构建多学科资源的语义关联网络，实现从知识单元到知识脉络、从独立资源到知识集成的串联与延伸。在学科用户服务方面，要发挥学科馆员"学科专家＋信息专家"的双重优势，嵌入教学科研全流程，为学科用户提供个性化、精准化的咨询、推送等知识服务。学科服务是资源整合服务转型升级的必由之路，需要紧扣学科发展，不断创新服务内容、服务方式，实现资源供给从"以文献为中心"到"以用户和学科为中心"的根本转变。

嵌入式服务是拓展资源整合服务广度与深度的重要方向。随着信息环境与学习方式的深刻变革，用户需求日益呈现情境化、碎片化特征。将资源整合服务嵌入用户的工作、学习、研究全流程，是顺应用户需求变化的必然选择。图书馆要整合资源优势，创新服务理念，以开放、共享、跨界的视野，拓展嵌入式服务的广度与深度。在教学活动中，要将文献资源、信息素养教育有机融入教学环节，与任课教师协同备课，为学生提供适配教学场景的精准资源。在科研过程中，要嵌入科研项目全生命周期，为项目选题、立项、研究、结题等提供文献调研、学科分析、论文选刊、成果管理等全方位支持。在学习空间中，要打造集学习、研究、讨论、创作于一体的沉浸式体验空间，通过环境设计、信息架构、交互设计等，构建友好的资源服务生态系统。嵌入式服务要加强与用户的协同互动，积极采纳用户反馈，动态优化服务供给，最大限度地满足用户需求。

知识发现服务是深化资源整合服务内涵的前沿探索。在大数据和人工智能的驱动下，图书馆知识服务正经历从显性知识服务到隐性知识服务、从提供信息到提供见解的深刻变革。知识发现服务是通过资源关联、数据挖掘、语义分析等技术，探寻资源内在联系，创造新知识、新价值，为用户的学习、研究、决策活动提供精准、直接的支持。图书馆要充分运用文本挖掘、机器学习等智能技术，对资源进行深层语义分析，实现从海量文献中快速发现新主题、新趋势。要加强学科知识图谱构建，系统揭示学科发展脉络，推送学科研究前沿动态。要创新"数据驱动、情报导向"的学科资源建设路径，聚焦学科热点，优化资源结构，提供具有预见性、前瞻性的知识服务。同时，知识发现服务要与学科服务、嵌入式服务有机融合，在学科用户的教学、科研、学习全过程中动态感知其知识图谱，提供具有情境关联性、交互性的个性化知识推送，创新知识服务生态。

智慧共享空间建设是延伸资源整合服务的重要探索。智慧共享空间是集多源异构资源、先进信息技术、人性化服务于一体的新型学习研究空间，能够提供沉浸式、交互式、个性化的资源整合服务体验。图书馆要顺应信息环境与学习方式变革，加快推进智慧共享空间建设，为用户提供全方位、多层次的资源整合服务。在空间布局上，要打破传统阅览空间的封闭格局，营造开放、灵活、多元的空间氛围，为不同学习场景需求提供支撑；在资源供给上，要完善纸质资源与数字资源的协调配置，为用户提供融合一体的资源体验；在设施设备上，要引入物联网、人工智能、虚拟现实等新兴技术，构建具备感知、识别、交互功能的智能化硬件体系；在服务创新上，要通过环境感知、数据分析，实现用户与资源、环境、服务的精准匹配，提供沉浸式、个性化的知识体验。智慧共享空间的塑造，需要在资源、技术、空间、服务等要素之间精心设计，推动形成虚实交融、高效协同的资源整合服务模式。

开放共享是创新资源整合服务的题中应有之义。开放、融合、共享、协作已然成为知识生产新范式，也是图书馆转型发展的时代主题。图书馆要立足开放获取的理念，加强与学术机构、出版社、数据商、互联网企业等的战略协作，构建多元共治、良性互动的资源共建共享机制。在机构知识库建设方面，要充分汇聚本馆、本校师生学术成果，面向社会开放共享，彰显学术价值。在数据开放方面，要建立数据管理平台，制定数据管理政策，积极参与开放科学数据联盟，促进科研数据的传播与再利用。在资源众包方面，要发挥用户参与的集体智慧，探索基于社会化众包的资源采集、组织、加工新机制。在跨界融合方面，要加强与档案馆、博物馆、美术馆的资源整合，通过资源关联、知识关联，创新数字人文服务。在开放融合发展中，图书馆要更加注重数字版权保护、隐私安全防护等，把握"开放、共享"与"规范、可控"之间的平衡，实现资源整合服务的可持续发展。

第四节 信息资源优化的案例分析

在全球范围内，许多图书馆在信息资源整合与优化方面已经取得了显著成果。通过对这些成功案例进行研究，图书馆可以借鉴不同类型机构在资源整合与优化中的实践经验。无论是大型综合性图书馆，还是中小型特色馆，各自的资源整合方式和优化策略都有其独特的优势与挑战。通过分析这些案例，图书馆能够更清晰地认识到在资源整合过程中应采取的措施，同时也能更好地理解不同类型图书馆在面对相似问题时的应对之道。这不仅为未来的资源优化提供了丰富的参考，还为不同图书馆之间的协作和资源共享提供了新的思路。

一、上海图书馆古籍文献资源揭示与开发案例

近年来，上海图书馆持续推进古籍文献资源的数字化与深度整合，通过元数据优化、平台建设、特藏开发等举措，有效提升了古籍资源的管理、揭示和传播水平。据不完全统计，截至2020年，上图古籍数字资源总量已达32.6TB，形成了包括74万余种古籍目录数据、3000余种善本数据在内的多类型古籍元数据资源。

在元数据优化方面，上图以《中国古籍善本书目》为基础，完善古籍元数据的著录项、著录规则与编码体系，实现了对古籍题名、作者、版本、藏印、提要等要素的精细化描述与规范控制。针对善本资源，创制了"书目—篇目—目次—卷—图像"五级元数据模型，形成粒度更细、内容更丰富的数字化单元。

在平台建设方面，上图构建了基于云技术的资源管理平台，实现了海量异构古籍数据的采集、存储、加工、发布与检索利用。平台嵌入OCR、人工标引等加工工具，可为古籍资源识别、结构化与链接等提供支持，进一步挖掘古籍元数据资源的应用价值。

在特藏开发方面，围绕善本史籍、年历史料、契约文书等特色资源，上图分别开发了"中华古籍资源库""上图年"、契约文书专题数据库等，呈现古籍的数字化全文影像、题录信息，并开发了标引、检索、浏览、统计等功能，

有效拓展了古籍资源的利用广度与深度。"中华古籍资源库"项目入选了文化和旅游部"2020年国家古籍重点保护项目"。

通过一系列创新实践，上海图书馆形成了立体化、规范化、精细化的古籍资源整合体系，极大提高了古籍的管理和揭示水平。目前，上图古籍书目数据已与中国国家图书馆等机构共享，并基于元数据引入语义关联，为文史研究、知识发现等提供了坚实的资源支撑，在国内外产生了广泛影响。

二、美国国会图书馆 BIBFRAME 项目案例

BIBFRAME（Bibliographic Framework Initiative）项目是美国国会图书馆在书目控制领域的一项重大创新实践。该项目旨在重塑书目数据，通过语义网技术增强书目数据的表达与关联能力，促进网络环境下文献资源的链接、整合与共享。

具体而言，BIBFRAME 项目主要包括三个方面的工作：一是构建以实体、属性、关系为基本要素的书目数据模型，形成表达文献实体及其关系的 RDF 本体；二是开发工具、流程与服务，支持 BIBFRAME 数据的生产、存储、发布与利用；三是建立基于 BIBFRAME 的联合书目数据库，促进不同机构间的数据汇聚与共享。

在 BIBFRAME 本体构建方面，围绕作品（Work）、内容（Instance）、载体（Carrier）、主题（Subject）、事件（Event）等核心类，以及创作（creator）、主题（subject）、出版（publication）等主要属性，形成了表达文献资源内容特征及资源间关系的语义网络。本体支持多维度、多视角的文献资源描述，有助于不同背景用户对文献的发现与利用。

在 BIBFRAME 的工具开发方面，国会图书馆构建了一套开源软件系统，主要包括：BIBFRAME 编目工具，支持 BIBFRAME 数据的创建、编辑与转换；BIBFRAME 数据存储工具，提供 RDF 三元组的存储、检索与管理功能；BIBFRAME 链接数据服务器，支持 BIBFRAME RDF 数据的本地加载、索引与发布等。这些工具的开发，为 BIBFRAME 项目在全球范围内的推广应用奠定了基础。

在联合目录构建方面，LD4P（Linked Data for Production）是 BIBFRAME 项目的重要合作项目。LD4P 由美国国会图书馆联合多家学术机构图书馆发

起，旨在探索将关联数据技术引入图书馆书目数据生产中的实践路径，通过 BIBFRAME 等语义网标准规范，实现不同机构书目数据的转换、关联、汇聚与共享。

BIBFRAME 项目是图书馆界在信息资源语义组织与关联发现方面的一次创新尝试。该项目体现了从"资源描述"到"语义表达"，从"实体聚合"到"资源关联"的理念蜕变。BIBFRAME 为重塑文献资源的组织模式、挖掘资源内在联系，进而创新知识发现与利用服务带来了新的机遇与路径，对全球图书馆界优化信息资源整合工作具有重要的启示意义。目前，越来越多的机构正在投身 BIBFRAME 项目实践，推动本体、词表、工具、平台等的持续完善，有力促进了全球图书馆书目数据的开放、链接与共享。

三、武汉大学图书馆多源异构资源融合服务平台案例

武汉大学图书馆多源异构资源融合服务平台是一个集成多类型电子资源、提供一站式检索和个性化服务的创新项目。该平台充分利用大数据分析、人工智能等现代信息技术，在深度整合电子书刊、学位论文、多媒体资源、特色数据库等异构电子资源的基础上，建立了跨库、跨域、跨语言的资源发现与获取系统，为读者提供全方位、精准化的资源服务。

在异构资源整合方面，武大图书馆遵循元数据规范，对电子期刊、学位论文、自建特色库等各类电子资源进行采集、比对、清洗、过滤与合并，消除不同数据源之间的差异，实现元数据的同构化与标准化。同时，充分利用本体匹配、自动分类等技术，对电子资源进行学科主题与类型的自动标引，提升了资源的组织与揭示水平。

在统一检索方面，通过构建融合多源数据的统一索引，实现了对分散在不同来源、不同系统的电子资源的一站式检索。检索系统支持简单检索、高级检索与特色服务三种主要功能。简单检索实现文献的快速查找，高级检索可根据题名、作者、主题、摘要等多个限定项组配检索，特色服务包括相关资源推荐、借阅榜单、学科导航等。系统还引入了自然语言理解与智能问答技术，支持用户以问题表达的方式检索资源，并给出直接回答。

在个性化服务方面，武大图书馆充分利用平台采集的用户借阅、检索、浏览等行为数据，对不同学科背景、不同兴趣爱好的用户群体进行画像分析，

实现千人千面的个性化资源推送。同时，平台嵌入课程学习与科研过程，建立适配课程教学与科研选题的个性化资源导航，为师生的学习与研究提供精准的文献支持。平台还提供新书通报、借阅到期提醒、馆藏荐购等个性化增值服务，全面提升电子资源的利用效率。

武汉大学图书馆多源异构资源融合服务平台是图书馆开展电子资源整合的典型案例。该平台以需求为牵引，以用户为中心，以技术为支撑，实现了多源电子资源的无缝整合，极大方便了读者对分散资源的发现与获取，有力支撑了学科服务和个性化服务的深化创新，为提升电子资源管理与服务效能提供了有益借鉴。目前，该平台已在武大师生中得到广泛应用，取得了良好的服务效果，成为国内高校图书馆电子资源融合服务的示范项目。

这三个案例分别从古籍文献、语义组织、异构电子资源等不同视角，展现了国内外图书馆开展信息资源优化整合的创新实践。无论是上海图书馆古籍资源的元数据化与专题化揭示，还是美国国会图书馆 BIBFRAME 项目对书目数据的语义化表达与关联，抑或武汉大学图书馆多源异构电子资源的集成化管理与个性化服务，无不体现了图书馆界顺应信息环境变革，创新资源组织模式，深化资源整合应用，加速知识服务转型的时代诉求。这些案例对于国内图书馆开展信息资源优化整合具有重要的示范意义与借鉴价值，值得在实践中进一步探索、吸收与创新，推动形成各具特色的资源整合优化发展路径，不断开创图书馆事业发展新局面。

本章小结

图书馆信息资源的整合与优化，是提升服务质量的关键步骤。随着信息类型的日益丰富，资源整合不仅仅是解决数量庞大的数据管理问题，更是提升资源利用效率的核心手段。在整合过程中，图书馆必须充分考虑用户需求的多样性，优化信息的组织方式。合理的资源整合策略，有助于打破信息孤岛，形成系统化的信息流动网络。通过精心设计的管理模式，图书馆能够实现资源的合理配置与高效调度，从而大幅提高服务的响应速度。整合工作的成功不仅在于策略的有效性，更在于其持续优化的能力，通过不断提升资源管理的效率和服务质量，图书馆能够更好地满足用户的多样化需求，并推动信息资源的进一步发展与利用。

第三章 知识服务的理论与实践

图书馆作为知识管理和传递的核心机构，通过知识服务重新定位了自身的角色。不同于传统的文献存取与信息检索，知识服务更加强调知识的组织、获取、分析与应用，为用户提供有深度且定制化的服务。这一变革背后的动力源于技术进步与用户需求的转变。知识不再是静态的信息资源，而是通过现代技术手段动态生成与传播的有机体系。知识服务不仅提高了信息的利用价值，还推动了用户与信息资源之间更紧密地互动。知识服务的模式创新要求图书馆在技术工具、服务形式以及用户体验方面不断进行探索。与此同时，知识服务的理论体系也在发展中逐渐成形，为实践提供了坚实的基础。图书馆作为知识服务的提供者，必须持续创新，才能在日益复杂的环境中满足用户多样化的需求。

第一节 知识服务的定义与分类

知识服务的概念随着信息技术的快速发展而不断演进，其内涵与外延也变得更加广泛和丰富。知识服务不仅包含知识的组织和传递，还涵盖了用户需求的精准响应与个性化服务的提供。在这一过程中，知识不再仅仅是信息的集合，而是动态生成、分享和应用的结果。知识服务的出现，促使图书馆从被动的信息提供者转变为知识解决方案的提供者，关注用户在知识获取和利用过程中的深层需求。随着技术的发展，知识服务的分类体系逐步完善，使得不同类型的知识服务得以系统化和有针对性地进行。

一、知识服务的内涵与外延

知识服务作为现代图书馆的核心职能，其内涵不断拓展，外延持续延伸，呈现出多维度、动态化的发展态势。知识服务不仅要满足用户显性的信息需求，更要主动发掘其潜在的知识需求，帮助用户找到解决问题的思路和方法。这就要求图书馆员不仅具备专业的信息组织、分析、挖掘能力，还需要在学科领域有深厚的积累，能够站在用户立场设身处地地为其提供针对性的服务。

（一）知识服务的内涵

知识服务是图书馆服务的核心内容，是信息服务的高级形态和必然趋势。它以知识为中心，以用户需求为导向，通过知识组织、知识挖掘、知识创新等一系列活动，为用户提供个性化、专业化、智能化的知识产品和服务。知识服务不同于传统的信息服务，更加注重对信息的加工、提炼和增值，强调知识的内在联系和应用价值，力求为用户提供针对性强、时效性高、经过专业过滤的优质知识。

其本质在于促进知识的传播、交流与创新。图书馆通过知识服务，将分散、无序、隐性的信息和知识进行系统化、条理化和显性化处理，形成结构合理、方便检索、易于利用的知识体系和知识库，为用户查找、获取、吸收知识提供便利。同时，图书馆还致力于营造良好的学习与研究环境，搭建交流与协作平台，激发用户的创新灵感，引导用户将外显知识内化为内隐知识，并将个人知识转化为组织知识，促进知识的社会化生产。

知识服务强调以用户为中心，为用户提供全方位的知识支持和智力支持。这就要求图书馆准确把握用户在不同学科领域、不同发展阶段的多样化、动态化的知识需求，设身处地为用户着想，提供个性化、定制化的知识解决方案。无论是科研人员、教育工作者、企业管理者，还是普通大众，都能从图书馆获得所需的知识供给和专业咨询。图书馆员要充分发挥学科馆员、学科专家的作用，嵌入用户的工作与学习过程，为其提供知识导航、知识脉络梳理、研究思路指引等深层次服务。

同时，知识服务的内涵不断拓展，呈现出多样性、综合性的特点。除了传统的知识组织、知识检索、参考咨询等服务外，随着大数据、人工智能、虚拟现实等新技术在图书馆领域的广泛应用，[1]一些新兴的服务内容不断涌现，

---

[1] 赵想飞，常颖聪，黄闰，等.第三代图书馆服务平台中的数据安全研究[J].数字图书馆论坛，2021（08）：39—44.

如科研过程管理、学术评价、情报分析、数据管理、知识图谱构建等。图书馆亟须拓宽服务视野，创新服务理念，利用多学科的理论与方法，全面提升知识服务能力，为用户提供全流程、嵌入式的知识供给。

知识服务是一种基于学习与创新的服务。图书馆要成为学习型、创新型组织的典范，营造浓郁的学习氛围，鼓励馆员与用户共同学习、协同创新。通过参与学术会议、接受继续教育、开展学术交流等活动，馆员要与时俱进地更新知识结构，提升专业素养，以满足用户日益增长的高端知识需求。同时，要加强与业界专家、知名学者的联络与合作，吸纳先进理念，借鉴优秀经验，扩大图书馆的学术影响力，提升知识服务的社会公信力。

（二）知识服务的外延

从服务内容看，知识服务涵盖了知识生命周期的各个环节。它贯穿于知识的生成、组织、存储、传播、利用和创新的全过程，为用户的学习、研究、决策和创新提供全方位、多层次的支持。

在知识生成阶段，图书馆通过嵌入科研过程，为用户提供选题咨询、课题申报、文献调研等服务，帮助用户确定研究方向，提出创新性课题。在知识组织阶段，图书馆利用本体论、语义网、自动分类等技术，对不同来源、不同类型的文献资源和数据资源进行深度整合，揭示知识脉络，构建知识谱系，形成便于检索、易于利用的知识系统。在知识存储阶段，图书馆建设机构知识库、学科知识库、专题数据库等，实现对本机构产生的科研成果、学术资源、数据资料等知识要素的集中存储和长期保存，并与国内外知识库建立互联互通、资源共享的协作网络。在知识传播阶段，图书馆创新传播渠道和方式方法，最大限度地扩大资源的覆盖面和影响力。在知识利用阶段，图书馆通过开展信息素养教育、嵌入教学科研、个性化咨询等服务，引导用户有效利用知识，提高知识转化率。在知识创新阶段，图书馆搭建协同研究平台，开放创客空间，促进跨界交流，激发创新灵感。

从服务对象上看，知识服务的半径不断扩大，辐射面持续扩展。传统的图书馆服务对象主要是学生和教师，而当前，知识服务的对象已经拓展到政府机构、企事业单位、社会公众等各个领域和群体。面对不同职业、不同身份、不同需求的用户群体，图书馆必须细分用户，开展精准营销，设计差异化的服务策略。对于科研人员，要提供个性化的学科服务；对于政府决策者，要提供知识咨询和调研服务；对于企业员工，要提供行业信息和竞争情报服务；对于普通大众，要提供社区教育和公共文化服务。

再看服务的方式，知识服务呈现出线上线下相结合、虚实互补的复合特征。图书馆要树立"走出去，请进来"的服务理念，利用微信公众号、移动 App、虚拟学习社区等新媒体平台，开展移动信息服务、在线教育培训、学科资源推送等线上服务，打破时间和空间的限制，实现随时随地按需服务。同时，还要充分利用图书馆的物理空间，开展读书沙龙、学术讲座、创客论坛等线下活动，为用户提供面对面的交流机会，增进情感互动，营造浓郁的人文氛围。线上与线下相互补充、相得益彰，既拓宽了服务渠道，又增强了用户黏性。

而从服务效果看，知识服务的影响力和美誉度持续提升。一项高质量的知识服务，能够帮助教师及时更新教学内容，优化教学方法，推动教学改革；能够为科研人员节省文献搜集和数据处理的时间，提高科研选题的前沿性和创新性，孵化高水平科研成果；能够为领导决策提供重要的信息支撑和智力支持，提高决策的科学化水平；能够引导公众树立正确的人生观、价值观，提升公民科学素质和信息素养。一个图书馆的知识服务水平，已经成为评估其办馆绩效和社会声誉的重要指标。

二、知识服务的特点与属性

知识服务作为图书馆服务的核心内容和高级形态，具有鲜明的特点和属性，深刻影响着图书馆事业的发展方向和服务模式。知识服务不同于传统的信息服务，更加注重知识的内在价值和应用效果，强调为用户提供个性化、专业化、深层次的知识支持和智力帮助。

以用户需求为导向是知识服务的一个显著特点。与传统的"以馆藏为中心"的服务理念不同，[1] 知识服务始终坚持"以用户为中心"的服务宗旨，全面深入地分析用户在不同学科领域、不同工作岗位、不同成长阶段的知识需求，设身处地为用户着想，提供量身定制的知识解决方案。无论是科研人员的学术需求，还是企业管理者的决策需求，抑或普通大众的自我提升需求，知识服务都

---

[1] 傅春平.知识服务体系建设研究——以福田区图书馆"选书帮"为例[J].图书馆学刊，2020，42（03）：43—50.

能够做到心有灵犀、对症下药，满足用户的个性化、多样化需求。

注重知识的整合与关联是它的另一个重要特点。在大数据时代，海量的信息资源呈几何级数增长，用户面临着"信息过载"和"知识迷航"的困境。对此，知识服务通过对不同来源、不同类型的信息资源进行集成与关联，揭示事物的内在联系，梳理知识的发展脉络，形成系统化、条理化的知识体系和知识结构，帮助用户从碎片化的信息中提炼出有价值的知识，从而缓解"信息焦虑"，提高知识获取的针对性和有效性。

同时，知识服务还具有鲜明的学科属性和专业属性。不同学科领域的知识生产方式、传播路径、应用场景各不相同，这就要求图书馆馆员必须具备扎实的学科背景和专业素养，深入理解学科知识的生命周期和演化规律，洞悉学科前沿的发展动态，从而胜任高质量、高水平的学科化知识服务。同时，图书馆员还要发挥学科咨询专家、知识导航员的作用，为用户答疑解惑、把脉问诊，提供权威的、可信的学术指导。

创新性和前瞻性是知识服务的另一显著属性。在知识经济时代，创新是引领发展的第一动力。知识服务要立足学科前沿，紧跟创新步伐，主动发掘和追踪新兴的研究方向、交叉学科增长点，[1]为用户提供富有新意的研究思路和突破性的研究视角。同时，还要前瞻性地分析学科发展趋势，预测未来一段时期的研究热点和用户需求，超前部署、精准供给，引领创新潮流。

社会性和公益性是知识服务不可或缺的属性。图书馆是社会公共文化服务体系的重要组成部分，肩负着传播知识、弘扬文化、促进社会进步的神圣职责。因此，在开展知识服务的过程中，要树立全民服务意识，促进知识资源在全社会范围内的广泛共享，让所有公民都能便捷、平等、低成本地获取知识。同时，还要发挥图书馆的社会教育功能，开展形式多样的信息素质教育和终身学习活动，不断提升国民的知识技能和创新能力。

知识服务的动态性和持续性也不容忽视。在知识高速更新迭代的时代，用户对新知识、新技能的渴求愈发强烈。这就要求知识服务必须与时俱进，持续关注知识前沿的最新进展，快速捕捉新兴的热点问题，动态更新服务内容，

---

[1] 刁羽, 薛红. 高校图书馆典型用户群体电子资源行为数据分析实证研究——基于创文图书馆电子资源综合管理与利用系统[J]. 新世纪图书馆, 2022（07）: 59—64, 71.

为用户提供持续性的知识供给。同时，知识服务还要建立常态化的需求反馈和评估机制，定期收集用户反馈，评估服务绩效，找出服务短板，优化服务流程，形成可持续发展的良性循环。

知识服务还具有显著的协作属性。随着知识生态系统日益复杂，任何单一机构的知识资源和服务能力都是有限的，很难独立承担起全方位、多层次的知识服务任务。因此，图书馆必须加强与业界的协同配合，整合多方优势资源，实现优势互补、错位发展。通过与学校、科研机构、出版社、数据库商等建立战略合作伙伴关系，共建共享知识资源，联合开发服务产品，拓展服务外延，提升综合服务能力。此外，知识服务还具有显著的技术属性。现代信息技术的迅猛发展，为知识服务插上了翅膀。大数据、人工智能、语义网、虚拟现实等新技术在知识服务中得到广泛应用，极大地提升了知识组织、知识发现、知识关联、知识可视化的效率和精度，推动知识服务从经验型向智能型、精准化转变。同时，新技术还催生出智能问答、学术聊天机器人等新型服务形态，为用户带来更加灵活便捷、人性化的服务体验。与此同时，海量异构数据的采集、存储、分析和挖掘，对馆员的数据素养和技术技能提出了更高要求。

综合来看，知识服务是一种复合型、立体化的服务形态，集多种特点和属性于一身。它以用户为中心，以知识为核心，以创新为导向，以协作为支撑，以技术为驱动，全方位、多层次、精准化地满足用户在知识获取、知识利用、知识创新等方面的需求。要实现知识服务的深化发展，图书馆必须准确把握知识服务的内在特质，创新服务理念，改进服务方式，提升服务能力，为用户提供高质量、高水平、高效率的知识供给和智力支持，充分彰显图书馆的学术价值和社会价值。

三、知识服务的分类体系

按照服务内容划分，知识服务可分为知识组织服务、知识检索服务、知识分析服务、知识推送服务等类型。知识组织服务是指运用数字资源描述、语义标引、本体构建等技术，对海量异构的信息资源和数据资源进行标引、组织、关联，揭示知识脉络，构建便于检索、易于利用的知识体系。知识检索服务则是指运用本体检索、语义检索、可视化检索等技术手段，为用户提供精准、高效、个性化的一站式知识发现服务。知识分析服务是指综合运用文献计量、语义分析、数据挖掘等方法，多维度地分析知识的内容、结构、分布及其内在联系，形成研究热点、发展脉络、趋势预测等高质量的分析成果，为用户的学习、研究、决策提供参考。知识推送服务则是指基于用户画像、行为分析等技术，主动发掘用户的知识需求，有针对性地将相关知识精准推送给目标用户，实现"智慧助理式"的知识供给。

根据服务对象的差异，知识服务可分为面向科研人员的科研知识服务，面向学生的学习知识服务，面向教师的教学知识服务，面向企业的行业知识服务，面向政府的决策知识服务，面向公众的社区知识服务等。不同群体对知识的需求差异显著，因而需要因人而异地提供个性化、精准化的服务。面向科研人员的知识服务，要聚焦科研过程管理、学术评价、新兴领域探测等环节，帮助其节约文献搜集时间，提升选题质量，增强成果产出水平。面向学生的知识服务，要聚焦提升学习兴趣、优化学习方式、拓宽知识视野，助力其全面发展。面向教师的知识服务，要聚焦教学资源建设、教学方法改进、科研能力提升等方面，促进教学科研相长。面向企业的知识服务，要聚焦行业信息、竞争情报、知识产权分析等内容，增强企业创新力和核心竞争力。面向政府的知识服务，要聚焦公共政策制定、战略规划编制、重大项目论证等环节，提供及时、准确、权威的信息支持和智库服务。面向社区公众的知识服务，要聚焦满足文化需求、开展终身学习、提升科学素质等内容，助推全民阅读，传播科学思想。

从服务方式的角度看，知识服务可分为线上知识服务和线下知识服务两大类。线上知识服务依托现代信息技术手段，打破了时空界限。知识门户、移动应用、虚拟学习社区、学术博客等都是线上知识服务的重要载体。线下知识服务则是指利用图书馆的物理空间，通过面对面的交流互动，营造身临其境的学习氛围，增进感情沟通，提供温度与情感并重的人性化服务。学术沙龙、读书会、研讨班、培训讲座等都属于线下知识服务的范畴。随着信息环境的演变，线上与线下日益融合，形成了一种线上引流、线下服务，线下反哺、线上传播的良性循环，极大地丰富了知识服务的形态。

按照服务介入的阶段不同，知识服务还可分为事前知识服务、事中知识服务和事后知识服务。事前知识服务侧重于前瞻性地把握学科动态，预测用户需求，主动设计个性化服务方案。比如，针对科研选题，提供研究现状调研、研究方法指导、经费申请辅导等服务；针对创新创业，提供行业分析、专利检索、商业计划咨询等服务。事中知识服务侧重于嵌入用户的工作、学习、研究全过程，提供持续性、针对性的知识供给与智力支持。比如，针对科研过程，提供文献传递、数据分析、论文写作指导等服务。针对教学过程，提供课程资源、教学参考、学情分析等服务。事后知识服务侧重于对已有知识的二次开发与增值利用。比如，对机构知识库中的学位论文进行内容挖掘、可视化呈现，生成研究热点、学科知识图谱等衍生产品。对专家学者的学术报告、讲座内容进行数字化加工，形成视频课程、案例库等，实现知识的社会化再生产。

当然，知识服务的分类标准是多元的，可以根据不同的目的和视角进行划分。比如，按照知识的学科属性，可分为自然科学知识服务、工程技术知识服务、人文社科知识服务等。按照服务的目的，可分为科研支持型知识服务、教学支持型知识服务、决策支持型知识服务、创新支持型知识服务等。按照服务的价值取向，可分为学术型知识服务、应用型知识服务、普及型知识服务等。不同类型的知识服务相互交叉、相互补充，形成了一个有机统一的整体，共同满足用户在知识获取、知识利用、知识创新等方面的多元化需求。

需要指出的是，知识服务的分类不应是简单的"切割"，而应是相互关联、相互渗透的。一个优质的知识服务产品往往是多种类型的有机结合，能够从不同层面满足用户需求。比如，面向科研人员的学科服务，既涉及知识组织、知识分析等内容服务，又包含线上互动、线下指导等方式，还贯穿于选题、立项、研究、成果产出的全过程。因此，我们在设计知识服务时，要树立系统思维，统筹兼顾，强化服务的耦合与协同。

第二节 知识服务的核心技术与工具

通过知识组织技术，图书馆可以将分散的信息资源系统化地组织起来，为用户提供更为精准和直观的知识框架。知识检索与发现工具的出现，使得用户能够更快地定位所需知识，而知识聚合与关联技术，则帮助用户在大量信息中建立关联，从而对所需知识有更为深入和全面的理解。技术不仅提升了知识服务的效率，还为图书馆提供了丰富的创新机会，使其能够为用户带来更加个性化和智能化的服务体验。这一过程中，技术的应用不仅增强了图书馆的服务能力，也为知识服务的未来发展奠定了基础。

一、知识组织与知识映射技术

知识组织需要解决三个关键问题：知识单元的表示、知识资源的标引、知识要素的关联。在知识单元表示方面，通过元数据规范、语义标注、本体构建等技术，实现对知识对象的规范化描述，明确其语义类型、属性特征、数据格式等要素。在此基础上，运用主题标引、自动分类、聚类等技术，对知识资源的主题内容进行精准标引，揭示其隐含的语义信息，并将其映射到标准化的分类体系或主题词表中，形成规整有序、纵横交错的知识脉络。而知识要素关联则充分挖掘知识单元间的内在联系，运用语义关联、链接分析、社会网络分析等方法，揭示知识对象之间的语义依存、书目耦合、共被引等关系，构建立体化、网络化的关联知识图谱。

知识映射的目标是增强人们对复杂知识体系的宏观把握和感性认知能力。运用信息可视化、数据可视化、科学计量可视化等技术，多层次、多维度地刻画知识的宏观结构、演化脉络、分布规律。比如，通过共词分析、聚类分析构建学科知识图谱，揭示学科知识的总体架构、研究主题和热点前沿。通过引文分析、合作网络分析生成科学知识图谱，刻画科研力量布局、人才培养脉络、合作交流模式等。通过专利分析、产业链分析绘制技术路线图与产业生态图，展现关键技术链条和创新发展路径。知识映射的直观性、艺术性有助于用户透过纷繁表象洞察事物本质，加深对知识的理解和把握。

事实上，知识组织与知识映射是一个有机统一、相辅相成的过程。高质量的知识映射有赖于扎实、细致的知识组织，只有数据来源可靠、处理规范、组织有序，才能生成准确、精当、富有洞见的知识图谱。反过来，知识映射也为知识组织提供了崭新视角和有力抓手，通过图谱化、可视化的方式揭示了知识组织过程中容易忽略的关联与规律，为知识服务策略的优化完善提供参考。在实践中，我们要将两者有机结合，形成"知识组织—知识映射—知识组织"递进循环、螺旋上升的良性运作模式。

在方法和路径层面，知识组织与知识映射呈现出多元融合、交叉创新的发展态势。语义网、大数据、人工智能等新兴技术为其注入了新的活力。在知识组织领域，语义Web技术用于构建富含语义信息的本体知识库与链接数据，增强知识组织的语义化、关联化水平。大数据技术用于非结构化数据的采集、存储与智能处理，拓宽了知识组织的外延边界。而人工智能技术如专家系统、知识图谱、深度学习等，则大幅提升了知识组织的自动化和智能化水平，实现了知识主题的自动标引、知识分类的自动生成、知识链接的自动发现等。在知识映射领域，新兴的可视化范式如流形学习、张量分解、多维尺度变换等，极大地拓展了高维复杂数据的降维与映射空间。而 VR/AR、3D、视频、手势交互等新型人机交互技术，则让知识映射变得更加生动、立体、沉浸，用户可以在虚实融合的环境中实时探索、分析复杂的知识网络。

面向知识服务的需求导向，知识组织与知识映射也呈现出与业务流程深度融合、嵌入的发展趋势。比如，在科研过程管理中，知识组织与知识映射用于研究现状分析、研究问题凝练、研究框架设计等环节，帮助科研人员准确把握学科前沿，提出有价值的创新性命题。在学科服务中，知识组织与知识映射用于学科知识脉络梳理、学科发展态势分析、学科竞争力评价等方面，为学科建设、学科规划提供精准画像与决策参考。在创新服务中，知识组织与知识映射用于产业技术路线图绘制、专利风险分析、创新机会探测等环节，助力企业提升核心竞争力。由此可见，将知识组织、知识映射技术与知识服务实践深度融合，能够有效提升服务针对性、时效性与附加值。

当然，知识组织与知识映射在应用实践中也面临着诸多挑战。海量异构数据给知识组织带来了前所未有的复杂性，如何在数据的规模性、多样性、动态性中保证组织框架的严谨性、规范性与可拓展性，是一大难题。知识映射的表现力与美观度、交互性如何平衡，如何让用户在炫目的可视化效果中不失对知识本质的关注，需要认真思考。此外，知识组织与知识映射成果如何有效转化为可落地、可应用的知识服务解决方案，如何评估其实际应用绩效与价值贡献，也有待进一步探索。

二、知识检索与知识发现工具

知识检索与知识发现是知识服务的核心环节，其质量和效率直接影响到用户对知识的获取和利用。传统的知识检索主要依赖布尔逻辑、关键词匹配等方式，检索的准确性和查全率难以保证。而知识发现侧重从海量动态信息中寻找隐含的、之前未知的知识，但往往依赖专家经验和手工处理，缺乏体系化的工具支持。随着大数据、人工智能等新兴技术的发展，知识检索与知识发现的自动化、智能化水平不断提升，为用户带来全新的知识获取体验。

语义检索是知识检索的重要发展方向。不同于基于关键词的字符匹配，语义检索立足于对用户需求和文本内容的深层语义理解，考虑词语的上下文语境、同义词、上下位关系等因素，从而更加准确地把握用户意图，提高检索结果的相关性排序。潜在语义索引、主题模型、深度学习等技术在语义检索系统中得到广泛应用，极大地提升了知识获取的准确性和召回率。比如，运用Word2vec、BERT等词向量模型，可以在海量文本语料的训练中掌握词语间的语义相似性，构建起"词—文档"的语义关联；采用LDA、LSA等主题模型，可以从文本主题角度实现跨词汇、跨语言的相关性计算；基于知识图谱、注意力机制的深度学习模型，更是能够充分考虑词语与词语、词语与实体间的复杂关联，全面提升语义理解能力。

知识发现工具的研发与应用也推动着知识服务模式的变革。在以往，知识发现主要依靠领域专家"带着问题去挖掘"，存在主观性强、效率低、成本高等问题。而今，数据挖掘、机器学习、知识图谱等技术为知识发现插上了翅膀。比如，运用关联规则、序列模式挖掘技术，可以自动发现用户使用数据库的行为模式，优化资源导航与推送策略。采用分类、聚类等机器学习算法，可以根据内容相似性自动归类文本、图像等非结构化资源，快速生成知识主题、标引知识对象。利用社会网络分析等方法，可以刻画科研人员的协作网络、研究兴趣脉络，发现潜在的跨学科交叉融合点。这些工具在节省人力成本的同时，大幅提高了知识发现的广度、深度和精度，有助于用户在最短时间内获取最有价值的隐性知识。

知识图谱是语义检索与知识发现的重要基础设施。通过构建概念、实体、关系的语义网络，形成关于特定领域的结构化、语义化知识库，知识图谱能够更好地应对词汇多义性、语义歧义性等自然语言理解中的难点，为知识服务提供坚实的语义支撑。基于知识图谱的检索，通过知识推理、链接预测等技术，扩展用户的检索语义，发现知识实体间的隐含关联，实现跨层级、跨学科的语义关联检索。基于知识图谱的数据挖掘，则能够在图谱构建过程中自动抽取、融合、净化数据，揭示实体间的内在联系，不断丰富、优化图谱质量。同时，将外部本体库、规则库与知识图谱相融合，形成"知识库+算法"的混合智能范式，可进一步增强知识发现与推理能力。

个性化与智能化是知识检索与知识发现的重要发展趋势。在"大数据+人工智能"的时代背景下，知识服务要从"千人一面"走向"千人千面"，真正满足用户差异化、精细化的服务需求。其中，用户画像与行为分析技术是智能化、个性化服务的核心抓手。通过采集用户的检索日志、浏览行为、学科背景等多维数据，运用协同过滤、内容过滤等推荐算法，构建起完整、立体的个人兴趣模型，并实时捕捉用户兴趣偏好的动态演化，就能自动为其匹配最契合的知识资源。同时，增强现实、虚拟现实、智能问答、人机对话等新型交互技术在知识检索与发现领域大放异彩，为用户营造沉浸式、交互式的知识获取体验，用户可以在虚实融合的场景中"触摸"知识、"体验"知识。

当然，推动知识检索与知识发现工具在知识服务中的全面应用也面临很多挑战。知识服务要从"以库为中心"转向"以用户为中心"，工具研发要从"实验室范式"走向"应用场景导向"，其技术先进性、功能创新性与用户真实需求的契合度有待进一步提升。同时，工具的可用性、交互友好性也是不容忽视的问题，要让用户无须过多背景知识就能便捷使用。此外，工具的通用性、扩展性也需要考虑，既要有统一的接口标准和调用规范，又要根据不同学科、不同机构的个性需求留有灵活定制的空间。

事实上，知识检索与知识发现的终极理想是建立起无缝衔接的知识获取闭环，形成从用户需求捕捉、知识资源组织、语义关联发现、个性化资源推送到用户反馈挖掘的全流程链条。要实现这一目标，不仅需要工具层面的技术创新，更需要业务流程的优化重组和服务理念的革故鼎新。图书馆要树立数据思维，加强用户数据的系统性采集、分析与应用，推动业务系统与用户画像、个性化推荐引擎的无缝对接，实现从被动响应向主动服务的迭代升级。要加强与计算机、数据科学等学科的跨界融合，吸纳优秀人才，打造高水平的技术研发团队。要广泛开展合作，与软件厂商、科研机构携手，建立校企、校所联合实验室，推动最新技术成果在知识服务场景中的快速应用。

基于知识检索与知识发现工具的创新应用已在国内外图书馆界初露锋芒。美国 Villanova 大学 Falvey 图书馆发布的"ScholarSphere"知识发现平台，融合了语义标引、知识图谱、关联数据等多项前沿技术，能够从海量学术文献中自动抽取研究主题及其语义关系，形成学科知识导航地图，受到师生的广泛欢迎。新加坡国家图书馆的"BookSG"个性化推荐系统，利用深度学习算法对热门图书进行自动摘要，结合用户兴趣画像进行智能推送，吸引了大量读者使用。武汉大学图书馆的"珈学"学术发现系统，以机构知识库为基础，聚合了 WOS、CNKI 等数据库，实现了对科研项目、专利、学者的一站式检索，并提供科研热点分析、合作脉络挖掘等高级功能，有力支撑了学校的科研管理与学科规划。

三、知识聚合与知识关联方法

在大数据时代，面对信息资源的爆炸式增长和知识碎片化加剧的挑战，如何从海量数据中高效提取用户感兴趣的知识要素，并建立起知识单元之间的关联网络，形成结构化、语义化、可利用的知识库，是知识服务必须面对的课题。这就需要运用知识聚合与知识关联技术，重塑知识体系，激活知识要素，重构知识服务流程。

知识聚合侧重对分散在不同系统、不同格式的异构数据进行采集、过滤、清洗与整合，形成内容全面、组织有序、格式规范的一体化知识库。这一过程需要解决三个关键问题：异构数据的标准化表示、知识片段的语义标注、多源知识的冲突消解。在异构数据表示方面，需要借助元数据标准、语义 Web 技术，将结构化、半结构化和非结构化数据转换为统一的、可交互操作的语义化数据，实现异构数据的无缝整合。在知识标注方面，需要综合运用自然语言处理、机器学习、知识抽取等技术，对非结构化文本进行实体链接、关系抽取，揭示其中蕴含的语义知识，形成可机读、可计算的知识单元。在知识冲突消解方面，需要借助本体映射、知识融合等方法，厘清不同数据源间的语义差别，消除重复、矛盾与不一致，确保聚合知识库的高度一致性。

知识关联则是在知识聚合的基础上，进一步挖掘知识单元间的相关性，构建知识网络图谱，提升知识发现与利用能力。具体包括两类任务：一是发现新的知识关联，即利用机器学习、数据挖掘等技术从文本、多媒体等海量数据中自动抽取概念、实体及其语义关系，揭示知识网络中潜在的关联模式。二是基于已有知识库进行外延扩展，即利用链接预测、知识推理等技术，发掘实体间的隐含关系，扩充现有实体的属性描述，将新的实体链接到知识库中，不断丰富、优化知识网络。这些任务的实现有赖于深度学习、表示学习、迁移学习等人工智能新技术在知识图谱构建与应用中的创新性融合。

知识聚合与知识关联的成功案例已在各领域初露锋芒。在生物医学领域，利用知识聚合技术可将分散于文献、电子病历、基因数据库等异构数据源的生物医学知识进行语义整合，形成高度关联的疾病—药物—基因知识库，极大提升了药物研发、精准医疗的水平。在工业制造领域，通过对设备传感器数据、工艺流程文档、专利文献等进行聚合关联分析，构建起以产品、工艺、专利、人员为核心节点的制造知识图谱，有力支撑了产品创新。在教育领域，利用知识聚合技术对课程大纲、教案、教材、考试题库等异构教育资源进行语义映射与链接，形成关联紧密的学科本体与知识地图，并据此优化学习路径设计、个性化推荐等服务。这些成功范式昭示了知识聚合与关联技术在知识管理与创新应用中的广阔前景。

知识聚合与知识关联在知识服务中的应用也呈现出多元化、融合化的特点。从应用领域看，其不仅在自然科学、工程技术等理性逻辑强、概念体系严谨的学科领域大显身手，在人文社会科学等以非结构化文本为主、知识边界模糊的学科中也得到广泛应用。从应用场景看，既有面向科研选题、学科分析、学术评价等应用的"科学知识图谱"，也有面向产业分析、技术路线图编制等应用的"产业知识图谱"，还有面向教学资源组织、课程设计等的"教育知识图谱"。从应用模式看，既有面向终端用户、嵌入业务流程的"应用型服务"，也有强调共享开放、供开发者使用的"平台型服务"。多样化的应用实践极大丰富了知识服务的内涵外延，有力推动了服务模式与价值创造方式的创新。

当前，知识聚合与知识关联技术在知识服务中的应用也面临着诸多机遇和挑战。大数据、人工智能、5G等新兴技术的快速发展，为提升知识服务智能化、精准化水平带来新的可能。但同时，海量异构信息资源也给知识聚合与关联带来前所未有的复杂性，对数据治理、隐私保护等提出更高要求。知识需求呈现出泛在化、个性化、情景化的新特点，知识服务要实现从"千人一面"到"千人千面"的跃迁，必须在用户画像、行为分析的基础上，提供主动、精准、递进式的知识供给。知识聚合与关联工具如何嵌入并优化既有业务流程、融入用户的工作与学习情境，是摆在知识服务机构面前的重要课题。

事实上，知识聚合与知识关联过程是一个知识密集型、技术密集型的系统工程。这不仅需要前沿技术的持续迭代与应用创新，更需要多学科交叉融合的协同攻关。计算机、图书情报、认知科学等多个学科在知识表示、知识抽取、知识推理等领域各有建树，亟须强化协同，形成学科合力。同时，知识聚合与知识关联过程中产生的结构化、语义化的高价值知识，也为上述学科领域带来新的研究课题和数据支撑，形成学科发展与知识应用的良性循环。

加强多方协同，打造知识聚合与知识关联的生态体系，是推动知识服务变革的必由之路。高校、科研机构、出版机构、信息服务商等作为知识生产、流通、利用的重要主体，应发挥各自优势，深化合作，在数据共享、流程优化、工具研发、平台建设等方面形成合力。以高校为例，可充分利用自身学科齐全的特点，组建跨学科团队，围绕知识计算、语义分析等关键技术开展协同攻关，形成源头创新。图书馆作为知识资源与用户需求的枢纽，要转变服务理念，创新服务模式，强化需求引领，以开放、共享、协作的理念构建知识服务新生态。

第三节 知识服务的实践案例

知识服务是现代图书馆服务的重要内容，近年来涌现出许多优秀的实践案例。这些案例立足不同的应用场景，运用前沿技术手段，创新服务模式，极大地丰富了知识服务的内涵，拓展了图书馆服务的外延。笔者选取国内外具有代表性的知识服务案例进行剖析，以期为相关研究与实践提供有益启示。

一、案例一：美国 Villanova 大学 Falvey 图书馆的"ScholarSphere"知识发现平台

（一）案例描述

"ScholarSphere"是美国 Villanova 大学 Falvey 图书馆于 2019 年推出的新一代学术知识发现与分析平台。该平台整合了图书馆订阅的主要学术数据库、机构知识库以及网络开放资源，涵盖学术期刊、学位论文、会议论文、科研数据等多种类型的文献。其核心特色是融合了语义分析、知识抽取、数据可视化等多项人工智能技术，能够从海量文献中自动提取研究主题及其语义关系，

绘制学科主题知识图谱,形成多维度、动态化的学科知识结构图。用户输入检索词后,该系统不仅能找到与检索词直接相关的文献,还能通过知识图谱揭示该主题与其他研究主题的语义关联,发现跨学科交叉的潜在研究方向。同时,基于用户的检索行为和学术背景数据,系统还能推荐与用户兴趣高度匹配的文献资源。

(二)案例分析

ScholarSphere平台体现了图书馆知识服务的多项发展趋势。第一,基于语义分析、知识抽取等人工智能技术,实现了知识组织和知识关联的自动化与智能化,极大提升了知识发现的广度和深度。第二,将不同来源的异构学术资源进行聚合、关联,突破了数据库间的信息孤岛,实现了跨库、跨源的一站式检索。第三,对学科知识脉络和演化趋势进行可视化呈现,为研究人员洞悉学科前沿、把握研究热点提供了直观便捷的工具。第四,基于用户特征和行为的个性化资源推荐,体现了知识服务从"以资源为中心"到"以用户为中心"的转型。这些特点昭示了在人工智能和大数据技术的驱动下,知识服务正向智能化、关联化、个性化方向深化发展。

二、案例二:新加坡国家图书馆"智慧型图书馆"项目

(一)案例描述

新加坡国家图书馆管理局自2017年起实施"智慧型图书馆"项目,旨在运用大数据分析、机器学习等前沿技术,构建智能化的图书馆知识发现与利用服务体系。一方面,通过数据挖掘和用户画像,洞察不同读者群体的兴趣特点和阅读行为,为其精准推送个性化的图书资源。另一方面,利用自然语言处理和知识图谱技术,从海量馆藏图书中提炼关键概念及其关系,搭建起图书知识网络,读者可以根据概念关联快速发现感兴趣的图书。同时,图书馆还与出版机构、科研院所等开展战略合作,获取更多优质数字资源。例如,与SAGE出版社合作,获取其学术文献资源,开发知识发现与分析工具,深度挖掘其中蕴含的科研主题和学术脉络,为科研人员提供及时、精准的学术资讯服务。

(二)案例分析

新加坡国家图书馆的"智慧型图书馆"项目彰显了知识服务的两大发展动向:数据驱动与跨界协同。在数据驱动方面,通过图书馆业务系统和服务平

台沉淀的海量用户数据，借助大数据分析、用户画像等技术，发掘用户需求与行为模式，为其提供精准、个性化的知识推送。在跨界协同方面，不再把图书馆视为封闭的资源提供者，而是积极寻求与出版机构、科研机构的深度合作，共建共享优质学术资源，共同开发创新性的知识发现、知识分析工具。这种"你中有我、我中有你"的融合发展模式，既拓展了图书馆的资源供给渠道、弥补了单一机构知识服务能力的不足，又为合作伙伴带来了新的服务场景和商业机会。这为各类型图书馆拓展服务边界、深化社会影响提供了有益启示。

三、案例三：中国科学院文献情报中心的"STKOS 服务平台"

（一）案例描述

STKOS 是中国科学院文献情报中心面向我国科技创新需求，整合多源科技数据资源，构建的一站式科技知识服务平台。该平台聚合了中国科学院机构知识库、科技报告数据库、科研项目数据库、科技成果转化数据库等资源，涵盖基础科学、应用科技、产业技术等各个领域。其特色在于对科研项目、科技文献、专利、产品等异构数据进行语义关联，构建起多维度、跨领域的科技知识图谱。科研人员可以利用该图谱洞察科研脉络，发现潜在关联，寻找跨学科交叉的研究契机。同时，基于知识图谱的智能搜索让检索更加简便精准，科研人员输入自然语言问题就能获得直接答案。该平台还嵌入了科研项目管理、科研过程管理等功能，为科研活动的全流程服务提供支撑。

（二）案例分析

STKOS 平台是知识服务支撑科技创新的典型案例。在服务内容方面，相比传统的文献资源服务，STKOS 平台将服务对象从科研文献延伸到科研项目、专利技术、成果转化的全过程，实现了更全面、更立体的知识供给与智力支持。在技术手段方面，融合了知识图谱、语义搜索、智能问答等多种人工智能技术，使知识发现和获取更加便捷高效，用户提出自然语言问题即可直接获得答案，极大提升了用户体验。在服务模式方面，从提供知识产品、嵌入科研过程再到赋能科研管理，服务日益精细化、情境化，能够深度参与科技创新活动的方方面面。而这些正是知识服务变革与创新的关键所在，即加快从支持型服务向引领型服务、从资源服务向智库服务、从环节服务向全流程服务转型升级，为科研创新插上腾飞的翅膀。

四、案例四：英国剑桥大学图书馆的开放研究数据平台

（一）案例描述

剑桥大学图书馆于 2018 年推出开放研究数据平台，旨在为科研人员提供数据管理与共享服务。该平台接受各学科科研人员提交的研究数据与相关软件代码，并为其提供规范化描述和长期保存服务。研究人员可根据数据特征自主选择开放共享模式，例如完全公开、共享前置许可、仅元数据公开等。图书馆为开放数据的发现与利用提供了强有力的支撑，每个数据集都配有唯一的 DOI 标识符、详细的元数据描述和可检索的关键词，方便其他用户发现和引用。同时，平台通过数据引用关系挖掘、科学数据知识图谱构建等技术，实现了科学数据与学术文献的关联，用户不仅能检索到科研论文，还能发现支撑这些论文的原始数据，有利于科研成果的验证和再利用。

（二）案例分析

该案例体现了图书馆在支持开放科学中的关键作用。科学数据作为科研活动的重要产出，其管理、共享与利用水平直接影响到科研效率和创新能力。剑桥大学图书馆顺应开放科学的发展趋势，充分发挥在数字资源组织与长期保存方面的专业优势，搭建科学数据管理与共享平台，为科研人员提供全面的数据管理与开放服务。通过数据关联分析，跨越科研文献与科学数据间的鸿沟，进一步丰富了学术知识图谱，拓展了图书馆知识发现服务的深度与广度。这一案例彰显了图书馆从学术文献资源管理向科学数据管理拓展的新趋势，以及知识服务从支持科研成果产出向支持科研全流程管理延伸的新方向。未来，图书馆还可进一步加强与科研团队的合作，深度嵌入科研过程管理，为开放科研的策略制定、数据管理计划编制、数据质量控制等环节提供支持和指导，真正成为高校科研创新的"助推器"。

通过以上案例分析可以看出，知识服务正成为现代图书馆服务变革与创新的主战场。一方面，知识服务应用的广度和深度不断拓展，从传统的学术文献服务向科学数据、开放资源服务延伸，从支持科研成果产出向嵌入科研全流程服务拓展。另一方面，知识服务手段日益智能化，人工智能、大数据等新兴技术与知识组织、知识发现方法深度融合，实现了知识关联的自动化、知识发现的精准化、知识获取的个性化。知识服务理念也在悄然变革，从"以馆藏为中心"

转向"以用户为中心",关注用户个性化需求,强调服务流程优化;从提供"知识产品"转向提供"知识解决方案",参与用户完整工作过程,提供情景化知识供给。同时,通过与出版机构、研究机构的深度合作,图书馆正在构建开放、共享、协作的知识服务新生态,形成优势互补、资源共享的发展格局。

第四节 知识服务在图书馆中的应用与发展

知识服务在图书馆中的应用已经成为推动图书馆功能转型的核心力量。通过知识服务,图书馆不仅能够提升自身的资源利用率,还能更好地响应用户需求,提供高效、个性化的服务。随着技术的进步和信息量的增加,图书馆在知识服务方面面临着前所未有的机遇与挑战。如何优化现有的服务体系,使其更加契合用户的实际需求,已成为图书馆发展的重要课题。面对这些挑战,图书馆必须在技术、管理和服务模式上进行持续的创新,以确保其在知识服务领域的竞争力与影响力得到提升。

一、图书馆知识服务的应用现状

知识服务是现代图书馆服务的核心内容,近年来在图书馆界得到广泛关注和积极实践。各类型图书馆纷纷将知识服务作为服务转型与创新的重要抓手,探索形成了多种具有示范意义的应用模式。这些应用实践不仅极大地丰富了知识服务的内涵,也为图书馆事业发展注入了新的活力。

从服务内容看,图书馆知识服务呈现出覆盖面广的特点。传统的知识服务主要集中在文献传递、学科服务等环节,而如今,知识服务的触角已延伸至科研选题、项目研究、学术评价、成果推广等科研活动的各个阶段。例如,高校图书馆开展的研究过程管理服务,通过知识环境感知、关键节点触发等方式,为科研人员量身定制个性化的嵌入式服务方案。再如,面向政府决策部门,图书馆提供政策分析、舆情监测、产业竞争力分析等知识咨询服务,成为参谋决策的"外脑"和"智库"。这些拓展性的应用实践极大丰富了知识服务的内涵,标志着图书馆服务的广度和深度正达到一个崭新的高度。

在服务对象上,图书馆知识服务实现了全覆盖、无差异的发展目标。过去,

第三章 知识服务的理论与实践

受制于资源与技术条件，图书馆往往将服务对象局限于特定群体，如科研人员、教师等。而如今，随着数字资源的广泛普及和移动互联技术的迅速发展，知识服务对象已拓展至更广泛的群体，如中小学生、社区居民、企业员工等。同时，针对不同人群的个性化需求，图书馆可提供差异化的知识服务。例如，面向中小学生，开展信息素养教育、阅读推广等服务；面向企业，提供产业信息分析、专利检索等服务。通过全面覆盖、精准施策，让不同群体都能便捷获取个性化的知识供给，彰显了图书馆作为公共文化服务机构的社会责任担当。

服务模式方面，图书馆知识服务呈现出跨界融合、协同创新的新特点。图书馆主动"走出去"，积极寻求与学校、科研机构、企业、社区等各界的深度合作，建立优势互补、资源共享的协同服务模式。例如，图书馆与计算机学院合作开发知识发现工具，与管理学院合作开展行业竞争情报分析，这种跨学科协作有效弥补了单一学科视角的不足。再如，图书馆与企业合作建立创客空间，为创新创业人才搭建交流、孵化平台。又如，图书馆与社区合作开展阅读推广、科普教育，传播知识，普及科学。这些跨界协同的探索，拓宽了知识服务的外延边界，为图书馆服务注入了新的活力。

在服务手段方面，图书馆知识服务正加速向智能化、个性化方向迈进。随着人工智能、大数据等新兴技术在图书馆的深入应用，一大批智能化知识服务产品与服务平台不断涌现。例如，智能问答系统可根据用户输入的自然语言问题，自动从海量资源中提炼答案并反馈给用户。再如，个性化推荐系统可跟踪分析用户的兴趣特征与行为习惯，为其匹配、推送最契合的知识资源。又如，知识关联分析工具可揭示文献资源的内在联系，绘制学科知识图谱，帮助用户发现隐性知识。由此可见，在智能技术的赋能下，图书馆知识服务正由粗放式向精细化转变，由被动式向主动式升级，从而给用户带来更加便捷、高效、贴心的服务体验。

另外，在服务评价上，注重用户反馈、优化服务流程成为图书馆知识服务的新常态。图书馆更加重视对用户需求的分析与服务绩效的评估，通过服务满意度调查、服务效果跟踪等方式，动态把握知识服务的针对性和有效性。在此基础上，持续优化业务流程、创新服务内容、改进服务方式，做到与时俱进、精益求精。同时，图书馆还注重发挥用户的主体作用，提供交互式的服务参与渠道，鼓励用户对知识服务提出意见和建议。例如，通过网络问卷、在线留言等方式广泛征集用户反馈。组织读者座谈会、研讨会，当面听取用户心声。这些举措有利于知识服务供给与用户需求精准匹配，推动服务机制由封闭式向开放式转变。

同时从服务效益看，图书馆知识服务在推动创新发展、提升综合效益方面成效显著。一方面，知识服务有效支撑和驱动了教学科研创新。例如，通过学科服务、学术评价服务，为一流学科建设、重大科研项目立项等提供有力支撑。开展研究过程管理、科研数据管理等服务，助力高水平科研成果产出。另一方面，知识服务也提升了图书馆自身的社会影响力和美誉度。通过开展面向中小学生的信息素养教育、面向社区的阅读推广活动等，树立了图书馆服务社会、回馈社会的良好形象。这些生动的实践成效有力证明，知识服务已成为彰显图书馆价值、实现可持续发展的关键法宝。

知识服务在图书馆的广泛应用，正在重塑图书馆的服务内容、服务对象、服务模式、服务手段、服务评价与服务效益，推动形成开放、融合、智能、精准的知识服务新生态。从宏观上看，知识服务应用实践正呈现出以下发展趋势：一是从提供资源向提供解决方案转变。图书馆不再满足于提供单一的信息资源，而是主动参与用户的工作、学习、研究、决策等活动，深度嵌入其业务流程，提供系统化的解决方案和情报支持。二是从支持型服务向引领型服务跃升。图书馆主动把握学科发展动态，引领学术前沿，超前谋划知识服务，从被动的资源提供者转变为学术创新的引领者。三是从环节服务向全流程服务延伸。图书馆将服务触角延伸到教学、科研、管理的各个环节，强化服务内容与用户需求的精准匹配，实现无缝式、全方位的知识供给。

二、图书馆知识服务面临的机遇与挑战

人工智能、大数据、5G 等新兴技术的加速发展和广泛渗透，正在为图书馆知识服务插上腾飞的翅膀。知识图谱、语义分析、机器学习等人工智能技术，极大提升了图书馆在知识组织、知识关联、知识推理等方面的效率和精准度，开辟了个性化、智能化知识服务的崭新路径。大数据技术则为图书馆知识服务决策提供了坚实的数据支撑，通过用户画像、行为分析等手段，图书馆能够洞悉用户的行为规律和知识需求，从而实现精准化、主动式的知识供给和智力支持。此外，5G、物联网、虚拟现实等新兴技术的应用，使图书馆突破物理空

间界限，将知识服务延伸至移动端、智能终端，构建起泛在化、沉浸式的知识服务生态系统。

开放获取运动的持续深入，为图书馆知识服务打开了广阔的资源空间。近年来，在开放科学理念的推动下，全球范围内涌现出大量开放获取期刊、开放教育资源、开放科研数据等免费、可再利用的学术资源，极大丰富了图书馆的馆藏资源。通过系统采集、深度整合这些开放资源，图书馆能够突破商业数据库的资源壁垒，实现优质学术资源的普惠共享。同时，参与开放资源建设也成为图书馆服务拓展的新路径，如加入机构知识库联盟、主导开放教材建设、构建开放研究数据平台等，由此形成资源共建、知识共创的开放生态。可以预见，在开放获取运动的推动下，图书馆有望成为知识开放共享的中枢，实现知识服务价值最大化。

用户需求呈现个性化、精细化、情景化发展趋势，促使图书馆知识服务加快从"以资源为中心"向"以用户为中心"转型。随着学科分类日益细化，科研合作不断加深，用户对知识的需求呈现出小众化、交叉化、动态化的新特点。仅提供海量文献资源已不能满足用户需求，图书馆必须深入了解用户的学科背景、研究方向、工作流程，量身定制个性化的学科服务；要主动介入用户的科研选题、项目申报、成果发表等各环节，及时把握需求动向，提供情境化、精准化的知识供给和智力支持。此外，用户对参与知识服务的意愿不断增强，图书馆要建立常态化的需求反馈机制，鼓励用户参与服务创新，发挥用户的创造力，实现从被动服务向主动服务的迭代升级。

知识服务要求图书馆加快从"资源提供者"向"智慧共享者""知识中介者"的角色转变，这对图书馆的服务定位、业务流程、核心能力等方面提出了全新要求。传统的资源建设、文献传递等已不能完全适应知识服务的需要，图书馆必须主动融入用户的学习、研究、管理全流程，参与知识创造、传播、利用、管理的各个环节，协助用户优化知识获取与利用路径。这就要求图书馆实现服务流程优化再造，建立知识组织、知识发现、知识关联、知识揭示的一体化服务链条，打通采访、编目、咨询、系统等部门边界，实现服务融合与协同创新。同时，知识服务也对馆员能力提出了更高要求，需要复合型、创新型人才，精通学科知识、数据分析、用户研究、项目管理等，这对图书馆人才队伍建设提出严峻挑战。

当前，图书馆知识服务发展仍面临一些亟须破解的瓶颈制约。知识资源总量不足、质量参差不齐，难以完全满足用户需求；知识组织与揭示的智能化水平有待进一步提升，对非结构化数据的语义挖掘、开放链接数据的集成利用仍存短板；服务触角向科研、教学、管理等领域的延伸还不够，跨界协同机制尚不健全；服务团队缺乏复合型人才，数据素养、学科服务、用户研究等能力还有较大提升空间。此外，知识服务的效果评估与持续优化机制尚未建立，缺乏科学的评估指标与完善的绩效管理体系，服务创新的针对性和精准性有待加强。

数字鸿沟问题也给知识服务的均等化带来新的隐忧。随着数字资源和移动服务主导图书馆服务生态，偏远地区、老年群体等"信息弱势群体"在获取和利用数字资源方面往往处于相对不利地位。这就要求图书馆在大力发展数字化、智能化知识服务的同时，也要关注传统服务方式的优化，注重人文关怀，缩小服务的可及性差距，让知识服务成果惠及每一个人。同时，在收集、整合、利用用户数据时，要高度重视隐私安全问题，完善数据管理政策，加强数据安全技术应用，最大限度保护用户隐私。

知识服务的深化发展要求图书馆走出封闭的藩篱，加强与业界机构的开放协同。当前，高校、研究机构、出版商、数据库商、互联网企业等拥有大量优质资源、先进技术与创新应用场景，图书馆应充分利用自身的资源优势和服务经验，与各界开展深度合作，探索资源共建共享、流程优化整合、平台交叉应用等多种协同路径。通过与计算机、情报学等学科交叉融合，加快人工智能、大数据等前沿技术在知识组织、知识发现等方面的应用。通过嵌入科研团队，深度参与科研过程管理和学术评价，提供精准化、全流程的学科服务。通过融入教学改革，参与在线课程资源建设，提供个性化的教与学支持服务。多元协同有助于优化资源配置，促进创新要素流动，形成多方共赢的知识服务生态体系。

在机遇与挑战并存的发展态势下，图书馆需要立足新发展阶段，贯彻新发展理念，积极融入新发展格局，加快从资源服务向知识服务、智慧服务的迭代升级，方能在未来竞争中赢得先机。一方面，要发挥连接纽带作用，主动对接各界需求，加强与本馆业务部门、兄弟馆、业界机构的协同，实现资源、平台、流程、服务的全面融合，打通知识创新链、价值提升链。另一方面，要坚持以用户为中心，建立精细化、常态化的需求分析机制，强化服务评估与优化反馈，持续提升知识供给的针对性、连续性与系统性。

同时，要加快从经验驱动向数据驱动转变，充分运用用户行为日志、科研过程数据等，洞悉服务痛点，优化服务流程，为精准化知识服务提供有力支撑。还要注重人才队伍建设，加强学科馆员、数据馆员培养力度，打造一支学科背景扎实、数据分析娴熟、创新意识强烈的知识服务团队。同时积极应用新兴技术，发展个性化推荐、智能问答等新型服务，为用户营造沉浸式、交互式的知识体验，激发用户创造力。

三、图书馆知识服务的优化策略

知识服务理念是优化知识服务的思想指引和行动遵循。图书馆要树立以用户为中心、以需求为导向的服务理念，加快从资源提供者向"智慧共享者""知识中介者"角色转变。这就要求图书馆必须将服务触角延伸至用户的学习、研究、管理全流程，深度参与知识的创造、传播、利用、管理的各个环节。不能满足于被动响应，而要超前谋划、主动服务，协助用户优化知识获取与利用路径。要建立常态化的需求分析机制，多渠道搜集用户反馈，优化服务供给，实现精准滴灌、按需送达。要善于利用新技术，实现泛在服务、情境服务，让知识无处不在、随时可得。要发挥枢纽作用，整合多源异构资源，打通数据壁垒，实现开放共享。

知识组织是提升知识服务效率和精准度的基础。传统的资源组织方式已不能完全满足海量异构知识资源的揭示和关联需求，图书馆要积极运用语义Web、知识图谱、本体论等新兴技术，突破以往"资源+检索"的组织模式局限，实现知识组织方式的变革创新。通过构建富含语义信息的本体知识库与链接数据，形成关于特定领域的结构化、语义化知识库，从而更好地揭示知识脉络，实现跨学科、跨语言的知识关联与推理。要注重将显性知识与隐性知识相结合，利用自然语言处理、机器学习等技术，从海量文本、多媒体资源中抽取实体、概念及其关系，充实知识库。[①]要加强与出版商等机构合作，建立起覆盖全领域、

[①] 李小鹿，袁辉. 基于线上点评的品牌联想测评——以地域性餐饮品牌为例[J]. 辽宁大学学报（哲学社会科学版），2020，48（02）：81—91.

多类型的知识组织体系。要优化数字资源管理平台功能，实现结构化数据与非结构化数据的一体化组织模式，为个性化、精准化知识服务奠定基础。

知识挖掘与知识发现是深化知识服务内涵的关键。面对知识碎片化与用户需求精细化的双重挑战，传统的浅层信息服务已难以为继，图书馆要发挥专业优势，加强对海量数据的深度分析与挖掘，实现从提供知识到创造知识的跃升。要综合运用文献计量、数据挖掘、机器学习、社会网络分析等方法，多维度分析知识的内容、结构、分布及其内在联系，形成研究热点、发展脉络、趋势预测等高价值的分析产品。要运用共现分析、聚类分析、引文分析等，绘制学科知识图谱，直观揭示学科知识结构、研究前沿与演化趋势，为学科发展规划、科研选题论证提供情报支持。要发挥学科馆员专业特长，嵌入科研团队，开展研究过程管理，提供选题策划、过程监控、成果评价等全流程服务，在知识生产第一现场实现价值创造。

知识服务流程再造是提升知识服务整体效能的必由之路。面对日益复杂的知识生态，传统的职能分割式、环节切块式的服务流程设计已不能适应知识服务集成化、协同化的发展需求。图书馆要顺应知识服务融合趋势，打破部门边界，整合采访、编目、咨询等职能，实现服务资源的统筹管理和灵活调度。要聚焦核心业务，优化业务流程，简化服务环节，压缩服务周期，提高服务效率。要加强业务协同，建立采编、咨询、系统的联动机制，实现服务闭环。要设计开放、灵活的服务流程，支持随需应变、快速响应。要嵌入用户工作流程，实现从被动服务向主动服务、精准服务、递进式服务的跃迁。通过构建采集、组织、揭示、利用的一体化服务链条，最大限度地释放数据资源价值，实现从资源到知识到智慧的迭代升华。

知识服务效能评估是持续改进知识服务的关键抓手。完善的评估机制不仅能检验服务成效，查找服务短板，更能发现服务创新点，激发服务活力。图书馆要从战略高度重视知识服务评估，将其作为事关核心竞争力的重要工作来抓，纳入目标管理与绩效考核体系。要制定科学规范的知识服务评估指标，从资源投入产出、服务效率效能、用户满意度、创新成效等多个维度，形成定性与定量评估相结合的综合评估体系。要建立常态化的服务监测机制，通过在线问卷、读者座谈等方式，多渠道、动态收集用户反馈，优化服务供给。要将知识服务评估与馆员绩效管理紧密结合，将评估结果作为岗位考核、薪酬分配的重要依据。要将评估贯穿知识服务全过程，在服务规划、组织实施各个环节嵌入评估要素，做到边服务边评估、边评估边改进，实现知识服务能力的螺旋式提升。

知识服务人才是保障知识服务可持续发展的第一资源。知识服务是一项技术密集型、智力密集型的工作，需要通晓学科知识、精通数据分析、擅长用户研究的复合型人才。图书馆要制定人才发展战略，将培养知识服务人才作为队伍建设的重点。要创新人才选拔机制，打破唯学历、唯资历的选人用人观念，面向海内外广纳英才，加大对数据分析、学科服务、创新研发等关键岗位人才的引进力度。要创新人才培养模式，走"产学研用"协同发展之路，与高校、企业联合培养知识服务人才。要搭建员工成长平台，健全培训体系，开展全员知识服务教育，提升员工数据素养、学科化服务、用户研究等核心能力。要完善绩效评价和激励机制，将知识服务纳入核心考核指标，并与晋升、薪酬挂钩，调动员工参与知识服务的积极性。

开放协同是知识服务变革的时代主旋律。面对日益复杂的知识生态，任何一个图书馆的资源、技术、服务能力都是有限的，必须加强与业界的开放协同，实现优势互补、资源共享。图书馆要主动走出去，积极寻求与学校、出版社、数据库商、科研机构、互联网企业等多元主体的跨界合作。要在数据共享、流程再造、平台开发、人才培养等方面寻求突破，探索资源共建共享、服务协同创新的新路径。如与出版社、数据库商开展数据合作，突破数据壁垒；与软件企业合作开发新型发现工具，提升知识挖掘能力；与高校合作开展知识服务教育，培养高素质人才。同时，要构建协同创新平台，引导、集聚多元用户参与知识生产、传播、利用的全过程，实现基于用户创新的开放式知识服务。通过开放协同，图书馆能最大限度地整合内外部资源禀赋，打造社会化、网络化、生态化的知识服务格局，实现知识链、创新链、价值链的深度融合。

本章小结

知识服务的理论与实践在图书馆发展中扮演着重要角色，它不仅提升了信息资源的利用价值，更深化了用户与信息资源之间的互动。随着技术的进步，知识服务逐渐从信息的被动传递转向主动的知识引导，通过定制化的服务，图书馆能够更好地帮助用户获取和应用信息资源。知识服务的核心在于技术手段的不断创新与优化，知识组织、检索与聚合等技术的应用，为知识的有效传递提供了强有力的支持。同时，知识服务的实践案例也为图书馆在实际工作中的应用提供了宝贵的经验借鉴。通过这些实践，图书馆不仅可以提升其服务能力，还能够不断拓展知识服务的广度和深度。知识服务的完善，使图书馆在信息社会中承担了更多元的功能，为用户创造了更高的知识获取价值。

第四章　共享网络的构建与管理

共享网络的构建，是信息资源高效利用与协同服务的核心环节。随着信息化时代的加速推进，各类机构间的信息孤岛问题日益突出，资源的重复建设与利用不均衡成为制约信息资源发挥最大价值的重要瓶颈。通过构建共享网络，不同机构之间可以实现资源的互通与协同，不仅提高了资源的使用效率，还扩大了服务覆盖范围。共享网络的意义在于打破传统的封闭式管理，通过多机构、多区域、多层次的信息资源共享，建立起一个灵活、高效的协作机制。这一过程中，不仅需要技术层面的支持，还涉及组织模式、资源调度和标准规范的多方面协调与配合。共享网络的构建使得图书馆及相关机构能够在资源有限的情况下，通过网络实现资源利用的最大化。同时，在共享网络的运行中，安全与隐私保护问题也变得愈发重要，如何确保数据的安全传输与存储，保护用户隐私，是构建和管理共享网络时必须深入考虑的问题。

第一节　共享网络的定义与特点

作为信息资源融合的产物和知识服务创新的平台，准确把握共享网络的内涵要义与本质特征至关重要。梳理共享网络相关概念，对共享网络的定义进行理论界定，并从资源共享、平台支撑、用户参与、安全可控等维度分析共享网络的显著特点，有助于全面认识共享网络的内涵，把握共享网络的发展规律，奠定理论基础。

（一）共享网络的定义

伴随信息技术的日新月异，资源共享呈现出从封闭走向开放、从割裂走向融合、从单向走向互动的发展态势。学界对共享网络的内涵外延有着不同理解。梳理相关文献不难发现，共享网络既强调网络环境下信息资源的广泛共享，也彰显用户广泛参与下的协同创新，其内涵已经超越资源层面，上升到用户层面、服务层面、生态层面。

共享网络以网络信息技术为支撑，通过元数据规范、数据标准、协议规范等，突破异构资源的访问壁垒，实现不同来源、不同类型资源的互联互通与集成揭示，形成资源发现、获取、利用的一体化环境。通过共享网络，分布在不同节点、不同系统中的信息资源得以跨库检索、关联展现，形成资源获取的单一入口。共享网络的资源聚合特征凸显，是信息资源融合的物理基础。可以说，作为连接分布式资源的纽带，共享网络在很大程度上承担了数字时代的信息基础设施功能。

如果说共享网络最初聚焦于资源层面的集成共享，那么随着 Web2.0 时代的来临，用户参与、交互创新、众包协作等理念的兴起，使共享网络的外延逐渐从资源供给侧走向用户需求侧。共享网络成为网络环境下多元用户协同的重要平台。用户不再是单纯的资源需求者，也成为资源生产的参与者。用户可以在共享网络平台发布内容、标注资源、评论文献，参与知识链接、主题标引等，用户创造内容成为共享网络的重要组成部分。网络环境下用户间的研讨、分享与协作，也促进了群体智慧的涌现。共享网络为用户参与的开放创新提供了广阔舞台。

随着移动互联、物联网、大数据等新一代信息技术的广泛应用，共享网络逐渐呈现出与用户的学习、工作、生活深度融合的发展态势。共享网络的服务边界日益泛化，从封闭的图书馆延伸到开放的网络空间，从提供文献信息拓展到支撑用户的知识创新。共享网络嵌入用户的工作流程，参与用户的学习与研究全过程，推动形成开放融合、无所不在的知识服务新生态。同时，共享网络在资源组织、检索利用、用户交互等环节广泛应用人工智能算法，通过机器学习、深度学习等，智能感知用户特征，智能推送个性化资源。共享网络服务正从粗放式知识供给走向精准化知识服务。

基于以上认识，笔者认为共享网络是一个开放的、协同的信息资源共享与知识服务创新平台。它以网络信息技术为支撑，整合分布式异构资源，实现跨库、跨域的一体化资源组织与集成化服务；它以用户需求为导向，链接多元用户，激发群体智慧，形成协同创新的网络化空间；它以泛在化与智能化为发展方向，嵌入用户情境，感知需求变化，为用户提供个性化、精准化的知识供给。

总之，共享网络是大数据、人工智能、移动互联等新兴技术与图书情报领域深度融合的产物，反映了从物理空间到数字空间、从中心化到分布式、从单向服务到交互创新、从提供资源到赋能创新的发展理念，是数字化、网络化时代知识生产、传播、利用的核心节点。

（二）共享网络的特点

共享网络作为信息资源整合与知识创新的关键平台，呈现出鲜明的时代特征。一是开放性。共享网络以开放获取、开放共享理念为指导，倡导在尊重知识产权的前提下，广泛汇聚机构内外的信息资源，形成制度规范、标准统一的资源共享机制。通过开放接口、开放标准等，共享网络打通了资源获取与利用的"最后一公里"，使得资源利用从封闭走向开放，突破了机构、系统、专业的藩篱，最大限度地发挥了资源效用。开放性是共享网络的价值内核，体现了从资源封闭到资源开放、从独占使用到共建共享的理念蜕变。

共享网络的另一显著特点是关联性。资源是共享网络的基础，但资源并非简单堆砌，需要在语义层面建立内在关联与逻辑组织。通过本体构建、知识抽取、语义关联等技术，共享网络挖掘资源内容特征，揭示资源主题内涵，构建起语义关联网络。资源从物理意义上的集合体，上升为语义联通的有机整体。"数据—信息—知识"的链条在此实现了有机贯通。资源关联有助于创新思维的激发，为跨学科、跨领域的知识创新提供了坚实支撑。可以说，关联性是共享网络的价值内核之一，体现了从资源聚合到内容关联、从资源集成到知识融合的理念升华。

协同性是共享网络的本质特征。协同主要体现在两个层面：一是资源协同，二是服务协同。共享网络通过采用开放协议、兼容标准，实现了分布式资源的有序汇聚与无缝连接，形成了可持续的资源聚合机制。通过建立不同系统间的互操作机制，实现了元数据、检索、链接等技术层面的协同。共享网络的服务协同则主要体现在面向用户的学习、研究、交流、分享等过程中。共享网络为不同领域、不同学科背景用户搭建协同平台，促进思想碰撞、群体智慧的涌现。用户在共享网络中扮演着既是知识的消费者，也是知识的生产者的双重角色。可见，共享网络的协同性反映了从分散到聚合、从独立到联动、从自我到共生的时代诉求。

共享网络具有鲜明的泛在性特征。移动互联时代，用户对便捷获取、随时利用信息资源提出了更高要求。共享网络利用云计算、大数据等现代信息技术手段，实现资源的泛在组织、泛在发现与泛在获取。泛在组织是指打破传统的资源组织方式，实现海量动态资源的自动聚类、语义链接与知识关联；泛在发现是指用户可以通过移动终端随时随地检索发现网络资源；泛在获取则强调为用户提供便捷、快速的原文获取方式。共享网络将服务延伸到移动端，嵌入用户的工作、学习、研究情境，创新服务理念，优化服务形式，构建起与用户零距离的服务生态。

智能性是共享网络的显著特质。人工智能、认知计算的兴起，为共享网络的资源组织与知识服务注入了新的活力。共享网络采用文本挖掘、自然语言理解等智能算法，对海量非结构化文本进行解析、抽取，形成高度结构化、语义化的资源组织方式。利用机器学习、深度学习等人工智能技术，分析用户特征，实现个性化推荐，开展精准知识服务。引入知识推理、问题求解等智能系统，为用户提供具有情景关联、交互协同特点的知识服务。智能化使资源组织实现从"以物为中心"到"以人为中心"的理念蜕变，推动知识服务从提供信息走向洞察智慧。智能化是共享网络由资源中心向知识中心、智慧中心升级的基石。

总之，开放性、关联性、协同性、泛在性与智能性，构成了共享网络的基本特质。共享网络不是简单的资源堆砌，而是资源、平台、服务、用户高度融合的学习共同体、研究共同体。这些特点昭示了共享网络作为知识链接枢纽、创新策源地的独特优势，预示着共享网络对知识资源传播、学术交流、集体智慧生成的重要影响。展望未来，共享网络必将立足开放融合，彰显协同智慧，通过跨界链接、精准服务、赋能创新，成为知识服务与创新驱动的新引擎，为知识生态系统注入源源不断的生机与活力。

第二节　共享网络构建的关键要素

共享网络的构建涉及多个关键要素，其中最为核心的是资源的组织与调度。合理的资源配置能够在共享网络中确保资源的高效流通和公平分配。与此同时，互操作性标准的设立，帮助网络中不同的系统和平台实现无缝衔接，从而提升网络的整体效能。这一过程不仅仅是技术层面的实现，更要求参与机构在理念和策略上的统一。通过标准化和规范化的设计，网络中的资源能够更好地协同工作，打破不同系统之间的障碍，真正实现信息的自由流动。

一、共享网络的组织结构与运行机制

共享网络构建的关键要素之一是共享网络的组织结构与运行机制。组织结构是共享网络高效运转的基本保障，科学合理的组织结构有利于厘清共享网络内部的权责关系，明晰分工协作机制，提升共享服务指令的传递与执行效率。与此同时，与共享网络组织结构相适应的运行机制，则是保证共享网络持续、稳定运行的关键。完善的运行机制通过激励相容、制衡有序，调动共享网络参与主体的积极性，形成资源聚合、优势互补、成果共享的协同效应。

共享网络通常采用扁平化的网络型组织结构。这种组织结构打破业务限制，建立跨部门的矩阵式管理机制。在共享网络建设与运营中，跨越采编、流通、参考咨询、信息技术等业务部门边界，组建由多部门成员参与的项目工作组，负责共享网络的顶层设计、平台搭建、资源整合、服务创新等任务。矩阵式的组织结构有利于实现人员与设备的共享，发挥多方智慧，形成多部门协作、共同推进的工作合力。同时，扁平化的组织结构通过减少管理层级，优化业务流程，使共享网络能够快速响应服务需求，及时调整资源配置，极大提升了共享服务供给的灵活性与针对性。但需要注意的是，扁平化组织结构并非否定科层制的价值，而是在坚持科层制下，强化横向联系，完善协调机制，是组织结构的优化与再造。

与扁平化网络型组织结构相匹配，共享网络还应构建扁平化的运行管理机制。传统的管理模式过于强调层级控制、程序标准，容易导致信息传递迟滞、服务供给僵化等问题，已不适应共享网络建设的内在需求。共享网络运行管理要建立在充分授权、科学问责的基础之上。通过下放管理权限，减少不必要的审批环节，激发基层管理活力。同时，共享网络还应建立健全岗位责任制，将共享服务任务分解、量化到岗位和个人，明确责任主体，严格责任追究，形成有效的内在约束机制。在此基础上，共享网络运行管理还需建立常态化的沟通协调机制，定期召开联席会议、专题研讨会等，加强业务部门、岗位人员的交流互动，及时协调解决运行中的矛盾冲突，消除信息孤岛，提升组织凝

聚力。

　　开放、联盟、协作是共享网络组织运行的重要理念。共享网络不是封闭的系统，需要发挥开放融合优势，广泛吸纳联盟成员单位、社会力量等外部资源，构建开放、互利、共赢的发展共同体。一方面，共享网络通过联盟章程、合作协议等，与联盟成员单位形成长期、稳定的合作关系，建立资源共建共享、服务互惠互利的运行机制。例如，共享网络牵头制定联盟资源建设标准，成员单位据此开展本地资源建设，再通过统一的平台实现资源的汇聚共享。共享网络为联盟成员提供技术支持与业务指导，成员单位反哺共享网络以数据资源、学科智力。另一方面，共享网络还应搭建开放平台，发挥用户参与、社会协同的力量。例如，吸纳学科专家作为特邀咨询专家，为共享网络建设出谋划策。开辟众创空间，鼓励创客、创业者利用共享网络资源进行再创造。开放资源标注、评论等入口，充分利用用户生成内容，共享网络资源。总之，开放、联盟、协作理念使共享网络成为各界力量参与、各类资源汇聚的生动"生态系统"。

　　从组织管理机制层面看，共享网络还需构建多层级、纵横交错的运行体系。宏观层面，共享网络须成立理事会、专家委员会等决策机构，负责共享网络的顶层设计与统筹规划。理事会由联盟成员单位、主管部门、行业组织代表等组成，专家委员会广泛吸收学界、业界权威，共同为共享网络发展方略建言献策。中观层面，共享网络设立管理委员会，作为日常运营的最高执行机构。管理委员会下设若干专门工作组，分别负责资源建设、系统平台、用户服务等具体业务。微观层面，共享网络要充分调动基层积极性，鼓励成员单位因地制宜开展服务创新。基于不同区域、不同服务场景，探索差异化、特色化的共享服务，并通过示范引领，带动共享网络整体服务能级提升。三个层级职责清晰、相互配合，共同形成共享网络运转的动力系统。

　　共享网络组织结构与运行机制也会在实践中不断优化。伴随信息技术的迭代更新，以及知识生产方式的深刻变革，用户需求呈现个性化、多样化特征，共享网络组织结构与运行机制也面临新的挑战。如何顺应移动互联、物联网时代知识无所不在、服务无时不有的新需求，实现共享网络服务供给侧改革；如何利用人工智能、大数据等新技术新工具赋能共享网络资源组织，创新知识服务方式；如何推动跨界合作，吸引创客、创业者、社会大众广泛参与共享网络资源与服务创新，形成多元共治格局；如何完善制度政策，营造有利于网络创新、成果共享的宏观环境，已成为共享网络组织变革、机制创新的重要课题。

二、共享网络的资源配置与调度策略

共享网络资源配置要立足全局，着眼长远。这就要求充分考虑共享网络的战略定位、学科布局、用户特征等因素，在宏观层面对共享资源进行系统规划和统筹部署。资源配置的总体思路是围绕重点学科、优势特色、创新前沿，集中力量打造具有辨识度的核心资源。具体而言，在学科资源配置上，共享网络要紧扣区域经济社会发展需求，聚焦产业振兴、民生改善等国计民生领域，加大应用性、实用性资源的投入力度，为区域创新驱动、转型升级提供文献支撑。在特色资源方面，共享网络要立足区位优势，发掘地方文献记忆，挖掘非物质文化遗产，建设彰显地域特色的馆藏体系。在前沿资源布局上，共享网络要顺应知识创新模式变革，加大开放获取资源、科学数据等新型学术资源的采集力度，为跨学科、交叉领域的协同创新提供坚实保障。宏观政策导向下，各成员馆要制订精准的资源配置计划，科学界定采购比例与采购重点，在共享政策指引下形成特色鲜明、优势互补的资源配置格局。

海量网络信息资源的汇聚，为共享网络资源建设提供了广阔空间，但也对资源遴选能力提出了更高要求。共享网络资源配置须严格把关资源质量，提高资源针对性，避免盲目采购、重复建设，最大程度减少资源闲置浪费。为此，共享网络必须充分运用大数据分析、文献计量等现代技术手段，深入洞察不同学科领域、不同类型用户的资源需求特征，形成科学的资源采购决策依据。需求调研要聚焦学科发展前沿，紧密结合重大科研项目、重点学科建设，提炼用户的学术诉求；要关注区域经济社会发展，分析产业发展、城市治理中的文献信息需求；还要体察大众生活，捕捉不同人群的信息行为习惯。唯有立足精准画像，共享网络的资源配置才能实现供需匹配，体现效益最大化。

开放获取资源，同时吸纳社会化资源，已成为共享网络资源建设的重要路径。一方面，共享网络要大力发展开放获取资源，包括开放期刊、开放图书、开放教育资源、开放科研数据等，为用户提供广泛、免费的资源获取渠道。要加强与开放获取出版社、数据库商的战略合作，争取价格优惠，为用户节约数字资源购置成本。另一方面，共享网络要积极整合社会资源，开拓图书捐赠、互联网数据融合等社会化资源建设途径。在数字人文项目中，充分利用众包模式，吸引社会大众参与资源加工、贡献数据，形成多方参与、共建共享的生动局面。开放共享理念还要求打破成员馆间的藩篱，推进联盟馆藏的通借通还，实现异地用户对共享网络的无差别利用。总之，秉持开放共享理念，多渠道、多主体地丰富共享资源，是提升共享网络资源配置效能的关键举措。

共享网络的资源调度涉及海量异构资源、异地分散用户，如何在时间和空间上实现资源的精准调配、高效流通，事关共享服务的供给质量。共享网络资源调度通常采用分布式存储、集中式调度的模式。成员馆仍是资源存储的基本单元，负责资源的本地管理和服务，而共享网络管理中心则通过构建资源调度系统，实现网络资源的统一调度与分发。调度系统基于各成员馆的藏书数据，制定网络总分目录，并通过链接解析技术，实现用户访问请求在成员馆之间的智能路由，将用户需求引导至资源所在地，实现网络资源的无缝链接与透明获取。调度系统还应嵌入智能算法，对用户的检索行为、学科背景等进行分析，从而为用户推送个性化资源，提供精准化服务。可见，资源调度系统是网络资源的"中枢"，对于统筹资源存储、优化资源配置、创新资源服务具有不可或缺的作用。

信息资源的语义属性决定了资源整合不能局限于形式层面的简单罗列，更需要在语义层面建立资源间的内在关联。共享网络要充分利用元数据、本体论、语义关联等技术，对异构资源的内容、语义、结构等进行深度描述，揭示资源间的复杂网络关系，实现从目录集成到知识关联的飞跃。在此基础上，共享网络还要发挥用户参与的力量，鼓励用户对资源进行标注、评论、再组织，不断丰富资源间的语义网络。资源聚合与关联使共享网络超越了简单的资源提供者角色，上升为知识服务的策源地，能够通过资源语义链接、知识节点挖掘，激发用户的创新灵感。

共享网络资源调度还应建立灵活的多层级调度机制。对于不同供求主体、不同服务场景，应采取差异化的资源调度策略。在基础服务层面，可依托联盟馆藏，面向广大读者提供泛在普适的资源发现与获取服务。在学科服务层面，可集成分布在高校、科研机构的学术资源，为科研团队、创新项目提供精准的学科化资源配送。在智库服务层面，可汇聚多源数据资源，为实现问题诊断、行业发展研判提供情报参考。基于开放获取资源，共享网络还可为中小企业、创业团队等提供低成本的文献信息支持。总之，共享网络要立足多元化需求，构建全方位、立体化的资源服务体系，做到基础服务全覆盖，特色服务有重点。

值得注意的是，资源配置与调度策略要立足共享，着眼创新。在数字化浪潮推动下，创客空间、众创空间等新型服务形态不断涌现，对传统的资源配置模式提出了挑战。共享网络要顺应文化消费升级趋势，打造线上线下融合的资源空间，鼓励用户利用共享资源进行再加工、再创造，催生知识创新与应用创新。例如，依托数字人文项目产生的众包资源，可为数字出版、创意设计等提供数据基础，实现资源增值利用；围绕热点问题开展的专题采编项目，可为现实问题求解、政策制定提供智力支持。共享网络还要积极对接创客社群，为创客项目提供数据分析、学科服务等支持，搭建资源共享、项目孵化的协同创新平台，成为创意策源地、创业加速器。总之，共享网络要立足开放融合的资源生态，促进知识创新向纵深发展。

三、共享网络的标准规范与互操作机制

共享网络标准规范体系的构建要坚持需求导向，注重实践应用。它应以用户需求为牵引，以学科发展为依归，充分吸收相关主体参与，通过反复实践形成科学合理、广泛认可的标准规范。在标准规范的制定过程中，共享网络管理中心要充分调研各成员馆的业务特点和技术现状，分析不同资源的组织特征与用户利用行为，抽象形成标准规范的主要内容与框架体系。同时，标准制定要采取开放参与的模式，邀请联盟成员、业界专家、技术领军人物等广泛参与，通过研讨论证、征求意见等方式凝聚共识，使标准规范体现行业发展共同愿景。标准规范还应在实践应用中不断完善，通过试点示范、评估反馈等，验证标准的可行性、先进性，并根据实践情况及时修订，保障标准的持续改进与创新发展。只有源于实践又高于实践，标准规范才能真正发挥引领共享、规范资源的作用。

共享网络标准规范体系涵盖内容广泛。从资源要素来看，标准规范涉及资源描述、资源组织、资源揭示、资源保护等多个层面，分别对应元数据、本体、主题词表、版权规范等。其中，元数据是资源描述的核心要素，直接关系到异

构资源的语义表达与集成组织质量。共享网络元数据标准要在借鉴通用标准的基础上，结合联盟资源特点进行扩展，增强元数据在语义表达、关联揭示等方面的能力。对于特色资源、专门领域的元数据，可基于通用元数据进行应用型扩展，促进元数据在垂直领域的精细化表达。主题词表、分类法等知识组织体系也是共享网络标准的重要内容，直接关系到资源主题揭示的广度与深度。共享网络要系统开发覆盖面广、结构科学的知识组织系统，增强资源的语义组配与关联挖掘能力。从管理政策来看，标准规范还应涉及资源采访、编目、存储等业务规程以及数据使用、共享、传播的法律政策等内容，形成制度规范、标准规范相辅相成的体系架构。

异构资源语义映射是实现资源共享的关键。它通过识别不同本体、词表间的语义对应关系，在逻辑层面实现异构资源的聚合与链接，是破除信息孤岛的重要途径。共享网络标准规范体系要重点关注异构资源语义映射方法与流程。具体来说，可采用本体匹配、词表映射等技术路径，通过语义分析、相似度计算等，发现不同本体、词表的语义映射关系，构建桥接异构资源的语义网络。语义映射既可在人工参与下半自动实现，也可依托大数据分析、机器学习等技术实现自动化处理。例如，利用词嵌入等深度学习模型，可自动发现不同主题词表间的语义关联。此外，共享网络还要充分发挥用户参与的力量，探索基于用户反馈、群体标注的映射关系发现机制，不断完善、优化映射方案。语义映射使资源揭示从形式匹配走向语义关联，有助于实现从目录集成向知识融合的飞跃。

开放协议与数据接口是实现资源互操作的关键。网络信息资源的聚合传播离不开统一、开放的数据交换与共享协议。共享网络标准规范体系中，要充分吸收和借鉴前沿的开放协议标准，制定适用于联盟的统一接口规范。具体来说，在元数据收割方面，可采用 OAI-PMH 等，规范分布式异构系统间的元数据采集与传输；在用户认证方面，可采用 SAML、Shibboleth 等单点登录协议，实现用户跨系统的身份认证与授权管理；在文献传递方面，可基于 OpenURL、DOI 等构建文献链接解析机制，实现网络用户对全文的透明获取。数据接口则是共享网络节点的对外交互窗口。共享网络标准体系要规范数据接口的参数定义、调用方式，明确接口的功能边界，保障数据交互的标准化。同时，数据接口要体现开放性，兼容异构节点的接口要求，便于第三方机构、社会力量参与共建。标准统一的协议规范与数据接口，为共享网络的互联互通奠定了基础。

共享网络互操作离不开支撑有力的平台架构。从某种意义上说，互操作平台是共享网络标准规范落地的关键节点，体现了标准规范的执行力。共享网络互操作平台要体现开放性、灵活性、可扩展性等特点。在软件架构上，平台要采用微服务、容器化等先进架构，便于服务的快速部署、灵活调用、弹性扩展。在系统功能上，平台要涵盖元数据管理、资源检索、链接解析、文献传递等，支撑资源发现、获取、利用的全流程。在数据处理上，平台要具备语义映射、本体构建、关联分析等功能，支持异构资源的语义融合与知识关联。在用户服务上，平台要提供个性化检索、智能推送等服务，实现用户与资源的精准匹配。此外，互操作平台还要预留二次开发接口，允许成员机构根据需求灵活扩展个性化服务。先进、灵活、开放的平台架构，是共享网络创新发展的助推器。

共享网络标准规范与互操作机制的建设还需要可持续发展的长效机制。标准规范的生命力在于实施，互操作的价值在于创新。共享网络要建立常态化的标准规范宣贯机制，通过培训宣讲、交流研讨等，普及标准规范知识，提升联盟内标准规范的采用率和执行度。同时，要建立标准规范的评估与激励机制，定期评估各成员机构标准执行情况，对积极采用标准、贡献优秀案例的机构给予表彰奖励，调动各方参与的积极性。在互操作机制方面，共享网络也要建立开放创新的协同机制，鼓励成员间开展数据互换、项目合作、人员交流等，促进资源、平台、智力的充分流动，激发协同创新活力。开放、协同、可持续的长效机制，将助推标准规范在惠及用户、创造价值中不断迭代优化。

这里要注意到的是，共享网络标准规范与互操作机制的建设是一个持续演进的过程。技术在发展，需求在变化，标准规范和互操作机制也要与时俱进。新兴技术如人工智能、区块链、5G等，正在为资源组织与知识服务创新带来新的机遇与挑战。共享网络标准规范要顺应技术前沿，将新技术引入标准规范制定全过程，探索知识图谱、语义关联、智能推送等在标准规范中的应用，赋予标准规范以新的内涵。互操作平台也要充分运用新技术、新架构，增强数据治理、关联分析、智能挖掘等能力，提供多元化、精准化的智慧服务。同时，随着开放科学的兴起，科研数据的汇聚共享、科研过程的开放再现日益成为用户关注的重点。共享网络标准规范与互操作机制要从文献延伸到数据，加入数据采集、存储、分析、可视化的标准，打通文献与数据的互操作链路，为科研过程赋能，成为支撑开放科学的重要基础设施。

第三节 共享网络的管理与维护

共享网络的长期成功不仅取决于其构建的合理性，还在于日常的管理与维护。运营管理模式决定了网络的稳定性与可持续性，而质量控制和评估体系则确保了网络的服务质量。通过定期的评估和反馈，网络能够不断进行调整与优化，确保资源的有效分配与用户的满意度。在此过程中，持续的升级与优化机制，是保证共享网络能够应对未来技术发展与用户需求变化的重要环节。管理的有效性将直接影响共享网络的用户体验和资源整合的深度。

一、共享网络的运营管理模式

作为一个网状型组织，共享网络由分布在不同地域的众多节点机构组成，各节点在资源禀赋、用户特征、管理模式等方面存在差异。如何在差异中实现资源的优化配置与服务的协同供给，凸显了统筹规划、集中管理的重要价值。具体而言，共享网络管理中心要着眼全局，超越部门利益，对共享网络发展进行系统谋划，制定资源建设总体规划，明确共享服务的目标愿景、战略举措、政策导向，为各节点分工协作提供行动指南。在此基础上，管理中心还要建立健全统筹决策机制，组建由成员单位代表、主管部门领导、行业专家等组成的联盟理事会，对事关全局的重大事项进行民主决策，凝聚发展共识。同时，管理中心还要加强对共享网络运行的宏观调控，建立统一的资源采集标准、编目规范、服务规程，保障共享网络运行秩序；加强运行绩效考核与评估，建立面向过程和结果的综合评价体系，引导成员单位提升管理服务水平。总之，统一规划、统筹决策、统一标准、统一评估，是共享网络实现集中统筹管理的关键抓手。

分散自治是激发共享网络创新活力的内在要求。这是由共享网络服务的专业性、地域性特点决定的。共享网络服务面向特定区域，需要根据区域经济社会发展水平、产业特色、文化基础等因素，因地制宜地提供有针对性的特色服务。不同区域的共享服务在服务内容、服务方式等方面必然呈现差异化特征。

对这种差异性的充分尊重和保护，是激发区域创新活力、增强服务供给动力的必由之路。为此，共享网络要构建分散自治、充满活力的运营管理机制。在坚持统一标准、规范的同时，赋予区域中心成员馆更大的自主权。鼓励基层馆结合区域需求，制定个性化服务方案，开展特色项目，丰富服务内涵。鼓励学科馆员深入一线，分析用户痛点，设计精准服务菜单，创新服务模式。鼓励技术人员加强新技术应用，优化业务系统功能，开发智能应用服务，提升用户体验。同时，共享网络还要建立基层馆的创新激励机制，增加服务创新在绩效考核中的权重，建立服务创新案例库，发掘优秀服务品牌，以点带面，示范引领，激发基层馆创新的内生动力。分散管理还要建立良性的横向协作机制，打破部门藩篱，建立任务型工作小组，鼓励跨部门协同解决共性问题。网状分散的治理结构，创新驱动的激励机制，是建构分散自治管理模式的关键要素。

集中统筹和分散自治并非对立，而是相辅相成，共同构成共享网络运营管理的一体两翼。集中统筹管理为分散创新提供方向引领，分散创新为集中管理注入生机活力。两种管理理念的辩证统一，是实现共享网络可持续发展的题中应有之义。这就需要共享网络管理中心在实践中不断探索统分结合的最佳平衡点，既要充分尊重基层的首创精神，为基层搭建施展才华的舞台，又要加强宏观指导，做好顶层设计，科学把握改革创新的力度和方向。同时，还要建立常态化的沟通协调机制，通过联席会议、专题研讨等，加强联盟层面的信息共享，促进基层的经验交流，发挥系统内的集体智慧，推动形成开放、融合、互鉴、互补的创新生态。此外，还要建立容错纠错机制，宽容改革探索中的失误和挫折，为创新营造包容的文化土壤。只有在集中和分散间找到最佳契合点，共享网络的治理机制才能实现从"管理"到"治理"的升华，焕发出勃勃生机。

开放融合是共享网络运营管理模式创新的重要路径。在开放科学、开放创新的时代语境下，共享网络运营已不再是图书馆的独角戏，日益呈现出多元主体参与、跨界融合的新特点。高校、科研机构、出版社、数据商、互联网企业、行业学会、创客空间等，都可能成为共享网络的参与主体，携手共建共享知识生态系统。因此，共享网络运营管理要突破封闭式的思维定式，树立开放融合理念，充分吸纳社会力量参与共享网络治理，构建多元共治、开放共享的运营新格局。一方面，共享网络要建立常态化的业界联络机制，加强与出版发行机构、学术数据库商、行业学会的沟通互动，拓宽资源建设渠道，优化资源使用政策，实现采购、编目、服务等业务流程再造。另一方面，共享网络要密切产学研用合作，主动对接高校学科、科研院所、行业企业等创新主体，通过共建实验室、联合攻关、人员互派等方式，将创新资源、创新需求、创新成果引入共享网络，搭建跨界融合的创新服务载体。此外，共享网络还要积极连接创客社群，为创客项目提供数据支持、学科服务，成为大众创业、万众创新的策源地和孵化器。唯有在开放融合中完善内外部治理，在深度协同中实现优势互补，共享网络才能构筑起汇聚多方力量、激发多元活力的治理共同体。

网络化与精细化是共享网络运营管理的重要特征。共享网络运营的网络化特征，要求运营管理要立足整体、着眼全局，精准把握网络各节点的资源特点、用户需求，在宏观政策引导下实现各节点间的互联互通、资源共享，促进优质资源在更大范围内的流动与辐射。同时，网络化管理要充分发挥信息技术优势，建立统一的业务协同平台，实现采访、编目、服务等业务的网上协同，打通业务链条。建立资源使用与服务评价的网络反馈机制，及时发现和解决服务运行中的问题，不断优化服务供给。而共享网络运营的精细化特征，则要求运营管理要突破"粗放式"管理的局限，实现管理流程的精细再造，服务产品的精准供给。通过优化业务部门设置，细化岗位职责，可使人力资源配置更加精准；通过分析用户画像，聚焦服务场景，可使知识服务更加精准；通过开展精细化成本核算，优化资源配置，可使财务管理更加精准。可以说，网络化是实现资源优化配置的重要手段，精细化则是提升管理服务效能的关键路径，两者相得益彰，共同塑造了共享网络运营管理的时代特色。

共享网络运营管理模式的创新，离不开与之相适应的顶层设计和制度供给。共享网络要保持可持续发展，必须加快构建共享网络治理的制度规范体系。这就需要从战略高度谋划共享网络发展，制定共享网络中长期发展规划，明确路线图与任务书；要完善共享网络的法律政策环境，在政策范式、法律约束上为共享网络的创新发展提供制度保障；要建立科学规范的经费投入机制，在稳定投入的同时建立多元化投入渠道，为共享网络发展提供坚实物质基础；还要加强专业队伍建设，完善人才教育培养和交流机制，为共享网络输送源源不断的人才资源。总之，顶层谋划、制度供给、投入保障、人才建设，共同构成了共享网络治理体系现代化的关键要素，是推动共享网络运营管理模式变革的重要保障。

二、共享网络的质量控制与评估体系

共享网络的质量控制要坚持全流程理念，质量的提升不是一蹴而就的，而是一个持续改进的过程。共享网络服务链条长、参与主体多、用户需求复杂，对质量管理提出了全流程贯通的新要求。共享网络的质量控制要实现从资源建设到用户服务的全面覆盖，对网络运行各环节进行系统化、精细化管控。在资源建设环节，要建立科学的资源质量标准，从内容、格式、元数据、系统性能等方面严把资源入库关，严防劣质资源进入共享网络；在系统平台环节，要强化软硬件平台的智能化水平，提高系统的易用性、安全性、可靠性；在业务管理环节，要构建任务驱动、流程贯通的业务协同机制，强化采访、编目、流通等业务活动的规范化和精细化管理；在服务创新环节，要建立常态化的需求调研和反馈机制，加强与用户的互动交流，持续优化服务供给。全流程质量管理理念要求共享网络质量控制必须立足全局，突出重点，统筹兼顾，使每一个服务环节都置于质量管理的有效监控之下，最终实现全流程质量管理目标。

质量评估是质量管理的重要手段，科学合理的评估指标是发现问题、解决问题的关键。共享网络服务绩效评估要突破传统的以投入、规模为导向的单一评估模式，建立起多视角、多层次、多主体的综合评价体系。从评估主体来看，评估体系要吸收管理者、服务人员、专家用户等多元主体参与，并将最终用户满意度作为评估的重要视角。通过开展用户问卷调查、满意度访谈等，多角度了解用户需求，综合评判共享服务质量；从评估内容来看，评估体系要全面考察共享网络的资源质量、服务绩效、管理成效、社会影响等各个层面，并设置领域综合指标和特色个性指标，增强评估的针对性；从评估指标来看，定量评估与定性评估要有机结合，既要重视资源量、访问量等显性数据，也要关注资源的独特性、用户体验等隐性因素；从评估环节来看，事前评估、过程评估、事后评估要相互配合，实现对共享网络运行的全流程动态评估与监控。总之，多元化的评估主体、综合化的评估内容、多样化的评估方法，共同构成了共享网络质量评估体系的基本架构。

注重过程控制和绩效评估相结合，是共享网络质量评估体系的重要特征。质量管理不仅要关注结果，更要关注过程，过程管理水平的高低直接决定了服务成效的优劣。共享网络质量评估体系在注重结果导向的同时，还要将质量控制前移，将过程管理指标纳入评估体系。在资源建设环节，要将资源质量审核、资源配置优化等纳入评估；在平台建设环节，要将系统运行监测、安全稳定性测试等纳入评估；在业务管理环节，要将规范操作率、业务协同度等纳入评估；在服务创新环节，要将新技术应用水平、新服务开发成效等纳入评估。与此同时，共享网络还要强化绩效导向，建立"评估—反馈—改进"的质量提升闭环。定期开展服务绩效评估，系统诊断共享服务中存在的问题与不足，并及时将评估结果反馈到网络运行各环节，帮助共享网络在评估中发现问题，在反馈中分析原因，在整改中提升质量，形成共享网络质量管理的良性循环。过程控制和绩效评估的有机统一，是保障共享网络质量持续改进的重要法宝。

大数据时代，海量的用户行为数据、系统运行数据不断积累，这些数据蕴含着提升共享网络管理水平的"富矿"。共享网络质量管理要顺应大数据浪潮，用数据说话，用数据决策，加快构建数据驱动的精细化质量管理模式。通过深度挖掘共享服务全过程数据，实现对网络平台运行状态的实时监测，对异常情况及时预警，对薄弱环节精准诊断，并据此提出优化策略，形成数据—分析—诊断—优化的动态质量管理闭环。例如，通过采集用户检索日志数据，分析用户兴趣偏好，为用户画像，实现个性化资源推送；通过分析文献传递数据，诊断文献保障的薄弱学科，实现学科资源的优化配置；通过对比分析成员馆业务数据，发现管理服务的先进单位，树立标杆典型，实现管理与服务的对标学习、赶超进位。大数据驱动的精准化管理，让共享网络的质量管理从"经验决策"走向"数据说话"，成为提升质量管理科学化水平的关键变量。

开放、协同、融合、共享，已成为质量管理变革的时代主题。提升共享网络的质量，需要发挥多方力量，需要集众智、汇众力。因此，共享网络质量评估要坚持开放融合理念，积极吸收业界力量参与共享网络质量管理。通过联合用户、第三方机构开展服务质量跟踪调查，倾听各界声音，博采众长，促进共享网络质量管理模式创新；通过组建质量管理联盟，加强与兄弟馆的交流学习，实现质量管理的协同创新；通过开展质量管理研讨会、质量管理案例大赛，激发从业人员的质量管理意识，营造追求卓越的质量文化。同时，质量管理部门还要建立质量信息公开机制，以开诚布公的态度，将质量管理置于用户和社会的监督之下。唯有在交流中完善，在协同中创新，共享网络质量评估体系才能获得源源不断的生机活力，质量管理才能真正成为共享网络可持续发展的内生动力。

需要强调的是,随着信息技术的迭代更新,用户需求的日益多元,共享网络的服务生态也在发生深刻变化,质量评估体系也要顺应新形势,坚持问题导向、创新驱动,探索质量管理的新模式、新机制。例如,面对异构海量资源聚合需求,质量评估要重点关注元数据质量、语义关联质量等;面对用户需求个性化趋势,质量评估要加强用户感知与用户体验评估;面对开放融合趋势,质量评估要着力打造开放、协同、跨界的大质量观。总之,质量管理要胸怀全局,立足当下,着眼未来,走"以评促建、以评促改、以评促管"的质量管理新路,让质量意识内化于心,外化于行,成为共享网络发展的"指挥棒",引领共享服务持续创新、行稳致远。

三、共享网络的持续优化与升级机制

共享网络建设的宗旨是更好地满足用户日益增长的文献信息需求。当前,在数字化、网络化、智能化环境下,用户获取信息的方式日趋便捷,知识创新呈现出跨学科、跨领域融合的新特点,用户需求不断呈现个性化、精准化、情境化的新特征。"精准"已成为共享网络服务的新旗帜。因此,推动共享网络优化升级,必须紧抓用户需求这一"牛鼻子",加快构建需求响应机制,实现服务供给从"以馆藏为中心"到"以用户为中心"的根本转变。深入开展用户画像,利用大数据技术从海量数据中捕捉用户兴趣特征、挖掘用户行为规律,形成精准刻画用户需求的动态画像,是实现个性化资源配置、精准知识服务的重要基础。共享网络还要建立开放、常态化的需求征集渠道,通过线上与线下相结合的需求征集方式,广泛吸纳用户意见,让资源配置更加贴近需求,让服务优化更加契合需求。同时,要将用户需求落实到网络优化的全过程,构建"发现需求—分析需求—满足需求—评估反馈"的闭环管理链条,推动形成共享资源不断优化、共享服务持续升级的良性循环。唯有时刻以需求为导向,共享网络优化升级才能找准方向,在服务创新中彰显价值。

随着人工智能、大数据、区块链等新一代信息技术的迅猛发展,图书馆业已进入智能化时代。对共享网络而言,新兴技术带来的不仅是机遇,更是变革。智能化已成为驱动共享网络优化升级的新引擎。推动共享网络智能化发展,需要将新兴技术嵌入网络运行的各个环节,实现人机协同,推动形成自适应、

自组织、自进化的智能化网络生态。在资源融合方面，机器学习和知识图谱技术的应用，可促进异构资源的自动聚类、语义链接，突破人工组织的时间和智力局限；在服务创新方面，人工智能、虚拟现实等新兴技术的运用，可实现智能化检索、个性化推送、情景化服务等新型服务功能；在用户交互方面，自然语言处理、情感计算等智能技术的应用，可促进人机交互向人机对话进化，使服务从被动响应走向主动感知。[①]智能化的引入，标志着共享网络已从资源提供者上升为用户的智慧伙伴、知识管家。驱动共享网络从数字化、网络化迈向智能化，将是共享网络优化升级的必由之路。

开放性是共享网络的核心要义，也是推动共享网络持续进化的原动力。共享网络的边界不应局限于图书馆，而应该向整个社会开放，吸引多元主体参与共建共享。因此，共享网络优化升级要着眼开放融合，完善开放机制，创新服务模式，构建跨界协同的创新共同体。积极推动与数据商的深度合作，探索集约化采购、个性化定制等新型采购模式；主动对接科研团队、创新企业，紧密结合重大科研项目、行业发展需求，开展情报分析、知识发现等智库服务；联合软件工程师、项目经理，开发网络化协同研究平台，为科研活动提供全流程赋能；加强与创客空间、众创社区的资源与服务整合，催生创意灵感、孵化创新项目。开放、融合、跨界的资源共建与服务协同，将极大拓展共享网络的服务边界，催生共享网络发展的强大合力。

网络建设是一个持续演进的过程。共享网络的发展既要立足当前，回应用户的现实需求，解决网络运行中的问题，也要着眼长远，把握行业发展大势，为未来发展做好知识储备和能力积累。面向现在，共享网络要重点围绕关键性、基础性工作，夯实发展根基。优化核心元数据、完善资源发现机制、创新服务流程再造等，都是需要持之以恒抓好的重点任务。共享网络还要加强统筹规划，坚持规划引领，编制中长期发展规划，明确共享网络的发展目标、重点任务和实施路径。同时，面向未来，共享网络要超前谋划，加强与国内外一流图书馆的交流学习，深入分析图书馆事业发展趋势，前瞻性地谋划共享网络的未来发展图景。积极开展共享服务理论与实践问题研究，加强优秀人才的教育培养，

---

① 赵磊磊，代蕊华，赵可云.人工智能场域下智慧校园建设框架及路径[J].中国电化教育，2020（08）：100—106，133.

完善创新政策环境,为共享网络的未来发展储备智力资源、人力资本。近期与长远的辩证统一,当前与未来的战略协同,将为共享网络的持续优化升级提供坚实保障。

以用户为中心、以智能为引领、以开放为导向,是共享网络优化升级的主攻方向,但变革的步伐不可能一蹴而就。这就需要遵循创新发展规律,立足实际,循序渐进,在优化中升级、在变革中发展。既要鼓励联盟成员先行先试,在重点领域、关键环节进行试点探索;又要注重系统集成,统筹各领域、各环节的创新成果,避免碎片化发展。既要大胆尝试前沿技术带来的创新应用,又要注重创新与传统的融会贯通,在继承中创新、在发展中超越。既要发挥管理中心的统筹引领作用,加强顶层设计,营造创新环境;又要调动基层的积极性、创造性,鼓励形成差异化、特色化的创新解决方案。循序渐进、突出重点、整体推进、点面结合的变革思路,将推动共享网络走上内涵式发展、创新驱动的轨道。

第四节 共享网络的安全与隐私保护

随着共享网络的不断扩展,安全与隐私问题日益成为关注的焦点。用户数据的流通在带来便利的同时,也伴随着信息泄露与滥用的风险。因此,构建完善的安全防护策略,是共享网络发展的关键步骤之一。安全机制不仅要应对外部攻击,还要确保数据在传输与存储过程中的完整性与机密性。同时,用户隐私的保护必须建立在严格的制度与技术措施之上,以确保用户对共享网络的信任度。通过多层次的安全保障和隐私保护机制,网络可以在为用户提供便利的同时,确保其安全性和可靠性。

一、共享网络面临的安全威胁

信息泄露是共享网络面临的首要安全威胁。共享网络聚合了海量文献信息资源,一旦发生信息泄露,将对信息资源安全与用户隐私造成严重损害。信息泄露主要源于两个方面:一是网络系统自身的脆弱性,二是人为因素导致的误操作或恶意泄密。在系统层面,网络架构不合理、软件系统漏洞、访问控制机制缺失等，都可能成为不法分子实施攻击、窃取信息的突破口。以身份认证为例，如果缺乏严格的用户身份认证机制，可能导致非法用户越权访问，甚至系统内部人员权限滥用，造成信息大规模外泄。在人为因素层面，管理人员安全意识淡薄、内部人员数据窃取、工作人员误操作等，也可能酿成信息泄漏事故。尤其是在移动互联时代，随着云存储、移动办公的普及，大量信息资源通过移动终端、个人电脑接入共享网络，这无形中加大了信息泄露的风险，对网络访问环节的安全防护提出了更高要求。

网络攻击是危害共享网络安全运转的重大隐患。随着网络技术的快速发展，网络攻击的方式日益多样化，给网络安全运维带来严峻考验。常见的网络攻击方式包括病毒、木马、拒绝服务、数据窃取、数据篡改等。其中，病毒和木马是最常见的攻击手段。通过伪装成正常程序，诱骗用户点击链接，病毒和木马程序会迅速扩散，对共享网络系统造成毁灭性破坏。拒绝服务攻击通过向网络系统疯狂发送大量数据包，快速耗尽系统资源，造成系统瘫痪，中断网络服务。数据窃取则利用系统漏洞，秘密窃取用户数据、业务数据，给用户隐私和数据安全带来巨大风险。数据篡改攻击通过非法侵入系统，恶意篡改网站内容、用户数据，破坏信息的完整性和真实性。近年来，随着黑客攻击工具的升级换代，自动化攻击、社会工程学攻击等新型攻击方式不断涌现，网络攻击呈现出组织化、商业化、军事化的新特点，对共享网络的威胁进一步升级。

网络舆情风险是困扰共享网络发展的严重隐患。共享网络是面向社会开放的信息系统，聚集了大量用户。如果在舆论引导和管控方面存在疏失，极易酿成网络舆情危机。恶意炒作、不实信息等在网络空间迅速发酵，引发负面情绪泛滥，会严重误导社会公众，动摇共享网络的公信力。尤其是对突发事件或在敏感时期，如果缺乏必要的舆情监测和应急处置机制，负面言论势必被放大，酿成重大公关危机。因此，共享网络必须高度重视舆情风险管理，加强舆情分析研判，及时、准确、全面地掌握舆论动向，有效引导网上舆论。同时建立健全舆情应急预案，组建专业化网络舆情工作队伍，提高突发事件快速反应和妥善处置能力，最大限度地化解舆情危机，维护共享网络良好形象。

知识产权侵权是共享网络经常面临的法律风险。共享网络以促进文献信息资源的传播利用为宗旨，但也必须坚守知识产权保护的底线。在数字时代，网络环境下作品的传播与使用方式正发生深刻变革，作品的数字化复制、传播的便捷性大大降低了知识产权保护的技术门槛，盗版侵权行为更加隐蔽和频繁。共享网络一旦疏于版权管理，缺乏必要的版权认证和许可机制，就可能成为非法传播盗版资源的温床。侵权内容的存在，不仅侵害权利人的合法权益，也可能引发法律诉讼，给共享网络运营带来严重的法律风险和信誉损失。同时，在大数据时代，用户数据日益成为重要的战略资源，围绕数据所有权、使用权引发的法律纠纷不断增多。共享网络在提供个性化服务的同时，如何保障用户隐私，如何规避因数据滥用导致的法律风险，也成为亟须厘清的法律难题。

社会工程学攻击是引发共享网络安全事故的重要诱因。不同于技术攻击，社会工程学攻击主要利用人性的弱点，通过欺骗、伪装等手段，骗取用户信任，诱使其自愿泄露信息，是一种典型的针对人的攻击。在共享网络环境下，由于用户群体庞大、专业背景各异，普遍缺乏必要的安全防范意识，极易成为社会工程学攻击的目标。网络诈骗、网络钓鱼等就是最常见的社会工程学攻击手段。攻击者通过仿冒共享网络官方网站，发送虚假链接，诱骗用户输入账号密码，从而非法获取用户信息。此外，攻击者还可能利用用户的心理弱点，如好奇心、从众心理等，诱骗其点击不明链接、运行恶意程序，危害终端安全。可以说，在人与技术的博弈中，人往往成为最薄弱的一环。因此，共享网络安全防护必须高度警惕社会工程学攻击，在"硬件防护"的同时更要注重"软件防护"，通过加强安全教育，增强用户的安全意识和防范技能，筑牢网络安全的人防防线。

移动互联网时代，伴随智能终端的普及和移动应用的爆发式增长，移动互联网已成为网民访问共享网络的重要途径。然而，移动互联网也给共享网络安全防护带来新的隐患。移动终端自身的脆弱性，使其处于被不法分子攻击、控制的高风险状态下。以手机为例，其存储容量小、系统漏洞多，缺乏有效的加密和访问控制手段，是不法分子实施攻击的重点目标。移动互联环境下，数据在采集、存储、传输等各个环节极易遭到恶意窃取和篡改，个人隐私面临严重威胁。同时，移动办公场景下，图书馆员工通过移动终端接入共享网络，大量敏感信息存储在移动终端，这无形中加大了信息泄露和终端失控的风险。因此，构建与移动应用相匹配的安全防护体系，加强移动终端和移动应用的安全管控，已成为共享网络安全防护的当务之急。

物联网的兴起，为共享网络的服务拓展提供了广阔空间，但也引发了新的安全隐患。RFID、传感器等物联网感知设备的大量接入，在提升共享网络智能化水平的同时，也使网络攻击面急剧扩大。物联网设备自身的安全防护能力普遍薄弱，缺乏身份认证、数据加密等必要的安全机制，很容易沦为不法分子实施攻击的跳板。黑客可以通过感染、控制物联网终端发起大规模的DDoS攻击，造成共享网络系统瘫痪。受侵入的物联网设备还可能成为恶意程序的传播源，加速僵尸网络的蔓延。物联网环境下，图书馆RFID标签也面临被非法读取、克隆的风险。因此，共享网络在融合物联网技术的同时，必须高度重视物联网安全风险管理，加强感知层、网络层、应用层的安全防护，保障物联网与共享网络的协同联动。

网络安全态势日益严峻，网络空间已成为国家安全的战略竞争新疆域。境外敌对势力通过网络渗透、网络攻击、网络窃密等方式，对我国关键信息基础设施实施网络渗透，窃取敏感信息，危害国家安全。作为承载海量科技文献信息资源的共享网络，如果安全防护措施不力，系统自身的脆弱性和漏洞就可能成为境外势力实施网络渗透的突破口。因此，站在维护国家文化安全、意识形态安全的战略高度，共享网络必须强化安全意识，提高风险防范能力，严密防范境外势力的网络渗透，筑牢共享网络安全防线。要加强网络空间情报搜集，准确掌握境外敌对势力的网络活动规律；建立网络安全监测预警机制，及时发现和阻断境外势力的网络入侵；加强网络主权教育，提高人民群众维护国家网络主权的自觉性。只有警钟长鸣，居安思危，不断强化网络安全防护能力，共享网络才能成为文化强国、科技强国的坚强堡垒。

二、共享网络的安全防护策略

共享网络已成为我国图书馆事业发展的重要基础设施。作为云集海量网络信息资源的数字空间，共享网络一头连着国家文献信息资源中心，一头连着亿万读者用户，是国家文化安全、意识形态安全的重要阵地。然而，共享网络作为开放性、交互性系统，在为用户带来信息获取便利的同时，其脆弱性、易攻击性等先天"短板"日益凸显。泄密、攻击、侵权、渗透等安全风险无时无刻不在威胁共享网络的正常运转。可以说，抓好共享网络的安全防护，筑牢网络安全屏障，是摆在图书馆工作者面前的一项重大而紧迫的现实课题。

本小节将重点探讨共享网络安全防护的策略与路径，以期为共享网络的长治久安提供思路启迪。

共享网络安全防护战略的制定要坚持总体国家安全观。网络空间已成为国家主权和国家安全的新疆域，共享网络必须准确把握自身的战略定位，科学制定网络安全防护战略。在战略目标上，要与国家网络安全战略相衔接，自觉服从服务于维护国家政治安全、文化安全、意识形态安全的大局。在战略内容上，要统筹发展和安全，在网络空间内外，注重发挥共享网络在网络内容建设、网络文化传播、网络意识形态斗争中的重要作用；在战略举措上，要坚持积极防御、主动作为，综合运用法律、行政、经济、技术、外交等手段，营造共享网络良性发展的安全环境。唯有在总体国家安全观的指引下谋篇布局，共享网络安全防护战略方能在大棋局中找准坐标，彰显使命担当。

技术是共享网络安全的坚实屏障。信息技术的迅猛发展，为共享网络安全防护插上腾飞的翅膀。新一代信息技术为安全防护提供了新武器、新手段、新方法，使之从被动防御走向主动免疫、从事后处置走向事前预警、从单点防护走向立体防控。因此，共享网络必须心怀"工欲善其事，必先利其器"之思，把握网络安全技术发展新机遇，大力推进安全防护手段现代化，筑牢共享网络安全的"铜墙铁壁"。一要建立全方位、多层次的安全防护体系架构。通过部署防火墙、入侵检测、数据加密、身份认证、访问控制、网络审计等安全设备和系统，形成边界防护、通信安全、身份鉴别、行为审计等纵深防御体系。二要加快新技术在安全防护中的创新应用。例如，利用大数据分析技术对海量数据进行态势感知、行为分析，精准发现安全威胁；利用人工智能实现网络攻击智能检测、僵尸网络精准溯源；利用区块链技术构建去中心化的分布式防御体系，提升系统的容错性和抗毁性。三要强化关键信息基础设施安全防护。全面评估关键设备、关键系统、核心数据等薄弱环节，采取同城异地备份、断网隔离等措施，确保关键信息基础设施的独立自主可控。总之，抢抓新技术发展的机遇窗口，努力在核心技术上取得突破，是筑牢共享网络安全防线的关键举措。

完善制度规范是共享网络安全防护的重要保障。制度既是行动的指南针，也是规范的警戒线。科学、有效的制度体系能够从根本上规范用户行为、堵住管理漏洞、消除安全隐患。对共享网络而言，必须把制度建设摆在安全防护的突出位置，以制度的刚性约束和规范引领，为安全防护提供坚实保障。一方面，要建立健全网络安全管理制度。制定系统完备的网络安全管理办法，明确安全管理的机构、人员及其职责分工，规范日常安全管理的流程和要求。同时，要针对信息泄露、网络攻击、舆情管控等重点领域，制定专项管理制度和操作规程，强化精细化、纵深化管控。另一方面，要严格落实国家法律法规。全面梳理《网络安全法》《数据安全法》《个人信息保护法》等现有法律，强化落实，严格规范共享网络运营各环节行为，切实维护国家利益、社会公共利益和个人合法权益。同时，积极参与国家标准、行业标准的制修订工作，促进共享网络安全标准体系进一步完善。此外，还要加强制度的学习宣传和监督检查，切实提高广大图书馆工作者的制度遵从度，确保制度落地生根。总之，制度规范的生命在于执行。只有行以践之，久久为功，制度的刚性约束力和规范引领力才能充分彰显。

用户教育是共享网络安全防护的治本之策。再严密的技术防护，再完善的制度规范，离不开人的自觉遵守。因此，从根本上提升全民网络安全意识和安全技能，是构筑共享网络安全防线的治本之策。共享网络要高度重视安全宣传教育，多渠道、多形式开展网络安全知识普及，提升广大用户的安全防范意识和能力。一要创新宣教方式。综合运用线上培训、线下讲座、在线答题、情景剧表演、微视频推送等多种形式，增强宣教的吸引力和感染力。针对不同年龄段、不同群体受众，设计个性化、差异化的宣教内容，提升宣教的精准性。二要丰富宣教内容。既要加强网络安全法律法规、安全知识技能的普及，又要用鲜活案例说明安全风险的严重危害，还要传播积极健康的网络伦理道德。知行合一，内化于心，外化于行，方能形成"人人懂安全、人人会安全"的良好氛围。三要强化责任意识。加强对管理人员、重点岗位人员的安全教育和技能培训，提高安全管理能力。制定严格的安全责任制，将安全责任层层分解落实到人，并纳入绩效考核。同时，充分调动广大用户参与安全治理的积极性，形成人人有责、人人尽责、人人享有的安全共治格局。

主动免疫是共享网络安全防护的重要路径。传统的安全防护大多聚焦威胁的检测和阻断，属于被动防御范畴。然而，面对日益复杂的网络环境和频发的安全事件，被动防御已难以为继。共享网络要树立主动免疫的理念，通过平时的攻防演练和事后的复盘分析，不断强化自身的"免疫力"，实现网络安全的可持续发展。一要常态化开展渗透测试。聘请"白帽子"黑客对系统进行全方位的渗透测试，主动发现安全漏洞，及时修补；同时要开展攻防演练，提高应急处置能力。二要系统开展数据分析。全面收集共享网络运行数据，利用大数据、人工智能等新技术，进行多维关联分析，及时发现安全威胁，预警潜在风险。通过对安全事件的复盘、研判，及时修订完善安全防护策略。三要积极参与开源共享。主动对接开源社区，参与漏洞库共建共享，借助集体智慧提升安全防御能力。同时，要积极发布系统漏洞信息，接受公众监督，在问题中完善，在修复中提高。总之，主动免疫是共享网络实现安全防护范式从"亡羊补牢"到"未雨绸缪"转变的关键举措，对提高系统的自我修复和进化能力具有重要意义。

建立有序开放、多方参与的安全共治格局是共享网络筑牢安全防线的重要路径。安全无小事，维护无边界。共享网络作为联通政府、高校、科研机构、公众等各方的信息枢纽，其安全防护离不开各方的通力合作。共享网络要从封闭式管理走向开放式治理，积极争取各方支持，广泛汇聚各方力量，协同共建共享网络安全防护新格局。一要建立常态化的部门协同机制。主动对接公安、网信等部门，建立联席会议、信息共享等机制，形成情报互通、资源共享、联动处置的工作格局。二要深化与兄弟馆的交流合作。加强与国内外重点图书馆的业务交流与技术合作，共享安全防护经验，协同开展关键技术攻关，打造跨机构的安全共同体。三要积极开展校企合作。引入网络安全头部企业参与共享网络的规划、建设、运维，借助其先进理念、成熟方案、专业团队，为安全防护提供智力支持和技术保障。同时要鼓励网络安全企业孵化器入驻共享网络，搭建产学研用协同创新平台。开放、多元的安全共治格局，必将汇聚起维护共享网络安全的磅礴合力。

三、共享网络用户隐私保护机制

共享网络用户隐私保护面临诸多现实挑战。其根源在于，随着信息技术的快速发展和应用生态的不断演进，数据采集、存储、传输、应用等环节面临新的隐私泄露风险。首当其冲的是，在线访问环节隐私泄露风险不容忽视。随着移动互联网的普及，用户所能访问的共享网络终端日益多样化，访问环境日益复杂化。移动App、浏览器、操作系统等软件自身的安全漏洞，Wi-Fi、蓝牙等无线通信信道的脆弱性，都可能成为不法分子窃取用户隐私的突破口。

其次，数据存储与管理中的隐私泄露隐患不容小觑。如果共享网络在数据采集、传输、存储等环节缺乏严密的隐私保护措施，用户敏感信息就可能在链路中"裸奔"，成为"透明人"。数据使用过程中的不当行为，如违规使用、超范围使用、未经授权共享等，也可能引发隐私泄露。最后，个性化服务中面临"双刃剑"效应。共享网络通过对海量用户数据的挖掘分析，可以精准刻画用户特征，提供个性化的资源推送。然而，这把"双刃剑"在提升服务便捷性的同时，却可能伴随着隐私泄露的风险隐患。特别是当前数据要素市场快速发展，大数据杀熟、算法歧视等乱象频发，进一步加剧了用户的隐私焦虑。此外，用户自身安全意识淡薄，缺乏必要的隐私保护技能，也在客观上放大了隐私泄露风险。

构建全流程的隐私保护机制是共享网络维护用户隐私安全的根本举措。隐私保护不是一蹴而就的，而是需要体现在数据管理的各个环节。因此，共享网络必须树立全流程隐私保护理念，对数据全生命周期进行体系化管控，筑牢隐私保护防线。首要一环是建立隐私保护制度规范。要依据《网络安全法》《个人信息保护法》等法律法规，制定严密的隐私保护制度，明确隐私数据采集、传输、存储、使用、销毁各环节的行为规范。例如，哪些用户信息可以采集，采集的目的是否正当，是否经过用户授权；隐私数据如何加密存储，访问权限如何设置，如何防止越权访问；隐私信息能否共享给第三方，共享的原则和流程是什么，等等。唯有用制度的刚性约束厘清行为边界，共享网络隐私保护工作才有章可循。其次，要强化技术环节的隐私保护。充分运用密码技术、访问控制、身份认证、区块链等现代信息技术，强化隐私数据全生命周期的安全防护。例如，利用非对称加密、同态加密等技术，实现隐私数据传输与存储的端到端加密；基于角色的访问控制与细粒度授权，严格限制隐私数据的访问权限；通过区块链构建隐私数据可信共享机制，有效规避对第三方的过度依赖。技术与制度的双管齐下，将隐私保护"强筋壮骨"，使之坚如磐石。此外，还须完善隐私影响评估与审计机制。定期对可能涉及用户隐私的业务系统进行隐私影响评估，及早发现隐患风险，并及时整改。同时，建立常态化的隐私审计机制，通过内外部审计，防范合规风险，不断提升隐私治理能力。

权责明晰的隐私保护责任体系是共享网络维护用户隐私安全的重要保障。隐私保护是一项涉及管理、技术、服务等各领域的系统性工程，需要管理者和一线员工共同参与。构建层层落实、各司其职的隐私保护责任体系，对于形成隐私保护合力至关重要。共享网络管理层要将隐私保护上升到战略高度，纳入规划、纳入绩效，为隐私保护提供资源保障和政策支持；要成立由管理层、业务部门、技术部门、法务部门等多方参与的个人信息保护委员会，统筹推进、监督检查隐私保护工作落实；要设置首席隐私官、数据保护官等专职岗位，负责个人信息保护的具体事务。一线业务部门和技术部门要树立隐私保护意识，严格遵守隐私保护制度流程，规范个人信息的采集、使用行为；要强化内部培训和考核，将隐私保护纳入日常管理和绩效评价；同时要建立隐私事件应急响应机制，一旦发生或可能发生信息泄露等事件，能够快速反应、有序处置。唯有构建起责任明确、流程清晰、执行有力的隐私保护责任体系，方能形成隐私治理的强大执行力，夯实共享网络隐私保护的组织根基。

主动公开透明是推动共享网络隐私安全治理的有效法宝。在用户日益重视个人隐私的今天，隐私保护已从网络运营者的单向责任，演变为网络运营者与用户之间的"契约"。只有以开诚布公、透明的态度，充分尊重并保障用户的知情权、选择权，共享网络才能赢得用户的信任。为此，一方面，共享网络要通过隐私政策、隐私声明等，向用户如实告知个人信息处理的目的、方式、范围，以及用户享有的权利和救济渠道等。要以通俗易懂的方式，向用户说明可能存在的隐私风险及应对措施，提示用户妥善保护个人隐私。要为用户行使查询、复制、更正、删除个人信息的权利，以及注销账号等提供便捷渠道。另一方面，共享网络也要积极引导鼓励用户参与到隐私安全治理中来。通过满意度调查、在线投票、意见征集等，广泛听取用户对隐私保护的意见建议；成立由用户代表、专家学者等组成的隐私保护委员会，对重大隐私政策、隐私保护措施进行评估论证；发动用户参与隐私保护应用的开发和隐私事件的监测，促进用户与平台的良性互动。开诚布公的隐私治理，既能增进用户对平台的信任，也能调动用户参与的积极性，必将形成隐私保护的社会共识和行动合力。

加强行业自律和社会共治是共享网络隐私安全治理的必由之路。当前，隐私保护已上升为全行业的共同课题。共享网络作为联通各界的信息枢纽，应当在隐私保护领域发挥表率作用，加强行业自律，推动社会共治。一方面，要积极参与行业组织，制定隐私保护的道德规范和行为准则，夯实行业自律基础。加强与业界同仁的交流互鉴，分享优秀实践，形成可推广、可借鉴的隐私保护方案。针对隐私保护的共性难题，联合开展关键技术攻关，集聚行业创新力量。另一方面，要主动参与国家标准、行业标准的制定，推动个人信息保护标准体系进一步完善。积极对接监管部门，探索建立公共数据资源的分类分级管理机制，有序释放数据红利。加强与高校、科研机构、法律机构的合作，开展隐私保护前沿问题研究，为立法完善、执法监管提供智力支持。此外，还要通过案例宣讲、公益广告、隐私日活动等多种形式，广泛普及隐私保护知识，提升全民隐私保护意识和能力。行业自律、社会共治的隐私保护新格局，必将激发多元主体参与的内生动力，凝聚起维护用户隐私安全的强大正能量。

本章小结

共享网络的构建与管理为图书馆的信息资源整合与服务创新提供了强有力的支持。共享网络通过合理的组织结构和运行机制，实现了信息资源的跨机构、跨平台的流通与共享。这一模式不仅提升了资源的利用效率，还为用户提供了更加丰富和多样的服务内容。在管理共享网络的过程中，运营模式和质量控制体系的有效性是确保网络长期稳定运行的关键。通过科学的管理手段和技术支持，网络能够在资源分配、调度等方面不断优化，以满足不同用户的需求。同时，安全性与隐私保护问题也是共享网络建设中不可忽视的重要部分，确保用户数据的安全和隐私，是网络持续运作的基础。共享网络的成功不仅体现在技术的成熟，还在于管理和安全策略的有效结合。

第五章　图书馆信息资源融合与知识服务共享网络的建设模式

图书馆在信息资源融合与提供知识服务的过程中，如何构建共享网络是一个至关重要的议题。随着信息量的不断增加以及用户需求的多样化，图书馆必须重新审视其资源管理和提供服务的方式。共享网络的建设不仅是技术层面的挑战，更涉及资源整合、服务优化与协同合作的复杂过程。在这个过程中，信息资源的融合与知识服务相互促进，形成一个有机的互动系统。图书馆需要在这两者的基础上，通过创新的模式设计和合理的架构规划，构建出高效、便捷的共享网络，最大限度地满足用户的需求。资源的互联互通、平台的整合，以及多机构协同的实现，都是共享网络建设中必须考虑的核心要素。通过这种网络，图书馆不仅提升了资源的利用率，还为用户提供了无缝衔接的知识服务体验，真正实现了资源与服务的有效融合。

第一节　信息资源融合与知识服务共享网络的耦合关系

信息资源融合和知识服务之间的关系是密切而复杂的。信息资源的高效管理和整合，为知识服务提供了强有力的支撑。通过资源的融合，图书馆可以为用户提供更加精准和丰富的知识服务，而这种服务的深入和扩展，又进一步推动了信息资源的优化与再利用。在这一过程中，信息资源融合作为知识服务的基础，不仅提升了资源的利用效率，还强化了服务的针对性。同时，知识服务作为信息资源的延伸，拓宽了图书馆的服务边界，通过更加个性化的服务模式，为用户带来了全新的使用体验。共享网络则作为连接两者的重要纽带，将信息资源与知识服务整合在同一平台上，实现了资源的自由流通与服务的高效响应。

一、信息资源融合是知识服务的基础

信息资源融合是知识服务的基石。知识服务的本质在于将分散的数据、信息加工提炼为连贯的、有意义的知识，进而为用户提供针对性的情报分析、知识发现、决策支持等高附加值服务。这一过程离不开扎实的资源基础，需要通过信息资源的全面采集、规范组织、深度挖掘，建立起内容丰富、布局合理、语义关联的知识聚合体系，为知识萃取、创新服务赋能。可以说，信息资源融合程度的高低，直接决定了知识服务的广度与深度。

信息资源融合为知识服务提供了海量的"原料"供给。在数据爆炸的时代，信息资源日益呈现出大（Volume）、快（Velocity）、多（Variety）、高（Value）的"4V"特征。对于图书馆而言，每时每刻都有大量异构数据资源产生，这些资源错落分散，内容庞杂。只有对海量信息资源进行采集汇聚，通过标引、编目、关联等手段将其有机联结、精细揭示，形成组织有序、结构合理的资源聚合，才能将"原材料"转化为可供知识萃取、价值创造的"半成品"，为知识服务提供充足的资源供给。反之，如果资源融合不足、聚合程度低，必将造成数据分析的"垃圾输入"，影响知识生产的效率和质量。由此可见，信息资源融合的广度和深度，很大程度上决定了知识服务的资源"含金量"。唯有立足海量、异构的资源禀赋，推动实现资源的高度聚合，方能为知识服务奠定厚实的资源底蕴。

信息资源融合为知识服务奠定了坚实的语义基础。知识服务要求从信息资源中高效、准确地抽取知识，形成关联的、有意义的、可解释的知识体系。这就需要对信息资源的主题内容进行深层次、结构化的语义组织与揭示。信息资源融合恰恰为此提供了重要抓手。通过元数据描述，可以规范化地刻画信息资源的内容特征；借助主题词表、分类表等工具，可以体系化地揭示资源主题；运用本体、语义网等方法，可以形式化地表征资源内在语义。由此，信息资源在语义层面实现了高度融合，散乱的数据被整合成语义连贯的有机整体，蕴含其中的知识脉络、概念关系被系统化梳理，这为知识发现、推理、挖掘提供了语义基础。资源的语义融合水平的高低，决定了知识组织的广度和深度，进而影响到知识服务能力。因此，语义组织视角下的信息资源融合，是知识服务的应有之义。

第五章　图书馆信息资源融合与知识服务共享网络的建设模式

信息资源融合是知识关联构建的关键路径。知识服务要求揭示事物之间的内在联系，发现隐性知识，这是单纯的数据汇聚、主题标引所无法企及的。信息资源融合为知识关联搭建了桥梁。一方面，通过异构资源的元数据整合，可以在形式层面实现资源的聚合，便于从宏观角度梳理资源间的关系网络。另一方面，通过语义关联分析，可以在内容层面挖掘资源的深层次联系，形成立体化、语义化的知识网络。例如，利用共引分析、语义链接等方法，可以发现科研论文之间的参考关系、作者之间的合作关系、概念之间的语义关系，从而构建起一个交织的、动态演化的学术图谱。这种资源关联网络的构建，是发现科学前沿、揭示学科脉络、洞悉研究热点的关键，也是知识服务的重要价值所在。由此可见，信息资源融合是织成知识关联之"网"的基石，关联程度越高，知识网络越紧密，知识服务的广度和深度就越大。

信息资源融合为知识服务的精准供给提供了重要支撑。知识服务的价值在于对知识的再发现、再利用，根据用户需求，为其提供个性化、精准化的知识供给，从而服务其学习、研究、决策等高层次需求。这就要求对信息资源的用户属性、使用情境、利用行为等进行充分挖掘，形成精准刻画用户需求的画像。信息资源融合在数据分析层面为精准画像奠定了基础。通过对用户借阅、检索、点击等海量行为数据进行采集与关联分析，可以准确把握用户兴趣偏好、学科背景、研究方向等，形成多维动态的用户画像。同时还可通过分析用户使用的学科资源分布、主题词频率分布等，识别用户对知识点的关注度，从而实现知识推送的精准化。可以说，用户行为数据与学科资源的关联融合，是实现知识需求与知识供给精准匹配的关键，信息资源融合为知识服务供给侧改革提供了数据基础。

信息资源融合是知识挖掘与知识发现的先决条件。知识服务不仅要管理显性知识，更要能发现隐性知识，创造新知识。这就需要运用数据挖掘、机器学习等智能技术，深度发掘资源内在价值，实现知识的"从无到有"。信息资源融合是知识挖掘的前提和基础。通过深度整合结构化和非结构化数据，将文本、音频、视频等异构资源关联融合，形成内容丰富、结构合理的高质量数据集，为数据挖掘提供了高品质的"数据矿藏"。在此基础上，借助自然语言理解、知识图谱等人工智能技术，可以从海量文本中自动抽取实体、概念、关系等知识元素，构建起语义丰富的知识库，并基于知识推理实现新知识的发现。由此可见，信息资源在内容层面、语义层面的深度融合，是知识计算与知识创新的源头活水。融合程度越高，数据质量越高，知识挖掘的广度和深度就越大，知识创新的效能就越强。

信息资源融合也为知识服务流程再造提供了契机。传统的"资源导向"知识服务模式已难以适应用户需求日益个性化、精细化的新形势，亟须实现从"以馆藏为中心"到"以用户为中心"的范式革命。而这一转型的关键，在于充分运用大数据分析、人工智能等现代技术手段，通过信息资源的深度整合与关联分析，优化服务流程，创新服务方式。例如，通过资源大数据分析，构建面向学科主题、用户特征的资源发现与推荐机制，简化资源获取路径；通过用户行为大数据分析，精准感知需求动向，主动提供个性化知识服务，创新服务的响应机制；通过嵌入学习平台、科研流程，实现知识服务与学习、研究的无缝衔接，优化服务介入节点。可见，信息资源融合驱动下的流程再造，能使知识服务供给从粗放式向精准化转变，从被动式向主动式跃迁，进而推动形成扁平化、一体化、智能化的现代知识服务运行机制。

二、知识服务是信息资源融合的延伸

资源融合的根本目的，在于充分、高效地挖掘、利用蕴藏其中的知识，创造服务价值。资源只有转化为知识，内化为服务，方能释放其效用。从这个意义上说，知识服务是资源融合成效的直接体现，是融合价值的集中反映。具体而言，知识服务要求将融合形成的知识有序化、结构化、语义化地揭示出来，通过知识脉络梳理、知识地图构建，展现其内在逻辑体系；进而要求围绕用户需求，将知识"量身裁剪"，以情报分析、学科服务、智库研究等多种形式，为其提供个性化的知识解决方案；更进一步，还要求主动介入用户学习、研究、决策流程，嵌入其情境，提供贴身式、问题导向的知识供给。由此，知识从静态的资源要素转化为动态的服务产品，融入服务的全流程和各场景，与用户智力活动实现同频共振，创造应用价值。反观资源融合全过程，无不贯穿知识服务理念与要求，无不最终指向知识服务供给。因此，知识服务不仅是资源融合成果的集中体现，更是融合过程中资源组织、资源揭示、资源利用的逻辑归宿。

资源融合绝非闭门造车，必须植根于用户需求，在知识应用中彰显价值。将知识转化为具体的、可感知的服务产品，构建贯通知识生产、传播、利用全链条的服务体系，是实现知识创新应用的关键路径。而这一转化的核心动力，正是知识服务。通过开展知识发现、知识推送、知识问答等服务，将融合形成的知识汇聚体投射到具体的学习、研究、管理情景中，转化为可感知、可利用的智力资源，提供给用户吸收，应用于创新实践。例如，通过开展科技查新、产业分析等服务，可将论文、专利、科技报告等的知识要素及其关联，转化为服务企业创新决策的"锦囊妙计"。通过学科竞争力分析、科研态势感知等服务，可将反映学科发展脉络、学者学术影响力的各类知识，转化为服务学校发展战略、优化学科布局的"参谋助手"。由此观之，知识服务是盘活知识资源、实现知识价值转换的"触媒"，是知识溢出、外延辐射的"通道"，其广度、深度和精准度，决定了知识应用覆盖面之宽、渗透力之强、贡献度之大，也就决定了资源融合应用成效的高低。

当前，从文献资源保障到知识服务支撑，是图书馆服务创新的大势所趋。资源融合绝不应仅停留在"藏"的层面，更要体现在"用"的维度，通过知识组织揭示、知识关联挖掘、知识价值创造，实现资源的增值利用，服务创新发展。这一飞跃，很大程度上有赖于知识服务范式的引领。具体而言，知识服务强调在资源融合基础上，进一步采用本体构建、语义关联、知识抽取等技术方法，深度挖掘、高度浓缩资源中的知识精华，将其系统化为可利用、可传播的知识单元；强调通过算法推荐、智能问答、协同平台等创新应用，为用户提供交互式、情境化的知识获取体验；强调主动介入创新全流程，通过智库平台、科研工作流工具等，为科技创新、社会治理、公共决策提供知识支撑和智力保障。在这个意义上，知识服务为资源融合赋予了知识化、智能化、泛在化的新内涵，极大地拓展了资源利用的深度、广度和温度，开辟了资源增值、价值创造的新空间。可以说，知识服务范式的引入，昭示着资源融合实现"物理的""静态的"向"智慧的""动态的"革命性跨越，完成资源保障向创新驱动的华丽转身。

知识服务不仅致力于显性知识的传播利用，更注重隐性知识的挖掘创新，通过集成已有知识要素，激发新知识、新思想的涌现。这一创新性，正是信息资源融合持续深化的内生动力。具体而言，知识服务通过对融合资源进行深层次语义关联挖掘，揭示事物间的内在联系，形成知识网络，由此可激发学科交叉、启迪创新灵感；通过开展知识发现，利用机器学习、数据挖掘等，从海量文献资源中发现新的概念、主题、关系，创造新知识、新见解；通过知识推理、知识图谱构建，全面刻画学科发展脉络，洞悉学科前沿动向，为学科创新指明方向；通过嵌入科研工作流程，建设虚拟研究环境，支持科研协作，实现知识在流通中增值，在共享中迸发创新火花。在这一过程中，融合的资源通过知识服务得以流动、增值、升华，催生新的知识要素、孕育新的创新思想，进而反哺资源建设，带来新一轮的资源聚合，由此形成资源、知识、服务、创新螺旋上升、循环发展的良性生态。可见，知识服务是资源融合创新发展的"助推器"，为融合注入源头活水，提供持久动力。

大数据、人工智能、虚拟现实等新兴技术的快速发展，正在为知识组织、挖掘与服务带来革命性变革，推动知识服务从经验驱动走向数据驱动、从环境适应走向环境塑造、从被动响应走向主动预测。面对技术革命浪潮，信息资源融合也当顺势而为，主动拥抱，以"智慧"重塑融合新形态。而这种"智慧化"转型，正是由知识服务范式牵引和驱动的。例如，在资源聚合方面，通过引入知识图谱、机器学习等人工智能技术武装资源融合流程，可实现资源自动语义标引、自动分类聚类等，推动从"人工"走向"智能"。在知识组织方面，运用深度学习、自然语言理解等技术，可实现知识的自动结构化、语义化表征，形成可计算、可挖掘、可利用的知识资源。在知识发现方面，基于文献计量、语义分析等，可实现研究主题、研究热点的自动识别，助力前沿领域、交叉方向的探索与捕捉。可以说，新兴技术驱动下的知识服务，为资源融合插上了腾飞的翅膀，昭示着融合范式从资源整合走向知识聚合、从数据关联走向智慧关联、从集成服务走向智能服务，预示着"智慧图书馆"发展图景的全新开启。

三、共享网络是两者耦合的桥梁

当前，海量异构资源呈分布式、动态化特征，对传统的集中式管理模式提出了挑战。共享网络通过搭建虚拟云平台，为分散的异构资源提供了集中存储、统一管理、按需调度的网络空间。一方面，通过元数据标引、链接规范等，实现异构资源的规范化表示与揭示，形成对资源的统一描述。另一方面，通过云存储、数据交换等，打破地域界限，实现分布式环境下的资源集中存储，便于统筹管理。由此，原本"各自为政"的异构资源被整合进统一的网络空间，彼此间建立起互联互通的桥梁，实现了"异地同享"，为后续的语义组织、关联分析奠定了资源基础。正是依托共享网络搭建的广袤云空间,信息资源融合才得以摆脱物理空间的束缚,获得了自由流动、按需调度、动态聚合的无限可能,进而实现了资源价值的最大化发挥。

知识服务强调对融合资源进行语义提炼与关联挖掘,进而智能响应用户需求,提供精准化、个性化的知识供给。这一服务理念的落地,离不开共享网络所构建的服务支撑平台。通过引入大数据分析、人工智能等现代技术手段,[1]共享网络可在网络云平台中实现资源的自动语义标引、自动分类聚类,进而形成主题明晰、结构合理、语义关联的知识库,为知识组织与发现奠定了平台基础。通过嵌入机器学习、知识推理等算法,共享网络可实现对海量知识元素的关联分析、价值挖掘,形成颗粒度更细、内涵更丰富的知识图谱,进而"千人千面"地提供个性化知识推送,创新服务的供给方式。此外,共享网络还可通过开发虚拟学习空间、在线协作系统等,嵌入用户的学习研究情境,营造身临其境的知识吸收、交流、再创造氛围,将服务前移,将知识应用落地。可见,共享网络通过网络化、平台化、智能化的变革,为知识服务供给插上了腾飞的翅膀,成为知识服务创新的"孵化器""加速器"。

从资源到知识、从整合到服务,这是一个持续演进、不断升华的动态过程。共享网络为这一过程提供持久动力,成为驱动资源与服务良性互动、螺旋上升的"永动机"。一方面,依托共享网络汇聚的海量异构数据,可通过关联分析、知识挖掘等,不断发现新的关联、产生新的知识,为知识服务注入源源不断的"养料",推动服务内容迭代更新。另一方面,知识服务过程中产生的用户痕迹数据、服务绩效数据等,又可回流到共享网络,通过数据分析反哺资源建设,带来资源聚合的新一轮迭代,进而促进知识服务的优化升级。如此循环往复,资源、知识、服务、用户在共享网络中不断流动、交互、创新,形成了环环相扣、螺旋上升的耦合体系。正是在共享网络的牵引下,资源建设从被动的"资源提供"走向主动的"知识创造",知识服务从单向的"服务输出"走向双向的"协同创新",由此实现了从资源中心到知识中心、从服务驱动到创新驱动的转型升级。

---

[1] 周洪宇,曾嘉怡.何谓·为何·如何:"新时代小先生行动"的三个基本问题[J].教育评论,2022(11):3—13.

随着人工智能、虚拟现实等新兴技术的广泛应用，资源组织与知识服务正在经历从环境适应到环境塑造的变革，未来图书馆服务将呈现出人机协同、虚实融合、万物互联的泛在化新生态。共享网络正是这种智慧化服务生态的孵化床。通过引入机器学习、知识图谱等人工智能技术，共享网络中的资源语义标引、知识关联、用户画像分析等将实现智能化，形成自我迭代、自我优化的"智慧大脑"。而在知识服务供给中，智能问答、个性化推荐、情境感知服务等将广泛应用，形成无所不在、无时不有的泛在式知识供给，构建起人机协同的服务模式。与此同时，在线学习空间、虚拟研究社区、增强现实体验等也与共享网络融为一体，营造沉浸式、交互式的知识应用氛围，让用户全情投入，实现"人机物"的交互融合。在这一过程中，资源、知识、服务、用户、环境交织成网，彼此关联，共生共荣，在"人机物"融合中迸发创新活力，最终形成一个自我进化、持续升级的创新生态系统。

从产学研用各界广泛参与的视角来看，推动信息资源融合与知识服务耦合，需要跨界主体的通力协作，共建共享。共享网络为多元主体的网络化协同创新搭建了舞台。通过云平台汇聚科研机构、出版社、数据商、互联网企业等多源异构资源，实现开放共享、按需调用。通过嵌入科研项目、产业联盟，深化与科研院所、行业企业的协同，促进成果转化与应用推广。通过发起联合实验室、开放创新平台，吸引创客、创业者参与，孵化创新项目，催生创意产品。在共享网络的联结下，产学研用各界翻篱笆、破壁垒，携手构建起分工协作、优势互补的创新共同体。正是依托共享网络的"众智众力"，信息资源融合和知识服务才得以充分释放协同效应，实现了从封闭到开放、从分散到聚合、从单向到交互的蜕变，进而推动形成多元共治、协同创新的数字图书馆服务新生态。

第二节 图书馆信息资源融合与共享网络的建设路径

在信息资源融合与共享网络的建设过程中，路径的选择尤为关键。互联互通的信息资源平台，为共享网络提供了坚实的技术基础，而知识服务门户的构建，则为用户提供了便利的服务入口。通过这一综合平台，图书馆能够在统一的架构下,实现资源的整合与服务的统一。这一过程中,开放的网络化服务体系不仅提升了资源的可获取性,还促进了不同机构之间的资源共享。共享网络的有效构建,不仅要求技术的支持,还需要图书馆在管理模式与服务机制上进行相应的创新,确保网络的稳定与高效运作。

一、构建互联互通的信息资源融合平台

信息资源融合平台建设应立足开放共享理念。开放性是融合平台的根本属性,也是其生命力所在。没有开放,就难以实现海量异构资源的广泛汇聚;没有共享,融合就可能成为资源"囤积"的代名词。因此,融合平台必须坚持开放的体系架构、开放的运行机制、开放的服务模式,在解决"技术融合"的同时,着力破除体制机制藩篱,实现多元主体资源的全面融通与开放共享。一方面,平台应采用开放的系统架构,兼容异构资源组织管理系统,支持多源数据的无缝对接与实时交互。要制定开放的数据交互规范与质量标准,吸引成员机构参与联合建设,做大资源"蛋糕"。要开发开放的 API 与数据接口,支持第三方平台、工具的灵活调用,为拓展服务边界提供支撑。另一方面,要建立开放获取机制,推动平台资源面向社会开放共享。通过元数据开放、全文开放、数据开放等多种形式,最大限度地消除资源获取门槛,便于社会化再利用。要创新开放获取商业模式,探索出版商、数据商等多元主体共建共赢之策,在成本可控范围内实现资源利用最大化。此外,还要加强与国内外开放资源平台的战略合作,通过联盟采购、镜像备份等,拓展资源获取渠道,构筑国际化的开放资源体系。总之,秉承开放精神,吸纳多方力量,构建开放融合、互利共赢的命运共同体,是融合平台行稳致远的根本保障。

元数据驱动是信息资源融合平台建设的关键路径。元数据是实现异构资源管理、揭示、利用一体化的纽带与桥梁,其标准化、规范化水平直接决定了融合平台的集成度与融通性。面对纷繁复杂的元数据生态系统,平台建设应立足全局,统筹谋划,优化顶层设计,着力打造一套科学规范、简明实用、开放兼容的元数据标准规范,夯实融合发展的数据根基。在此基础上,要强化业务流程再造,围绕元数据标准,优化资源采访、编目、存储、检索、获取等环节的业务规程,推动形成统一化、规范化、精细化的资源管理新机制。还要搭建元数据中心平台,对分布在异构业务系统中的元数据进行抽取、清洗、

映射、整合，建成高度集中的元数据仓储与管理体系，为融合应用提供数据支撑。元数据中心平台的构建，也为数据共享、业务协同提供了契机。通过开放元数据接口，建立元数据联合编目、共知共识机制，可有效消除业务割裂现象，实现采访、编目、服务等环节数据的无缝流转与业务闭环。此外，平台还应关注新兴元数据规范的创新应用。如引入语义元数据，增强资源的语义关联表达能力；吸收链接数据理念，加强与权威开放数据的互联互通；借鉴大数据技术，探索非结构化数据的自动语义标引；运用区块链思维，实现元数据全生命周期的溯源管理与数据确权。由此，以元数据为纽带，实现融合平台"五化共治"：标准规范化、业务精细化、数据集中化、服务协同化、应用创新化，进而激活数据要素的内在潜力，驱动从资源整合走向知识融合、价值创造的嬗变。

资源语义组织是信息资源融合平台的灵魂所在。海量异构资源的简单罗列与堆砌，并不能产生 1+1>2 的聚合效应。只有深度挖掘资源内容特征，揭示资源语义内涵，并建立起反映资源内在联系的语义网络，方能实现从信息整合走向知识融合、从静态呈现走向动态关联的飞跃。基于此，融合平台须着力构建一套全面系统的资源语义组织框架。一方面，要充分运用主题词表、语义标引等工具，深化对资源主题内容的精细化表达，揭示资源的显性主题特征。另一方面，要引入本体论、知识图谱等，对资源的隐性语义关系进行建模表征，构建概念间、主题间的纵横交织、立体交叉的关联谱系。由此，在平台"表层"，形成对资源主题特征的系统化刻画；在平台"深层"，形成反映事物内在联系的语义网络。两个层面的有机融合，可极大拓展资源内容揭示的广度与深度，为用户纵横捭阖、知识关联探索提供坚实基础，最终形成立体化、语义化、关联化的资源组织新模式。在融合语义组织过程中，平台要充分运用自然语言理解、机器学习等人工智能技术，实现资源内容的自动语义标引、分类聚类等，突破人工描述的时空局限。同时，要创新工作机制，发挥用户参与的独特优势，引入用户标注、用户反馈等，不断充实、优化语义体系。语义成为维系平台资源有机统一的关键纽带，语义组织使平台实现从资源中心到知识中心的蜕变，为用户"拎包入住"预置了丰富的"语义套餐"。

互操作是信息资源融合平台建设的重要法宝。融合平台并非一个信息孤岛，而是联通众多异构业务系统的枢纽节点。没有互操作作为润滑剂，融合就可能成为一句空话。为实现与内外部异构系统的无缝对接，平台要高度重视互操作机制建设，从标准规范、系统功能、管理流程等多个层面，构建互联互通的运行机制，培育协同发展的创新生态。一要完善标准规范，依据通用标准，结合自身特点，制定科学合理的元数据规范、数据交换协议、开放接口标准等，奠定互操作的基础。二要强化平台互操作功能，通过数据采集与转换、检索协议解析、链接的语义映射等，实现与异构系统在用户认证、资源发现、全文获取等方面的互联互通。三要优化管理流程，打造一体化资源管理与知识服务体系，建立健全跨部门、跨业务的协作机制，畅通数据"微循环"，汇聚服务合力。同时，要积极对接业界主流云平台、开放知识库，基于开放接口，实现异构平台间的互联互通、数据共享、应用创新。互操作使平台变革从封闭走向开放，成为跨界互联、合作共赢的创新热土。在"一体化"理念指引下，"局域网"正在走向"互联网"，分散封闭的信息孤岛正在走向互联互通的命运共同体。

资源发现是信息资源融合平台最直观的服务窗口。大量异质资源的汇聚，为一站式发现检索提供了可能，但同时也对平台检索功能提出了更高要求。平台建设要高度重视发现系统的优化完善，通过聚合检索、链接解析、智能推荐等手段，为用户带来全方位、精准化的资源发现新体验。一要实现多库聚合检索。通过建立跨库跨域的资源发现索引，将电子图书、电子期刊、学位论文、多媒体资源等一网打尽，形成"一站式"资源发现环境。二要强化发现系统的智能化水平。引入本体映射、语义链接等技术，实现基于知识关联的资源发现与推荐，让检索从关键词匹配走向概念关联。三要优化发现系统的用户体验。为用户画像，智能感知用户需求，推送个性化资源。开发移动客户端，为碎片化场景下的随时随地"发现"提供便利。四要创新发现服务理念。将发现服务前移，嵌入学科服务、学习空间，打造情境化的资源发现生态圈，实现从被动响应到主动服务的飞跃。资源发现不仅是融合平台的重要使命，更是吸引用户的"强磁场"。以用户为中心，用创新驱动发现，用智能引领发现，让资源"活"起来，让发现"智"起来，融合平台必将成为学习研究的"集慧地"、知识创新的"策源地"。

二、打造集成一体的知识服务门户

知识服务门户建设要立足"大服务"理念。传统图书馆往往秉持"小而全"的服务理念，围绕本馆馆藏资源设计服务，关注服务的"面"而非"点"，普适性强而精准性不足。在数字网络环境下，海量异质资源的涌现，多元用户需求的分化，已然重塑了服务的语境。图书馆要从封闭走向开放，实现从管理者到服务者的角色嬗变。知识服务门户建设正是顺应这一趋势的必然抉择。所谓"大服务"，意味着服务内容要聚焦知识全生命周期，服务对象要面向创新全流程，服务手段要嵌入用户全情境。一要在资源全覆盖中彰显"大"。通过整合机构知识库、网络开放资源、商业数据库等，集聚多源异构资源，将服务内容从文献延伸到事实数据、研究数据、工具软件等。二要在服务全流程中体现"大"。打破服务边界，将服务触角从资源保障延伸到学科分析、知识发现、创新管理等环节，实现从"一般服务"到"知识服务"、从"资源中心"到"知识中心"的转型升级。三要在用户全覆盖中渗透"大"。聚焦科研团队、创新企业等典型用户，深度嵌入其工作场景，从项目调研、立项、过程管理到成果转化等环节，提供全流程、全要素的知识供给与智力支持。"大服务"催生知识服务从封闭走向开放、从分散走向集成、从粗放走向精准的蜕变，推动图书馆服务实现从数量到质量、从书到人的革命性跨越。

资源整合是知识服务门户的基石。打造集成一体的知识服务生态，核心是以开放获取的海量资源为底蕴，形成集中统一、融合关联的资源整合能力。没有资源融合，知识服务就如同空中楼阁，而资源融合的广度与深度，也将从根本上决定知识服务的内涵与外延。因此，门户建设要高度重视资源融合体系建设。一要整合多源异构资源，消除孤岛壁垒。将机构知识库、网络开放资源、商业数据库等纳入服务视野，通过元数据聚合、全文揭示，实现物理空间的集中存储与统一管理。二要关联资源内在语义，挖掘知识价值。引入语义关联、知识抽取、数据挖掘等技术，深度开发资源内涵，动态呈现资源间的复杂网络关系，构建起"数据资源—信息资源—知识资源"递进关联、互联贯通的有机知识体系。三要创新资源整合机制，畅通供需渠道。围绕重点学科、优势学科，建立资源协调机制，优化资源结构。加强与重点学科、重大项目团队的需求对接，建设面向前沿、契合需求的精品化资源。吸引广大师生参与资源评价、荐购、

第五章　图书馆信息资源融合与知识服务共享网络的建设模式

倾听用户声音，用足社会资源。如此，资源从分散走向融合，从封闭走向开放，从静态走向动态，由"死"变"活"，必将为知识服务门户注入源源不断的血液和养分。

知识组织是知识服务门户的灵魂所系。从资源融合到知识服务，其枢纽在于对海量异构资源的语义组织与知识关联。没有知识组织作为内在联结，单纯的资源堆砌只能是"沙堆"而非"金字塔"。知识组织赋予知识服务门户智慧的灵魂，也是知识创新服务的"发动机"。一要面向资源，深化知识元抽取。综合运用主题词表、命名实体识别等工具，深度开发资源语义特征，对资源的主题、概念、实体等进行精准化、规范化、形式化的描述，在"资源海洋"中筑起"知识灯塔"。二要面向过程，优化知识关联计算。引入本体构建、图谱分析等技术，对资源内在语义关系进行建模、推理、计算，挖掘资源背后的隐性联系，揭示事物运行的内在规律，织就立体化、语义化的知识网络。三要面向需求，创新知识揭示方式。立足学科发展脉络、学术研究范式，设计面向学科主题、研究问题的知识脉络图谱，为用户画像，为需求画像。通过知识关联，知识服务门户实现从信息走向知识、从数据中心走向洞见中心的跃升，为创新研究开启"知识地图"引航，为学习探索插上"知识翅膀"。

智能驱动是知识服务门户的显著特质。数字网络时代，人工智能、大数据等新兴技术的迅猛发展，正在为知识组织、知识挖掘与服务注入新的活力，推动服务模式从经验驱动到数据驱动、从环境适应到环境塑造的变革。知识服务门户要立足创新，拥抱变革，将智能因子植入服务全流程，构筑人机协同、数据驱动的"智慧大脑"，开启服务供给的"智能化"新篇章。一要利用大数据分析，洞悉学科发展脉络。通过机构知识库、学术期刊数据的全方位采集，多维度计量分析，动态呈现学科发展态势，为学科布局、科研规划提供战略情报。二要发挥人工智能优势，提供精准知识供给。利用知识推理、深度学习等，捕捉用户兴趣，形成个性化知识图谱，进而主动推送高相关资源，精准关联服务，实现从"千人一面"到"千人千面"的蜕变。三要创新智能交互模式，优化服务体验。引入智能问答、虚拟助手等新型人机交互模式，变"冰冷"检索为"温暖"对话，让知识获取更加自然、友好。构建虚拟学习社区，营造身临其境的沉浸式体验，激发学习热情。如此，服务从被动走向主动、从"事务型"走向智能型、从提供资源走向赋能创新，必将推动从服务门户到智慧助手、从检索系统到创新平台的革命性飞跃。

集成融通的知识服务门户还应致力于构建开放协同的服务生态。当前，开放获取、开放科学、开放创新的发展浪潮正在重塑学术交流范式，个人、团队、机构间的跨界协作日益频繁，创新由封闭走向开放、由单打独斗走向协同攻关已然成为时代主旋律。知识服务门户作为连接资源、服务、用户的枢纽，应顺应这一趋势，努力营造开放共享、广泛参与的服务新生态。一要打造虚拟研究环境，搭建协同创新平台。围绕重大科研项目、学科前沿课题，集成文献、数据、工具、专家等创新要素，为科研团队提供端到端的协同研究支持。二要创新服务众包机制，汇聚集体智慧。探索建立用户参与的资源标注、评价机制，开辟读者荐购、众创众包渠道，让用户参与知识生产，用"移动智慧"武装服务供给。三要加强跨界合作，构建命运共同体。主动对接产业联盟、创新联盟，为行业发展、企业决策提供智力支持。发起联合实验室，协同开展关键技术研发。开放数据与服务接口，吸引第三方机构参与增值开发。由此，门户从封闭独享走向开放共生、从提供服务走向融合创新，成为连接个人与团队、链接过程与成果、贯通线上与线下的创新策源地、知识枢纽站。

三、搭建开放共享的网络化服务体系

共建共享是网络化服务体系的灵魂。没有广泛的共建共享，开放理念就可能成为空中楼阁。因此，以共建共享机制为统领，以资源共建、平台共建、服务共建为关键，系统设计共建共享的顶层框架，完善共建共享的体制机制，方能为网络化服务体系注入不竭动力。一要推进资源的联合建设与开放共享。加强与数字出版商、开放资源平台的战略合作，建立多元化的资源采购与访问机制；吸引科研机构、行业组织参与特色资源库建设，构建覆盖全学科、贯通全行业的开放资源体系；探索馆际互借、异地访问、权益置换等，推进成员馆馆藏的互联互通与共享共用。二要打造共建共享的服务支撑平台。鼓励成员机构在云平台上共同开发共享应用系统、知识产品，集聚服务创新合力；建立第三方服务模块的知识融合与评价机制，吸引企业、社会组织参与增值开发，丰富服务供给。三要完善共建共享的服务创新机制。鼓励跨部门成立项目组，开展前沿课题联合攻关，在协同中催生服务创意、凝聚服务共识；构建服务创新案例库，发掘优秀实践，引领示范，带动整体服务水平不断提升；

搭建交流互鉴平台，加强成员间的经验分享，促进理念更新与流程再造。总之，共建共享为网络化服务注入"人气"，汇聚起多元主体的智慧，必将推动服务创新从个体智慧走向集体智慧，从单点创新走向协同创新。

基于云的服务架构是塑造网络化服务体系的关键。当前，云计算作为IT基础设施的变革性技术，正在深刻重塑信息服务的运营模式。其弹性灵活、按需获取、服务整合的优势，为打破图书馆服务的条块分割提供了创新路径。网络化服务体系要立足云时代，发挥云的引领辐射作用，深化体系与架构创新，实现服务运行机制的柔性重构。一要构筑虚实融合的统一服务云平台。整合机构知识库、数据仓储、软件系统等，构建覆盖海量异构资源的云存储体系。结合云的弹性调度优势，实现资源、工具、应用的统一编目、集中管理与按需供给。二要打通服务链条，实现数据驱动的一体化服务流程。对接采访、编目、典藏等业务系统，消除信息孤岛，打破数据壁垒。建立贯通采访、组织、揭示、利用的数据应用链，促进业务协同。利用大数据分析，洞察服务薄弱环节，为优化服务流程、创新服务模式提供依据。三要构建开放互联的服务新生态。基于开放API，吸引第三方机构接入服务云平台，打造由多元主体参与的服务创新共同体。建立网络化的服务联盟，实现资源、人才、设备的共建共享，集聚服务合力。整合线上与线下服务资源，构建覆盖广泛、触点丰富的泛在服务网络。由此，在云的牵引下，网络化服务从"中心辐射"走向"共享汇聚"，从提供资源走向链接创新，成为资源之网、创新之舟。

用户导向是网络化服务体系的本质要义。服务为了谁，服务依靠谁，用户的答案最有说服力。然而，在传统服务模式下，用户往往被视为被动的信息接收者，缺乏话语权和参与感。网络化服务体系要从根本上颠覆这一理念，充分彰显用户在服务流程中的主体地位，从服务供给的各个环节入手，营造开放、互动、个性化的用户服务新生态。一要倾听用户声音，优化服务供给。建立常态化的需求调研机制，综合运用座谈研讨、问卷调查等，深入了解不同群体的独特需求。强化网络意见平台建设，畅通需求表达渠道，让用户参与服务规划、参与服务评价。二要发挥用户优势，促进协同创新。搭建网络协作平台，鼓励用户参与资源标引、评论交流，引入用户生成内容，实现用户与资源的交互创生。集聚用户集体智慧，开展资源荐购、服务创意征集，促进服务与需求精准匹配。三要关注用户体验，提供个性化服务。利用大数据分析技术，多角度刻画用户特征,形成个性化的知识服务方案。开发情景感知的移动服务应用,实现随时随地、按需获取的无缝泛在服务。由此,在网络化服务中,用户从消费者转变为生产者,从旁观者转变为参与者,在与服务的交互中实现自我价值,焕发创新活力。

网状式的服务联盟是网络化服务体系的重要组织形态。从服务供给侧改革的高度审视,提升服务效能的关键在于集聚多方力量,在分工协作中发挥各自优势。网络化服务体系要立足开放共享理念,整合线上与线下资源,搭建跨界融合的创新服务载体,构建覆盖广泛的网状式服务联盟。一方面要注重线上资源的广泛链接。积极对接数字出版商、开放知识库,拓展资源获取渠道;加强与科研机构、专业学会的资源共建,打造专题化、精品化的学科服务供应;联通国内外文献传递系统,构筑跨地域、跨语言的资源共享网络。另一方面要着力打造线下服务的网状布局。鼓励中心馆、分馆联合开发服务产品,实现错位发展、优势互补;嵌入科研实验室、创客空间,提供情景化、沉浸式的知识服务;链接行业企业、社会组织,共同搭建面向产业界的开放创新平台,为企业创新驱动、产业转型升级提供智力支持。由此,在网状式联盟的牵引下,网络化服务不断突破服务边界,服务资源从"中心辐射"走向"节点融合",服务创新从"单点支撑"走向"网状协同",进而形成开放互联、多点支撑的立体化服务网络。

值得注意的是,网络化服务体系的构建是一个持续演进的系统过程。其驱动力在于技术,机理在于创新,生命力在于生态。要立足实际,循序渐进,在先行先试中积累经验,在持续优化中激发内生动力,推动网络化服务体系不断迭代升级。一要加强顶层设计,明确实施路径。从国家战略层面加强统筹谋划和政策引领,为网络化服务提供制度保障。各级图书馆要制定切合实际的实施方案,分阶段、分步骤推进网络化转型。二要强化创新驱动,打造服务特色。鼓励基层机构围绕优势学科、区位特点,先行先试,形成各具特色的网络化服务创新方案。建立服务创新孵化器,集聚社会创新资源,加速服务创意的转化与辐射。三要完善生态体系,增强发展动力。推动开放获取理念深入人心,营造良好的资源开放氛围。建立科学的服务绩效评价机制,将网络化服务纳入考核体系。加强人才教育培养,打造适应网络化服务的复合型人才队伍。总之,在体系与机制的协同推进中,在创新与生态的交互作用下,网络化服务必将迎来生机勃勃的崭新局面。

第三节 多机构协同下的知识服务共享网络构建

多机构协同是构建知识服务共享网络的关键因素。通过多机构的协作，图书馆能够将不同的资源和服务优势整合到同一平台上，为用户提供更为全面的服务。协同的组织模式与实施路径，决定了知识服务的集成效果和用户的使用体验。在这种协同机制下，不同机构之间的资源不仅能够更好地共享与流通，用户的需求也能够通过跨机构的互动机制得到更加有效的响应。多机构协同不仅有助于提升资源的利用率，还在一定程度上推动了信息服务的创新，进一步深化了图书馆的服务能力与协作水平。

一、多机构协同的组织模式与实施路径

多机构协同是构建知识服务共享网络的时代主题。当前，信息技术变革日新月异，知识生产模式加速重构，创新驱动发展深入人心。在多元、交叉、动态的环境中，传统的单一机构、条块分割式的知识服务供给模式已难以为继。破解知识服务"孤岛"困境，优化供给侧结构性改革，亟须发挥多元主体的力量，协同攻坚、融合创新。多机构协同正是顺应这一趋势而提出的知识服务范式变革。

知识服务是一项复杂的系统工程，涉及多层面、多领域、多环节，仅凭单一机构难以实现。多机构协同要求在国家与区域层面统筹谋划，加强战略引领，完善政策供给，为共享网络营造良好的制度环境。一要明确发展目标，凝聚协同共识。围绕国家创新驱动发展、文化强国建设等重大战略，厘清知识服务的战略定位，明确共享网络的发展愿景、建设重点和实施路径，形成统一的行动纲领，促进多元主体在目标引领下凝心聚力、协同攻坚。二要健全法律法规，强化制度供给。制定知识服务标准规范，明确数据共享、知识产权保护、科研诚信等方面的法律责任，为多机构协同提供行为指引和制度保障。三要创新体制机制，激发协同动力。完善协同创新绩效考核机制，将多机构协同绩效纳入评价体系；建立利益共享机制，合理划分收益分配比例，调动各方参与积极性；

优化人才培养使用机制，加强复合型、开放型人才队伍建设。总之，在顶层设计和宏观政策的牵引下，多元主体的资源禀赋、发展诉求与创新潜能必将得以有效汇聚，协同创新的制度环境日益优化，进而形成推动知识服务变革发展的强大合力。

从服务供给侧改革的维度审视，提升知识服务效能的关键在于"破壁""融通"，以推动服务创新链、价值创新链、人才培养链的有机衔接。多机构协同要立足开放共享理念，以网络化范式重塑服务布局，搭建跨界、跨域的协同创新载体，实现优势互补、资源共享。一要构建虚实融合的知识服务云平台。发挥云计算弹性灵活的优势，面向政产学研用各界，集聚文献、数据、工具、专家等创新要素，形成资源集成、按需供给的泛在服务环境。二要打造线上线下一体的协同创新网络。综合运用网络平台、实体空间等，搭建覆盖创新全流程的服务载体。线上构建虚拟学习社区、网络协作系统，为用户提供即时交互、沉浸体验的网络空间；线下嵌入创客空间、学术会所等，营造面对面的创意碰撞与交流研讨氛围。三要织就开放互联的跨界合作网络。构建知识服务联盟，集聚图书馆、高校、科研院所、出版机构、行业企业等多元力量，实现人才互访、项目合作、资源共建共享。联通国内外专业机构，积极参与全球文献传递、开放获取等计划，构筑国际化的资源共享与服务创新网络。如此，传统条块分割的服务"孤岛"被逐步整合为开放共享的立体化服务网络，在网状协同中，不同行业、不同部门、不同区域间的壁垒逐步消解，资源共享的通道更加畅达，创新协作的效能持续提升。

知识服务的价值在于对现实问题的响应和针对性解决。从社会治理、产业发展到科技创新、人才培养，从生态文明、乡村振兴到文化传承、健康中国，大到国计民生，小到学习生活，无不面临错综复杂的现实问题。单一学科视野下的知识服务显然难以应对。多机构协同正是顺应这一需求而提出的现实路径，其以问题为导向，以协同创新驱动知识溢出，实现学科交叉、多元协作，进而提供精准、高效的知识供给与智力支持。一要聚焦经济社会发展的重大需求，提供战略情报支持。围绕区域产业转型、城市治理等现实议题，汇聚政府、产业、高校等多方力量，协同开展咨询研究、情报分析，为相关决策提供智力支撑。二要契合重大科技项目与学科前沿发展需求，提供 R&D 全流程知识服务。整合科研机构、高校、图书情报机构的数据资源与智力资源，围绕科研选题、立项、过程管理、研究论证等，协同攻关，提供情报分析、知识发现、研究管理等全方位服务。三要立足人的全面发展需求，协同构建泛在学习环境。联合教育、文化等机构，依托数字人文、智慧教育等新型服务，营造随时随地、按需获取的沉浸式学习氛围，并提供个性化、精准化的学习服务。可见，需求驱动、问题导向的多机构协同，有利于针对现实问题，整合多学科智慧，提供系统解决方案，从而实现从"资源中心"到"知识中心"、从"服务驱动"到"创新驱动"的跨越式革命。

项目是知识创新的重要组织形式，也是多机构协同的重要纽带。多机构协同要立足项目，精准发力，以联合攻关方式汇聚各方力量、整合各类要素，实现项目全生命周期的一体化知识服务。一要面向重大科研项目，打造创新全链条服务。围绕科研项目进行调研分析，协助制定选题，提供项目申报、人才组织等支持；利用大数据分析等，动态追踪研究进展，及时发现薄弱环节，提供针对性服务；提供研究原始数据管理、知识产权确权等，助力成果转化应用。二要面向产业发展，促进协同创新。围绕行业企业技术创新需求，协同开展情报分析、学科服务等，研判产业发展动向，提供知识产权战略咨询等决策支持；加强产学研用交流，构建产业联盟，搭建技术创新服务平台，帮助企业对接创新资源，协调解决关键技术难题。三要面向公共管理和社会服务，提供智力支持。链接政府部门、社会团体，共同开展社会治理、公共政策制定等领域的研究，为党政机关、社会组织的决策制定提供意见参考。可见，项目牵引下的多机构协同催生了融合、交叉、开放的知识服务新业态，进而推动形成"资源—项目—服务"闭环，服务链、创新链、价值链相互交织，协同互动，为持续创新发展提供不竭动力。

多机构协同不应局限于松散的联盟，而应致力于实现资源、技术、服务、人才的系统整合、有机融合，进而形成功能互补、流程贯通、机制协调的生态系统。一要在资源层面，实现异质资源的无缝整合。围绕特定学科领域或应用场景，制定资源建设框架，统筹文献、数据、软件、课程等资源的采集与揭示，消除资源碎片化；基于知识组织方法，深化资源语义关联，实现从目录集成到知识融合的飞跃。二要在技术层面，打通数据与服务壁垒。制定统一的数据标准和开放接口，以开放的系统架构实现异构系统的无缝对接；建立以用户为中心的服务流程，打通采访、编目、存储、检索等业务环节，形成闭环融通的服务链条。三要在创新层面，实现多场景、跨领域的协同。依托创新社区、开放实验室等，吸引不同领域专家学者参与协同攻关，在交叉研究中催生创新灵感；链接创业平台，提供创业辅导与孵化，让创意在协同中转化为现实生产力。集成融通的生态体系犹如一台高效运转的机器，各子系统分工明确、优势互补、资源共享、流程贯通，在"从无到有、从有到优、从优到精"的良性循环中持续迭代，不断催生知识服务的新业态、新模式，为知识创新提供源源不断的养分。

多机构协同推进知识服务共享是一个持续演进的系统过程，没有固定不变的模式，关键要在协同中创新，在创新中发展。要立足现实需求，因地制宜，在顶层设计中把准方向，在重点领域和关键环节先行先试、示范引领；要发挥新兴技术赋能作用，运用大数据、人工智能等，为机构间的协同创新插上腾飞的翅膀；要注重机制创新，完善利益协调机制，探索灵活高效的运行机制，为协同创新提供制度保障；要营造开放融合的文化氛围，加强交流互鉴，在理念碰撞中凝聚共识、激发创意；更要坚持需求导向，聚焦现实问题，在服务中发现问题，在解决问题中优化服务，推动从封闭、单一走向开放、交叉的创新范式变革。可以预见，随着协同广度、深度与效能的不断提升，多机构融合必将会量变引发质变，推动实现从松散联盟到耦合系统、从条块分割到融合创新的跨越式发展。

二、多机构知识服务资源的融合与集成

多机构知识服务资源的融合与集成是知识服务共享网络构建的基石所在。知识服务的本质在于将分散在不同机构、不同系统中的异质资源转化为有序统一、关联整合的知识体系，进而为用户提供一站式、全流程的知识供给与智力支持。这一转化过程的关键，在于实现资源禀赋不同、管理模式各异的多元机构间知识资源的无缝聚合与深度融合。没有知识资源的融合集成，多机构协同就可能流于空谈，知识服务源头供给就难以得到保障。

多机构知识资源来源广泛、形式多样，仅仅对资源进行浅层次的物理汇聚难以实现"1+1>2"的聚合效应，亟须基于知识组织方法，在语义层面对资源的内在联系进行深度挖掘、动态呈现，方能实现从"信息堆砌"到"知识融合"

的飞跃。一要加强多机构间知识组织体系的关联融合。依托本体映射、术语表对齐等方法，突破分类表、主题词表的异构壁垒，实现不同机构、不同领域知识组织系统间的语义关联与概念映射，构建覆盖全领域的主题词表和本体库，奠定资源语义集成的元数据基础。二要强化多资源的语义标引。综合运用主题标引、命名实体识别、文本挖掘等技术手段，深度揭示资源的主题特征、关键实体要素，形成对资源内容特征的结构化表达。同时，建立协同式、众包式语义标注机制，发挥用户参与的独特优势，集聚多方力量，实现资源语义标引的集成更新与动态优化。三要推进链接数据发布。采用 RDF、OWL 等标准，发布基于语义关联的知识组织系统和结构化元数据，并与权威开放数据相链接，融入语义网络生态系统。语义关联将多机构间分散割裂的信息孤岛转化为连接贯通的知识网络，在共同语义框架下实现资源的无缝集成与交互，为后续服务融合应用奠定基础。

海量异构知识资源的有序融通，离不开标准统一、规范互认的技术支撑。制定全面系统的资源建设标准、元数据规范、数据交换协议，是破解多元主体间技术藩篱、实现数据互联互通的关键路径。一要建立联合的标准规范管理机制。成立由图书馆、出版机构、高校、科研机构等多方参与的"标准工作"小组，定期开展标准修订和制定工作，促进各类标准协调统一、简明适用。二要面向典型应用场景，设计领域本体和应用规范。聚焦科研过程、学科服务等，打造相关的数据模型、制定元数据规范，增强标准规范的适用性和精准性。三要加强标准的宣贯实施和国际合作。组织标准应用培训和技术推广，提高各机构的标准执行力；积极参与国际标准化组织，推动国内标准与国际标准的有效对接，提升本土标准的国际影响力。标准化有助于实现资源建设、组织、管理全流程的规范化、精细化，从而为多元主体间的数据共享、业务协同提供坚实的支撑。

面对分布在不同机构、管理系统中的海量异构资源，单一机构依靠自身力量难以实现对资源的全面采集、统一管理与融合利用。因此，构建基于云架构的虚拟资源空间，搭建跨机构、跨系统的资源管理与服务平台，是整合资源、释放价值的现实路径。一要构建多机构资源元数据聚合中心。通过 OAI-PMH 协议等，面向联盟机构采集元数据，消除异构元数据映射转换中的语义冲突和结构异化，最终汇聚成高度集中的元数据仓储，实现对异构资源的规范描述。二要打造融合多源异构资源的知识发现系统。基于资源发现、链接解析等技术，实现对聚合元数据的统一检索，为用户提供"一站式"资源揭示；运用本体构建、知识抽取等，形成基于语义网络、知识图谱的关联式、发现式检索，提升资源发现的查全率、适配性。三要建设协同式、众包式的资源加工与管理系统。发挥网络协作优势，实现多机构间的分工协作，如联合采访、联合编目、集中存储、共建共享等；吸引用户参与资源标引、评论等，实现用户与资源、用户与用户的深度交互。可见，依托网络化平台实现资源的整合与流通，有利于推动从分散管理到集中揭示、从条块割裂到协同创新的转变，不断提升资源配置效率和利用效能。

海量异构资源的价值并非简单相加，而在于优化配置，聚焦应用需求，实现资源与服务的精准供给。多机构知识资源融合应致力于突破信息围墙，跨界整合各类创新要素，依托典型应用场景，推动形成资源、服务、智力深度融合的集成式知识供给，以此彰显多机构协同、资源融通的独特价值。一要面向重大科研项目，构建学科化、个性化的知识服务资源包。围绕科研选题、成果转化等关键环节，集成文献、数据、工具、方法等核心要素，为科研过程提供精准的知识供给。二要面向产业发展和区域治理，打造情报分析产品和智库服务产品。融合政府文献、产业报告、科技文献等，为行业发展、政策制定提供知识情报支撑，并基于知识图谱等，形成行业态势、竞争力分析等系列产品。三要面向数字人文、智慧教育等新兴领域，形成跨媒体、跨领域的内容增值产品。集成多源数据资源，运用可视化、语义关联等技术，打造沉浸式、交互式的数字人文、智慧学习产品，实现多元内容的深度整合与情境融入。如此，多机构协同从资源中心走向应用中心、从要素配置走向生态融合，在破解现实问题、创造应用价值中体现知识资源整合的战略意义。

多机构知识资源融合需要在顶层谋划中统筹兼顾，在关键环节和重点领域率先突破。要以开放开源的理念为引领，尊重并吸纳多元主体的资源特色，在开放互鉴、互利共赢中寻求利益契合点，形成资源融合的内生动力；要以用户需求为导向，围绕现实应用场景，集成开发个性化资源组合，将融合重点从体量规模转向应用绩效、从形式整合转向内容创新；要加强制度规范建设，强化资源标准在采集、组织、揭示等环节的应用，固化资源融合的长效机制；要坚持人才为本，培养跨学科、跨领域的复合型人才队伍，为资源融合注入人力资本。总之，机制创新是保障，应用牵引是关键，智力支撑是根本。唯有在体系化设计、应用导向、制度供给、能力提升的合力推动下,多机构间的资源壁垒方能不断弥合,碎片割裂的"数据孤岛"才能连接成网,进而实现从松散堆砌、浅层联合到高度集成、深度融合的飞跃。

三、多机构用户的协同服务与交互机制

多机构用户的协同服务与交互机制是知识服务共享网络的价值所在。知识服务强调以用户为中心,通过赋能用户、激活用户,实现从被服务到自服务、从单向服务到交互服务的根本转变。这就要求立足多元用户视角,以开放、协同、共享为导向,创新服务理念,完善服务机制,搭建跨界融合的交互服务载体,为用户提供广泛参与、深度协同的知识生产与流通渠道,进而汇聚用户智慧,激发创新活力,在知识服务与用户创造的良性互动中彰显共享网络的使命价值。

随着创新驱动发展战略的深入实施,知识创新日益呈现出多学科交叉、多领域融合的特征,用户的知识服务需求也随之呈现专业化、个性化、场景化趋势。用户群体的分化与重构,既对传统的"事务型"服务提出挑战,更为协同化知识服务开辟广阔空间。面向科研团队的协同服务,可整合学科服务、咨询研究等,嵌入科研项目全生命周期,提供情报分析、知识发现、过程管理等;面向创新企业的协同服务,可链接产业智库、技术转移机构等,围绕技术攻关、成果转化等,提供情报研究、知识产权分析等;面向学习型组织的协同服务,可联通教育机构、出版机构等,围绕创新人才培养,提供智慧教育、沉浸式学习等。此外,随着公众科学素养的提升,社会大众在知识创新中的参与意识日益增强,这也为公众参与下的知识服务协同带来契机。顺应用户需求,整合用户智慧,推动用户与机构、用户与资源、用户与用户间的交互协作,已成为知识服务供给侧改革的必然选择。

传统图书馆的服务组织大多遵循内部条线管理,难以适应跨界协同服务的新要求。因此,创新组织形态,完善协同机制,构建扁平化、网络化的服务组织新生态,是用户协同服务的现实需求。一要建立跨机构、跨部门的虚拟服务团队。聚焦重大科研项目、行业发展等,由图书馆、情报机构、行业学(协)会、产业联盟等构成服务联盟,实现优势互补、资源共享。二要嵌入用户工作场景,形成情境化、衍生式服务组织。深度参与科研团队、企业 R&D 部门等用户群

体的工作实践，及时感知其需求动向，提供精准服务。三要创新轻量级、松耦合的众包服务模式。面向公众开放服务流程，吸引社会力量广泛参与资源建设、服务创新等环节，充分发挥集体智慧。总之，有机融合刚性的科层制与柔性的网络制，既注重服务的专业分工，又兼顾组织的柔性和灵活性，方能在服务链、创新链、人才链的协同对接中实现资源、服务与用户需求的最优匹配。

从服务供给的系统化视角审视，多元用户的知识需求已不再局限于单一服务与单点供给，而是日益呈现跨领域、跨部门的复合型特征，这就需要整合多方力量，实现线上与线下、信息服务与智力服务的一体化供给。跨界融合的服务联盟顺应而生。一方面要加强与科研院所、高校、产业界的纵向联合。深度参与重大科技项目、产学研合作等，围绕科研选题、技术攻关等提供全流程保障。另一方面要强化与档案馆、博物馆、媒体机构等的横向联通。共同开展数字人文项目，提供沉浸式体验服务。联手开展全民阅读、公众科普等，促进科学文化的社会传播。由此，服务联盟的成员优势互补、资源共享，形成覆盖创新链、产业链、知识链的协同服务闭环。用户参与服务流程再造，成为知识创新的源头活水，在与机构、与资源、与其他用户的交互协同中获得独特价值。

个性化服务强调以用户需求为引领，运用大数据、人工智能等技术手段，最大化地体现用户在服务流程中的主体地位。一要加强用户画像与需求感知。利用机器学习、自然语言理解等，多维解构用户特征，形成个性化的知识脉络图谱，并嵌入学习场景、科研过程，自动感知用户痛点。二要增强智能应答与推荐能力。基于领域知识图谱与用户画像，为用户推荐高度相关的学习资源、研究课题、合作伙伴等，进而形成从"被动响应式"到"主动发现式"的服务范式转变。三要优化人机协同互动。融合人工智能、虚拟现实等新兴技术，创设人性化的交互界面与体验式服务，并辅之以人工专家的智力支持，实现从"冷冰冰"的信息供给到"有温度"的知识服务的跃升。个性化服务突出需求响应的精准性、服务交互的主动性、用户参与的沉浸感，从而实现用户与机构、用户与智能的深度协同，让知识在"人—信息—智能"的立体交互中迸发创新活力。

协同并非一蹴而就，需要在开放互惠中寻求利益契合点，在机制创新中激发内生动力。因此，完善信任机制、评价机制与回馈机制，构建互利共赢的利益共同体，是用户协同服务的题中应有之义。一要建立基于区块链的协同信任机制。利用区块链去中心化、不可篡改等特点，搭建协同服务全过程可信环境，增强多元用户间的互信程度。二要建立协同绩效评价机制。将用户协同参与情况纳入服务绩效评估，建立常态化的用户满意度调查制度，并作为优化服务的重要抓手。三要建立多元立体的回馈机制。积极回应用户意见，形成从吸收用户创意到优化服务供给的闭环。同时通过虚拟积分、荣誉激励、成果共享等，调动用户参与的积极性。可见，协同共享的激励机制犹如一股"黏合剂"，将分散的用户凝聚在共同愿景之下，激发起协同的内生动力，为可持续、深层次的协同服务提供不竭动力。

多机构用户协同服务是一个渐进演进的过程，没有固定不变的模式，关键要因"需"而变，在创新发展中不断完善。既要立足顶层设计，加强战略引领，为协同服务提供政策保障；又要注重机制创新，在探索中优化完善，推动建设利益共享、风险共担的命运共同体；还要善于运用新兴技术手段，以智能化应用为支点，提升服务供给的精准性、服务交互的沉浸感；更要注重生态培育，厚植开放协作的文化土壤。总之，在顶层规划与探索创新中统筹兼顾，在新技术赋能与制度供给中相辅相成，多机构用户协同服务必将开启从被动到主动、从分散到融合、从封闭到开放的服务新局面。

第四节　信息资源融合与共享网络的综合案例研究

信息资源融合与共享网络的实践，为图书馆的创新服务模式提供了宝贵的经验与借鉴。通过对成功案例的分析，可以更清晰地了解不同图书馆在资源整合和服务提供方面的独特路径。这些案例展示了在不同环境和条件下，图书馆如何通过共享网络提升资源利用效率，并为用户提供更丰富的服务体验。不同类型的图书馆在资源融合和共享网络构建中的成功经验，为其他图书馆提供了实践的参考与启发。在案例研究的基础上，图书馆可以借鉴这些经验，不断完善自身的共享网络建设与信息资源管理策略。

（一）案例一：欧盟 Europeana 数字图书馆项目

Europeana 是欧盟倡导的一项雄心勃勃的数字文化遗产整合计划。它创建于 2008 年，旨在将欧洲博物馆、图书馆、档案馆和音像馆收藏的优质文化资源集成到统一的门户网站，向全球用户提供跨语言、跨领域的文化遗产发现与获取服务。

Europeana 采用语义网技术构建资源整合与关联发现服务。其核心是统一的元数据模型 EDM（Europeana Data Model）。EDM 以 RDF（资源描述框架）为基础，定义了一套描述文化遗产对象的核心语义元素，如作品（Work）、物理载体（Physical Thing）、事件（Event）、地点（Place）、时间（Time Span）等。参与机构将本地元数据映射到 EDM，形成语义化、机器可读的链接数据。目前，Europeana 已聚合了数千万条高质量元数据，涵盖数字化艺术品、手稿、图书、视频等多元资源。

基于 EDM，Europeana 开发了一系列创新应用。如"相关性导航"（Affinity Navigator）服务，利用机器学习算法分析检查对象间的相关性，自动生成基于主题、时空、人物关系的探索路径，引导用户在浩瀚的文化海洋中畅游。"时空搜索"（Spatiotemporal Search）服务则通过可视化时间轴和交互式地图，帮助用户从时空维度检索和浏览藏品。这些新颖的应用充分体现了语义关联、智能发现的理念。

近年来，Europeana 还积极拥抱开放数据，将汇聚的元数据以知识共享协议（如 CC0、CC BY-SA）对外开放，供第三方机构免费使用。截至 2021 年，Europeana 已有约 4000 万条元数据资源实现开放获取。这些开放数据被广泛应用于数字人文、智慧旅游、创意产业等领域，引发了一系列文化创新实践。如 Storia 项目利用 Europeana 数据创建了一个面向儿童的交互式欧洲历史百科程序，以游戏化方式普及文化知识。

Europeana 的实践表明，融合海量文化数据需要统一规范的语义框架，需要智能化、个性化的关联发现，更需要开放的心态和协同创新的行动。这些宝贵经验对于图书馆知识服务共享网络建设具有重要启示意义。

（二）案例二：英国高等教育图书馆 COPAC 项目

COPAC（Consortium of Online Public Access Catalogues）是由英国各高校图书馆发起的联合目录项目。它创建于 1996 年，旨在打通高校图书馆的资源壁垒，实现馆藏目录的集中检索与获取。经过 20 余年的发展，COPAC 已成长为英国规模最大、功能最强的学术文献资源共享平台。

COPAC 采用集中式架构，将分散在各成员馆的书目数据汇聚到中央服务器，经过规范化处理后形成统一的联合目录数据库。目前，该数据库收录了 90 余家英国与爱尔兰高校图书馆及国家图书馆的 4000 万条书目数据，每周更新约 30 万条数据。用户通过 COPAC 可检索到这些机构的海量馆藏，并获知文献的收藏位置和借阅状态。

为提升用户体验，COPAC 还提供个性化定制服务。注册用户可以建立检索历史、保存检索结果、设置新书通告等。此外，COPAC 与英国文献传递服务系统（British Library Document Supply Service）实现对接，用户可直接在 COPAC 上提交文献传递请求。这些贴心的增值服务极大地促进了文献资源在各机构间的流动与共享。

2019 年，COPAC 与英国国家学术文献服务平台 SUNCAT 合并，形成功能更加强大的新平台——Library Hub Discover。该平台不仅继承了 COPAC 的联合目录功能，还整合了 SUNCAT 的期刊与文摘数据库。通过 Library Hub Discover，用户可同时检索英国诸多高校和机构的图书、期刊、电子资源等，并获取全文。

COPAC 的发展历程昭示我们，建设知识服务共享网络要立足用户需求，在资源聚合的基础上，开发个性化增值服务，并与其他业务系统实现无缝对接，形成资源与服务的一体化生态系统，从而真正实现泛在的知识发现与获取。

（三）案例三：中国高校图书馆 CALIS 学术文献资源共享平台

CALIS 学术文献资源共享平台由中国高等教育文献保障系统（China Academic Library & Information System）主导创建，是中国高校图书馆界共建共享的重要成果。自 2003 年建成以来，该平台累计为 500 余所成员高校提供了文献传递、馆际互借、数字化学位论文等资源共享服务。

CALIS 以分布式异构数据库为基础，采用元数据聚合、开放链接等技术，将联盟成员的资源元数据集中到共享平台进行规范化处理和索引，形成了跨库检索与发现服务。读者通过一次检索，即可查询到联盟馆藏书刊及引进数据库的元数据信息。此外，CALIS 还自主开发了原文传递系统（CALIS-ILL），实现了馆际互借的自动化操作和智能调度。

近年来，CALIS 积极应对信息环境变革，大力推进平台优化升级。其中，尤为瞩目的是基于 CALIS 开放数据的知识关联与知识发现服务。该服务经由语义链接、本体映射、知识抽取等语义技术，深度挖掘 CALIS 联合目录、特藏库、学位论文库等结构化数据，并对接学者主页、科研项目库等非结构化数据源，揭示了人物、机构、学科、课题之间的知识关联，形成了多维度、多层次的知识网络。用户由此可从概念层面探索知识世界，激发新的研究灵感。

为进一步拓展服务外延，CALIS还积极探索与MOOC课程、科研社交网络、开放数据平台的融合。该平台与国家自然科学基金委员会开放数据平台签署了数据共享协议，双向交换科研项目、论文等数据，实现科研与教学的协同增效。可以预见，CALIS正向着一个汇聚多元数据、支撑科教融合、赋能知识创新的开放知识生态服务平台迈进。

CALIS的发展实践启示我们，知识服务共享网络要立足数据，通过关联分析、语义挖掘等新技术，深度整合结构化与非结构化数据，构建跨领域、跨系统的知识图谱与知识网络，以开放的姿态参与更广阔的数据协同生态，为用户提供智能化、个性化的知识发现服务。

对以上三个案例的剖析，我们可以看到，图书馆信息资源的融合与知识服务共享网络的构建经历了从分散到集中、从封闭到开放的发展历程。尽管它们在系统架构、数据组织、服务模式等方面各具特色，但其成功的奥秘却殊途同归，那就是始终坚持以用户为中心，以深度融合的资源为基石，以开放协同的创新为法宝，最终为用户网罗智慧、链接智慧，成就智慧创新。

本章小结

通过对信息资源融合与知识服务共享网络建设模式的探讨，可以看出，图书馆在新时代的服务创新中，依赖于资源的有效整合与网络化共享。这一过程不仅提升了图书馆的服务能力，还为用户提供了更加全面和高效的知识获取途径。信息资源的融合与共享网络的建立，打破了传统服务模式的局限，实现了跨机构、跨平台的资源流动与服务协同。多机构之间的合作以及技术平台的建设，使得图书馆能够以更加开放的姿态迎接用户多样化的需求。与此同时，成功的共享网络模式为图书馆未来的资源管理与服务创新提供了宝贵的经验借鉴。通过合理的管理策略、技术支持和协作机制，图书馆在知识服务领域的作用得以进一步强化。在这种融合与共享的框架下，资源的高效利用和服务的精准提供，真正为用户创造了全新的价值。各类实践经验的总结，也为其他图书馆在共享网络的建设中提供了重要的参考。

第六章　图书馆信息资源融合与知识服务共享网络的评估

评估在信息资源融合与知识服务共享网络的构建和管理中起着至关重要的作用。有效的评估体系能够帮助图书馆准确了解信息资源和服务的实际应用效果，并为后续的优化提供科学依据。评估不仅关注资源的质量与组织水平，还要综合考虑用户的体验与满意度。因此，构建一个全面而细致的评估体系，不仅能确保资源的合理利用，还能推动图书馆的服务创新与发展。评估过程涉及定量和定性结合的多维度分析，既需要科学的数据支持，也依赖于用户反馈等主观因素的考量。通过多方参与的评估机制，图书馆能够更好地平衡各方需求，确保共享网络的效能得到充分发挥。评估不仅仅是一种检验手段，更是提升服务质量、优化资源配置的核心推动力。

第一节　评估指标与方法

评估指标体系的构建是评估工作的基础，它为整个评估过程提供了明确的框架和方向。科学合理的指标体系，能够全面覆盖信息资源融合和知识服务共享网络的各个层面。指标的选择和设计不仅要符合资源管理的实际需求，还应兼顾用户体验与资源效能的综合考量。定量与定性评估相结合的模式，使得评估结果更加全面、客观，既能通过数据分析揭示资源的利用情况，又能通过用户反馈了解服务的实际效果。多元主体的参与机制，则确保了评估工作的多视角性和广泛性，使得评估结果更具参考价值。

一、评估指标体系的构建原则与方法

图书馆信息资源融合与知识服务共享网络评估指标体系的构建是一项复

杂而系统的工程。它涉及对网络运行的各个环节与要素进行全面评价，需要兼顾指标的科学性、可操作性、全面性和前瞻性。构建科学合理、切实可行的评估指标体系，是开展网络绩效评估、优化网络运营管理的基础。下面，笔者就评估指标体系构建的原则与方法谈几点看法。

评估指标体系构建首要遵循的是目标导向原则。所谓目标导向，即指标体系的设计要紧紧围绕网络建设的战略目标展开，充分体现共享网络的宗旨、定位和愿景。图书馆信息资源融合与知识服务共享网络的根本目标是通过优质资源的全面整合与深度开发，实现跨机构、跨领域的知识服务协同，进而催生知识创新。因此，评估指标体系应聚焦资源聚合的广度与深度、知识服务协同的效率与效益、用户的获得感和满意度等核心要素，构建一套能够客观反映网络运行成效和发展水平的指标集合。

关联性原则是评估指标体系构建需要把握的另一要义。图书馆信息资源融合与知识服务共享网络是一个复杂的有机系统，其运行绩效是多要素相互作用、相互影响的结果。因此，评估指标体系的构建要立足关联思维，充分考虑人力、物力、财力等投入要素与网络产出、用户效果的内在联系，兼顾资源建设、平台优化、服务创新、宣传推广等关键活动与网络绩效提升的逻辑路径，系统刻画网络价值创造的内在机理。唯有构建起一套内在统一、逻辑严密的指标关联网络，才能真正实现对网络绩效的全景式评估与多维度诊断。

定量与定性相结合是构建评估指标体系的重要方法论原则。定量评估侧重从数量层面精准刻画网络的投入产出、规模能力等，如共享资源总量、知识服务访问量、用户覆盖率、人均效益产出等。定量指标具有评判标准清晰、可比性强的特点，是评估指标体系的基础。与此同时，网络运行还涉及资源质量、创新性、发展潜力等难以量化的要素。对此，需要辅之以定性指标，通过主观判断和价值评判的方式，补充定量指标的不足，提升评估的周延性。定性指标的测评可采取专家评分、用户满意度调查等方式，将主观感受与价值判断转化为具有可比性的等级分值，从而与定量指标形成呼应。

动态调整原则为评估指标体系构建提供了应对复杂环境的"利器"。在数字化、网络化、智能化的新环境下，图书馆知识服务的形态和业态正在发生深刻变革，呈现出服务移动化、资源一体化、管理智能化的发展趋势。评估指标体系必须与时俱进地拓展内涵与外延，纳入移动服务能力、语义组织水平、智能感知能力等新的评判维度，持续优化指标体系，方能确保评估结果的前瞻性和指导性。同时，随着网络的不断发展成熟，指标间的轻重缓急也会发生变化。需要遵循动态调整的理念，根据网络发展的不同阶段，动态调整各项指标的权重，赋予处于关键成长期的指标以更高的权重，引导网络补齐短板，实现能力的动态均衡发展。

内外并重原则为评估指标体系构建提供了更加开阔的视角。图书馆信息资源融合与知识服务共享网络的健康可持续发展，内需凝聚力，外需影响力。因此，评估指标体系在关注网络自身建设水平的同时，还应将视角延伸到外部环境，纳入网络的社会声誉、行业影响力、合作广度等方面的指标，全面评估网络的外部生态环境。如可设置涵盖网络品牌认知度、用户口碑、媒体报道频次、战略合作伙伴数量、跨界项目数量等在内的对外影响力指标，引导网络积极塑造品牌形象，拓展发展空间，以开放协同的姿态融入泛在知识生态，实现内生发展和外向拓展的良性互动。

需求导向原则是评估指标体系构建的根本遵循。图书馆知识服务共享网络的一切创新与变革，归根结底都是为了满足用户日益变化的知识需求。网络绩效评估必须把握这一根本，充分体现以用户为中心、以需求为导向的理念。评估指标体系应将反映用户体验的指标置于核心位置，细化用户对资源质量、服务响应、交互体验等方面的满意度指标，将网络的投入产出与用户获得感、满意度紧密关联起来，真正实现以评促建、以评促改，不断提升网络运行的精准性和有效性。同时，评估指标还应纳入反映网络创新发展潜力的前瞻性指标，着眼未来，从资源、技术、机制等方面评判网络应对用户需求变化的响应能力和塑造能力，引导网络创新服务模式，优化服务供给，以需求为牵引实现动态优化。

多元主体参与原则突出了评估指标体系构建的开放性、包容性。评估指标体系承载着不同利益相关方的诉求和期望，需要广泛吸收合作机构、业界专家、终端用户等各方力量参与指标体系的构建，形成开放、互动、共享的工作机制。可采取问卷调查、访谈座谈、在线讨论等方式，广泛征集各方意见建议，了解不同群体的关注重点和价值诉求。在此基础上，遵循利益相关方参与原则，嵌入反映各方诉求的评估要素，平衡各方利益，凝聚共识，形成兼顾科学性与包容性的评估指标体系。在后续的指标体系修订完善中，还应建立常态化的沟通反馈机制，持续吸收各方意见，优化指标设置，提升指标体系的说服力和公信力。

科学合理的图书馆信息资源融合与知识服务共享网络评估指标体系的构建，需要把握目标导向、关联性、定性定量结合、动态调整、内外并重、需求导向、多元主体参与等原则，在体现网络的战略宗旨、关注用户核心诉求的基础上，兼顾指标设置的前瞻性、开放性和动态性，为开展全面系统的网络绩效评估提供重要抓手。评估指标体系的价值在于应用。图书馆界应以评估指标为基础，遵循科学规范的评估程序，定期开展网络绩效评估，科学分析评估结果，挖掘网络建设与运行中的优势与不足，进而优化网络的战略规划、完善网络的治理机制、创新网络的服务模式，不断提升网络的整体绩效，实现网络使命与价值的最大化呈现。

二、定量评估与定性评估相结合的评估模式

图书馆信息资源融合与知识服务共享网络是一个复杂的系统工程，涉及资源建设、平台架构、服务流程、用户体验等多个层面。对其进行全面客观的评估，需要构建一套科学合理的评估模式。定量评估与定性评估相结合，是兼顾评估全面性与精准性的有效路径。这一评估模式通过定量指标刻画网络的规模能级、效率质量，通过定性指标描述网络的创新性、发展潜力，二者相互补充，形成了立体化、多元化的评估视角，为精准诊断网络建设水平、科学指导网络优化完善提供了重要依据。

定量评估是运用统计学方法，对网络建设与运行过程中产生的数据进行收集、整理与分析，进而对网络绩效做出精确刻画与客观评判的过程。在图书馆信息资源融合与知识服务共享网络的评估中，可从资源聚合、平台性能、服务效能、用户反馈等维度设置定量评估指标。资源聚合指标侧重评判网络的资源基础，具体可包括元数据聚合量、元数据质量、本地资源贡献率、外部资源引入量、资源更新率等。平台性能指标用于评估支撑网络运行的软硬件基础设施质量，如系统响应时间、并发访问量、故障率、安全事件发生率等。服务效能指标则聚焦从资源到知识再到智慧转化的关键过程，具体可设置检索成功率、访问量、访问深度、知识关联度、个性化服务满意度等指标。用户反馈指标侧重从用户视角评判网络价值，可通过问卷调查、用户访谈、在线评价

等方式收集用户对资源质量、系统性能、服务体验、交互设计等方面的反馈，据此设置定量满意度指标。

同时需要注意到，定量评估要重点把握三个环节。一是指标体系的系统化设计。要充分了解共享网络的战略目标、业务范围、运行机制，据此构建起涵盖网络运行各个层面、反映网络创新发展的定量指标集合，使指标间形成清晰的逻辑关系，确保评估视角的周延性、评判尺度的科学性。二是数据采集的规范化实施。要制定科学的数据采集规程，明确采集口径、采集频次、采集工具等，加强采集过程管控，强化数据质量审核，从源头确保数据真实可信。同时，要构建数据共享与交换机制，实现多源数据的规范汇聚与关联分析。三是结果分析的针对性应用。定量评估的意义在于应用。要系统梳理各项定量指标的评估结果，据此诊断共享网络建设与运行中的优势短板，形成问题清单、对策建议，推动评估结果在网络决策、流程优化、服务升级中的转化应用，发挥数据驱动网络创新发展的导向作用。

定性评估是运用主观性的价值判断，对事物的性质、关系和发展趋势等作出分析、推理与评判的过程。它强调通过主观感受与经验智慧发现事物的内在本质与发展规律。在图书馆信息资源融合与知识服务共享网络评估中，可从创新度、集成度、协同度、生态位势等维度设置定性评估指标。创新度侧重评判网络的创新基因和发展活力，如对网络的架构创新、流程再造、服务创新、管理变革等进行专家评判，揭示其赋能网络提质增效的内在机理与路径。集成度指标用于评估资源聚合的系统性、集约化水平，通过对网络的资源规划、元数据框架、语义关联等方面进行归纳分析，判断其实现异构资源的"无缝"整合程度。协同度指标聚焦网络的链接属性，通过分析网络成员在目标、活动、利益等方面的协调互补关系，评判成员间的耦合协同水平。生态位势指标引入生态学理念，从生态视角刻画网络的发展潜力，综合判断网络的资源稀缺性、服务独特性、组织影响力等，评估其在开放知识生态系统中的竞争力与可持续发展能力。

如何确保定性评估的科学性，是应用该方法需要着重考虑的问题。笔者认为，可从评估主体的选择、评估程序的设计、评估结果的解释等环节入手加以规范。在评估主体选择上，要坚持权威性与代表性相结合。根据评估标准，可广泛吸纳业界权威、资深专家、一线馆员、用户代表等各方力量参与评估，综合专业视角和用户视角，提升评估视角的多元性。在评估程序设计上，要遵循系统性与可操作性并重的原则。围绕评估指标，设计科学规范的调查提纲、访谈问题、专家打分表等，对指标的判定标准、测评方式、结果呈现等进行详细规定，强化评估过程的程序化、规范化，确保评估活动有序开展。在评估结果解释上，要做到客观性与建设性并举。系统梳理各方主体的评估结果，对共性问题与个性观点进行提炼归纳，力求客观展现各方评估结果，同时积极挖掘判断分歧背后的深层次原因，提出负责任、可落地的发展建议，为网络创新发展把脉定向。

定量评估与定性评估相结合的评估模式，是全面揭示图书馆信息资源融合与知识服务共享网络内在价值与发展规律的有效路径。在实践应用中，需要把握定量评估与定性评估有机统一、互为补充的关系。通过系统设计定量与定性评估指标，规范组织评估过程，加强评估结果的关联解析与集成应用，构建科学完善的网络评估工作机制。同时，要建立评估结果反馈与跟踪问效机制，推动评估成果在网络发展决策、治理优化、服务升级中的系统应用，健全评估标准动态调整机制，持续优化完善评估指标，提升指标体系对网络创新发展的适应性。

三、多元主体参与的评估机制

图书馆信息资源融合与知识服务共享网络是一项复杂的系统工程，涉及多元利益主体。开展网络绩效评估，需要广泛吸纳相关主体参与其中，形成开放包容的参与式评估机制。多元主体参与，能够充分体现民主协商理念，有效吸收各方智慧，增强评估工作的针对性、权威性和公信力，是提升网络治理能力和治理水平的内在要求。

参与式评估强调利益相关者全过程参与。在图书馆信息资源融合与知识服务共享网络评估中，利益相关者可划分为三类：一是网络的建设与管理机构，包括各级图书馆、情报机构、出版社、数据库商等。二是网络的战略合作伙伴，包括政府主管部门、科研机构、学术共同体、行业协会等。三是网络的最终用户，包括科研人员、教师学生、企业用户、社会公众等。不同主体基于自身角色定位，对共享网络寄予不同期望，参与评估有助于充分表达诉求，碰撞观点，在协商互动中形成共识，推动网络持续优化。具体而言，可邀请各方代表参与评估指标设计，从不同维度提出对网络建设的量化要求和质性期许。同时，广泛征集各方对评估方案的意见建议，确保评估程序设计的合理性、可操作性。评估实施阶段，可采取问卷调查、访谈座谈、在线论坛等多样化方式，引导各方主体积极评价网络绩效，客观反映真实感受，提升评估结果的代表性。评估完成后，还应与各方共享评估报告，听取对评估工作的反馈意见，推动评估结果向网络优化实践转化。

要注意的是，多主体参与必须把握"度"的问题。参与广度既要充分，又要适度。要在保证各类主体代表性的基础上，注重提升参与主体的针对性。譬如，在评估网络的资源质量时，应重点吸收学科专家参与；评估用户体验时，则需重点征询不同类型用户意见。参与深度既要深入，又要适可而止。要在鼓励主体全过程参与的同时，区分不同参与环节、参与方式，避免"过度参与"。在评估方案制定阶段，可广泛征集各方意见；在评估实施阶段，则应严格遵照评估方案，避免随意更改计划。同时，要在务实采纳可落地意见建议的基础上，鼓励各方创新表达诉求，提升协商互动、凝聚共识的实效。可运用大数据文本分析等技术手段，智能提炼各方观点，便于在海量异构信息中抓住关键共性问题。可搭建虚拟互动平台，提供便捷交流渠道，促进各方跨时空、跨区域充分对话。同时，应创新参与反馈机制，及时向各方通报意见建议采纳情况，增进参与获得感。

协同推进参与式评估，需要构建科学的工作机制。统筹规划是前提。网络管理机构应将参与式评估纳入网络治理总体规划，明确评估目标、原则、路径、重点，为各方参与提供基本遵循。同时，要充分估计参与式评估的成本收益，在科学论证基础上编制工作预算，为广泛参与提供资源保障。协调联动是关键。应成立由网络管理者代表、专家学者代表、用户代表等组成的评估工作委员会，统筹协调各方参与事务。制定权责清晰的工作机制，明确委员产生办法、议事规则、成果应用机制等，确保参与活动规范有序。同时，可设置不同的参与方式，既有线上参与，也有线下互动；既有常态参与，也有重大事项集中参与，提升协调联动的灵活性。激励问责是保障。应树立正向激励理念，将参评积极性与评估结果运用情况相结合，对积极参与、建言助力网络优化的单位和个人给予精神鼓励和物质奖励。对于漠视参评、敷衍了事者，视情节轻重予以问责，倒逼责任落实。

同时推进多主体参与评估,必须坚持正确方向、把握正确原则。必须坚持党的全面领导,将社会主义核心价值观融入评估全过程,引导各方在参与中增进对党的创新理论的政治认同、思想认同、情感认同。必须坚持服务中心大局,紧紧围绕满足人民群众日益增长的美好生活需要这一主题,引导各方聚焦知识获取的便捷性、全面性,推动网络向纵深发展。必须坚持问题导向,引导各方直面网络发展中的难点、痛点、堵点,积极建言献策,在解决实际问题中彰显价值、做出贡献。必须坚持协商共识,尊重各方诉求,在平等对话、求同存异中达成最大公约数,形成推动网络创新发展的共识和合力。必须坚持开放包容,以海纳百川的开放姿态吸纳各方参与,以兼收并蓄的包容精神对待不同观点,以久久为功的韧劲推进参评制度化常态化。

第二节 图书馆信息资源融合评估体系

图书馆信息资源融合的评估体系是保障资源管理质量的关键工具。评估体系不仅仅关注资源的物理状态,还要深入分析资源的组织方式和利用效率。通过对信息资源描述质量的评估,图书馆能够更好地掌握资源的准确性和完整性,确保用户能够方便地检索和获取所需信息。资源的组织整合水平评估,则有助于了解资源间的协调与统一程度,进一步提升资源利用率。而通过信息资源揭示利用绩效的评估,图书馆能够更直观地掌握资源的实际服务效果,为后续的资源优化提供依据。

一、信息资源描述质量评估

图书馆信息资源融合的质量评估是一项复杂而细致的工作,其中信息资源描述质量评估尤为重要。信息资源描述是理解和揭示资源内涵的关键环节,其规范性、准确性和完整性直接影响到资源的检索、发现和利用。

信息资源描述质量评估的核心是构建科学合理的元数据评估指标体系。元数据是对信息资源形式和内容特征的结构化描述,是实现信息资源组织、检索、关联、共享的重要依据。元数据评估指标体系应全面考察元数据的内容、格式、语义等方面特征,多层次、多角度地刻画元数据质量。就内容而言,需评估元数据的准确性、完整性、时效性等。元数据准确性侧重考察元数据与信息资源间的一致性，即元数据项填写内容能否真实、客观地反映原始资料的属性特征。可通过抽样比对的方式，考察题名、著者、出版项、主题、摘要、识别符等关键元素录入的错误率。元数据完整性强调元数据对信息资源的描述是否详尽，可通过统计核心元素、可选元素的填写率，分析元数据对信息资源描述的全面性。元数据时效性关注元数据内容能否与资源动态变化保持同步，可考察新增资源元数据的生成时间滞后度、已有元数据的更新频次与及时性等。

就格式而言，元数据评估需兼顾语法层和结构层特征。语法层侧重评判元数据的标准规范性，即元数据格式是否符合相应的编码规范和语法规则，如字符集、日期格式、字段长度等。可基于特定元数据规范，如DC、MARC21等，考察元数据的格式合规性、错误率等。结构层强调元数据的结构化、层次化表达能力。图书馆信息资源日趋多样化，呈现出体裁交叉、载体多元、格式复杂的特点，对元数据的组织表达能力提出了更高要求。需考察元数据框架对多类型、多语种、多版本资源的描述支撑能力，对不同粒度信息资源的层次化表达能力等。

语义层面的评估至关重要，其着眼点在于元数据的词汇规范性、语义准确性、语义关联性等。词汇规范性考察元数据项值的规范控制情况，如题名、著者、主题等字段，是否遵循规范词表、规范文档，规范词表的覆盖率如何。语义准确性强调元数据项值能否准确表征信息资源的语义内涵，可评估元数据项值与资源本身的语义相关度。语义关联性则考量元数据的链接表达能力，即在元数据层面揭示不同信息资源的语义关系。可考察元数据中的链接类型、链接丰富度、链接准确率等指标，评判元数据对信息资源语义关联的揭示程度。此外，还需关注元数据的多语种表示能力，考察元数据对多语种资源内容描述的支持情况，评估不同语种资源元数据的匹配程度。

高质量的元数据是信息资源融合的基石。图书馆要建立完善的元数据质量管理机制，将元数据质量评估贯穿于元数据创建、修订、发布的全过程。元数据创建阶段，应制定严格的质量标准和创建规范，明确各类型元数据的必备项、可选项，规定元数据语义、语法、结构层面的基本要求，强化人员培训，提升元数据创建的规范性、一致性。在此过程中，要加强对照检查，及时发现和纠正错漏。元数据发布前，应开展全面的质量审核，围绕准确性、规范性、完整性等维度，采取人工审核与智能审核相结合的方式，对元数据质量进行全流程"体检"，对不合格的元数据逐条修改、补充，确保最终发布的元数据达到质量标准。

元数据既是资源本身固有属性的外化表达，也是资源利用中用户认知的基础。因此，元数据质量评估应立足多元主体参与，尤其要重视用户视角和需求导向。可邀请不同学科背景的用户代表，参与元数据评估指标的设计，从用户资源发现、检索利用的实际需求出发，提出对元数据质量的意见建议。元数据使用过程中，应畅通用户反馈渠道，广泛收集用户对元数据检索匹配度、主题相关度等方面的评价，对反复被用户检索、点击的资源，应优化完善其元数据描述，持续提升元数据的需求匹配度、用户满意度。

量化考评是元数据质量评估的重要手段。可基于元数据质量评估指标体系，研发元数据质量评估软件，实现对海量元数据的自动分析和多维度评价。如对元数据格式规范性评估，可嵌入特定元数据规范，自动检查元数据格式是否错误，计算错误率。对主题词规范性评估，可比对规范词表，自动判别主题词的规范性。对元数据完整性评估，可自动统计关键元素缺失情况。评估中，不仅要关注单条元数据的质量，更要考察多个数据源的元数据总体质量及其均衡度。要通过数据分析和数据可视化等技术，从宏观视角刻画不同数据源元数据的内容分布、质量特征，考察元数据整体的丰富度、规范性、关联性，推动元数据质量的全面提升。

元数据质量评估结果的应用是关键所在。图书馆应高度重视元数据质量评估结果在资源建设、组织、服务等环节中的应用转化，建立健全"评估—反馈—改进"的持续优化机制。要依据评估结果，有针对性地开展元数据质量提升行动，围绕薄弱环节，完善元数据著录指南，优化工作流程，开展专项培训，切实解决影响元数据质量的深层次问题。要总结元数据质量管理的经验做法，完善元数据质量管理标准规范，为元数据持续优化提供制度保障。

二、信息资源组织整合水平评估

图书馆信息资源组织整合是信息资源融合工程的重要环节，其水平高低直接影响信息资源的集成化管理与集约化利用。科学评估信息资源组织整合水平，对于厘清资源融合的现状与问题、把握资源整合的成效与短板，进而优化资源组织策略、创新资源整合路径，推动形成资源互联、服务共享的一体化资源融合新格局，具有十分重要的意义。

信息资源组织整合水平评估应建立在系统构建评估指标的基础之上。评估指标体系的构建，要立足信息资源管理与知识服务一体化的宏观视角，兼顾信息资源组织框架设计、组织过程管控、组织效能评价等关键要素，形成内容全面、结构清晰、逻辑严密的评估指标集合。就组织框架设计而言，应设置面向信息资源聚合范围、资源主题分布、资源类型分布、资源语种分布等方面的定量指标，客观刻画信息资源整合的广度、均衡度。同时，应纳入资源主题框架的系统性、资源描述元数据框架的扩展性、多语种资源映射框架的关联性等定性指标，评判资源组织框架对多源、异构、跨语种信息资源聚合的支撑引领能力。

组织过程管控的评估，应聚焦资源采集、清洗、组织、发布等关键流程，设置覆盖面、及时性、准确性、一致性等过程管控指标。资源采集环节，可通过比对资源采集范围与融合目标，评估资源采集的主题覆盖面、体裁覆盖面。资源清洗环节，可结合人工抽检和系统比对相结合的方式，考察资源规范化处理的及时性、差错率。资源组织环节，可评判描述性元数据、管理性元数据、结构性元数据的标引规范性，资源主题标引、分类编码的统一性，多语种资源组织的匹配性。资源发布环节，可评估资源发布的及时性、动态更新的频次等。

组织效能评价须立足用户视角，综合评判信息资源组织整合成果对用户需求的匹配与支撑能力。可从资源发现、获取、分析利用等维度，构建组织效能的定性定量指标。就资源发现而言，可通过用户调查、访谈、行为分析等方式，评判资源检索的查准率、查全率，资源排序的相关性，资源聚类、关联的主题匹配度等。资源获取维度，可评价不同用户对组织后资源的访问便捷性，以及资源全文传递的及时性、准确性。资源分析利用层面，可评估资源组织框架、元数据、语义关联网络等对用户深度分析、知识挖掘的支撑程度。

需要指出的是，信息资源组织整合水平评估须坚持战略性、前瞻性原则。当前，大数据、人工智能、区块链、5G等新一代信息技术的迭代演进，对图书馆信息资源管理与知识服务变革提出了新的更高要求。信息资源呈现海量化、动态化、非结构化的新特点，用户需求表现出个性化、情境化、智能化的新趋势。面对新形势、新挑战，图书馆信息资源组织整合亟须创新理念、完善机制、革新技术，加快构建集信息、知识、智慧于一体的资源融合新模式。对此，信息资源组织整合水平评估必须具有前瞻意识，在指标设计中纳入面向未来的动态调整因素，赋予新技术驱动下的资源组织新业态以更高评价权重，引导图书馆加快推进人工智能、语义分析、知识图谱等新技术在资源组织中的应用，促进资源组织从以"资源"为中心向以"知识"为中心加速迁移，推动资源组织从支持"发现"向支撑"洞见"不断延伸，为实现智慧化、精准化知识服务提供有力支撑。

信息资源组织整合水平评估不是目的，而是推动资源融合优化的有力抓手。开展评估，必须坚持以问题为导向，以需求为引领，以应用为目标。要通过广泛听取多元主体意见，客观评判信息资源融合的发展现状，系统梳理制约资源深度整合、阻碍资源集约利用的瓶颈问题，在揭示问题症结、把握用户需求的基础上，研判形势、做出决策，制定切实可行的资源融合优化策略和行动方案。在此基础上，要建立健全资源组织整合绩效评估的常态化机制，将评估贯穿于资源融合的全过程、各环节，推动形成"评估—反馈—优化"的闭环管理模式。要通过持续评估诊断，积极回应用户反馈，分析资源组织实践与用户需求间的差距，据此优化资源采集策略、革新资源组织技术、升级资源服务方式，不断提升资源供给的精准性、及时性、便捷性，推动实现从资源融合到知识服务再到智慧创新的迭代跃升。

信息资源组织整合水平评估是一项系统工程，需要多元主体协同，多维要素统筹，多层级联动。图书馆应树立"融合"理念，促进跨部门、跨领域的沟通协调与资源共享，在业务融合、流程再造中优化资源组织，在用户协同、智慧汇聚中提升资源供应水平。要加强与出版社、数据库商、学术团体等外部机构的战略合作，积极探索联合采购、交换共建等多样化资源建设路径，推动实现采编分离向采编融合的迁移，组织分散向组织统筹的跃升。要发挥用户参与优势，畅通用户意见反馈渠道，积极开展用户满意度调查，充分尊重并积极回应用户意见，促进资源组织从以馆藏为中心向以用户为中心加速迈进。

三、信息资源揭示利用绩效评估

图书馆信息资源融合的根本目的在于充分挖掘和释放资源价值，最大限度支持用户的知识发现和应用创新。信息资源揭示利用绩效评估正是立足于这一目标，围绕用户需求，评判信息资源融合成果对用户知识活动的支撑引领能力。它从信息资源组织到知识服务提供再到用户利用绩效的视角，揭示资源供给与用户需求的契合程度，是衡量信息资源融合供给侧结构性改革成效的关键一环。

信息资源揭示利用绩效评估应树立服务导向，坚持以需求为牵引，综合运用定量与定性评估方法，多层次、多维度地考察信息资源融合的知识服务效用。定量评估侧重于从信息计量学角度，刻画信息资源利用的数量规模和分布特征。横向比较不同学科主题、资源类型、载体形式的利用分布，纵向分析同一资源的动态利用趋势，可揭示用户对不同资源的偏好需求，为资源结构优化提供决策参考。可采用访问统计、引用分析、推荐匹配等大数据分析方法，设置信息资源访问量、访问人数、高频访问资源、访问来源分布等指标，评判不同资源的关注度、影响力。同时考察资源利用的用户分布、时间分布，展示资源利用的群体覆盖面、连续性。

定性评估则注重挖掘数字背后的用户认知，洞察资源利用背后的深层需求动因。它通过用户使用感受和利用反馈，判断信息资源的吸引力、感染力和引导力。可结合在线问卷、焦点小组访谈、深度个案访谈等用户研究方法，设计涵盖用户对资源主题相关性、内容专业性、特色性，呈现便捷性、美观性，组织关联性等方面感受的评估问题，多方位了解不同用户群体的资源偏好特点。在此基础上，深入分析资源热度背后的需求驱动因素，以需求为导向优化资源结构。

信息资源融合供给的最终目的在于赋能知识创新。对此，资源绩效评估还应将目光聚焦于资源利用产出，即资源利用带来的知识创新绩效。可通过引文分析、专利分析、科研项目分析等文献计量学方法，以信息资源被引用、被集成到创新性科研成果的情况为考察重点，设计相关资源的被引频次及排名、资源覆盖的高被引论文及发表期刊、资源支撑的重大科研项目及专利技术等指标，由此评判不同学科主题资源对学科发展的贡献度，以及对国家创新驱动发展的支撑引领力。尤其要关注图书馆特色资源、专题资源库的创新绩效，评估其对区域经济文化建设、行业科技进步的推动作用。

与此同时，资源绩效评估还要立足创新全周期，动态评判资源供给对用户知识活动各环节的驱动引领成效。对于科研选题阶段，可考察特定资源或资源组合对科研选题的启发性。对于科研过程，可分析资源供给对用户问题解决、方法创新的支持程度。在科研成果形成阶段，可评判知识关联、知识推荐等个性化服务对科研论文选刊、投稿的针对性帮助。此外，还应延伸到成果应用转化环节，考察资源供给对科研成果转化应用的支撑作用。如此，方能立体评判信息资源供给的创新激励效应和科研全流程渗透影响。

值得注意的是，不同学科领域和不同发展阶段对资源供给的需求特点存在差异。农业科学、工程技术等应用型学科更侧重获取技术规范、标准、专利等资源，而数学、物理等基础学科则对学术论文、科技报告的需求更为突出。应用基础研究、技术开发等科研活动对综述性文献、科技新闻的需求高于自由探索性研究。对此，资源绩效评估要因"域"制宜、分"层"施策。依托机构知识库平台，对不同学科、不同创新活动类型细分评估群体，有针对性地设置评估指标，突出反映目标群体的资源利用特点。以农业科研人员为对象，可侧重考察技术规范、实物标本资源的访问量、专利支持率等，而针对基础学科，则应重点评估学术论文、科技报告等的下载量、他引率等。通过比较分析，找出不同学科、不同创新阶段的关键资源需求，搭建起精准对接创新链、服务链的特色资源供给体系。

同时信息资源供给要与用户需求同向发展，资源绩效评估也要与时俱进。当前，跨学科融合日益深化，交叉研究方兴未艾。国家创新战略从"跟踪""并跑"加速迈向"领跑"，对源头创新、原创突破提出了更高要求。资源绩效评估要顺应这一趋势，突出考察资源的首创性、引领性、交叉融合度。可评判资源供给对培育新兴交叉学科、孕育变革性技术的引导作用，以及对源头创新的启发激励效应。尤其要关注资源供给对国家重大战略、关键核心技术攻关的支撑力度，引导资源体系向纵深发展，强化供给针对性。

推进信息资源揭示利用绩效评估，必须发挥多元主体合力。要畅通用户参与渠道，将读者荐购、借阅评价等嵌入评估过程，提升评估的互动性。加强与科研管理部门的数据共享，将科研项目、成果转化数据纳入评估视野，拓展评估的广度。联合学科专家开展评估，综合定量计量与同行评议，提升评估的专业性。此外，还要善用大数据、人工智能等新技术，创新数据采集、语义分析、知识挖掘等评估方法，革新评估模式。

信息资源融合是一项复杂的系统工程，涉及资源建设、组织、揭示、利用等诸多环节。面对海量异构信息资源，日益分化的个性化知识需求，传统的资源中心、"藏"为主的理念模式已难以为继。图书馆必须顺应大数据时代知识创新生态的新变革，树立以用户需求为中心，以知识服务为导向的发展理念，以开放协同、交叉融合的资源组织模式，促进知识资源的深度共享、关联利用，最大限度地释放数据价值，激发创新活力。在此背景下，客观评价信息资源融合利用绩效，加快构建充分体现用户需求导向，紧密对接创新链、服务链的资源供给体系，以精准、高效、智能的知识供给推动创新驱动发展，是新时代赋予图书馆的使命任务。

第三节 知识服务共享网络的效能评估

知识服务共享网络的效能评估，重点在于理解服务的实际效果以及用户体验。效率与效益评估，能够揭示知识服务在满足用户需求方面的表现，通过分析用户的反馈数据，图书馆可以更好地优化服务流程和内容。与此同时，用户的满意度与忠诚度也是评估中的重要组成部分，通过对这些指标的考察，图书馆可以更加精准地调整服务策略，提升用户留存率与忠诚度。共享网络的可持续发展能力评估，帮助图书馆了解其资源配置和服务模式的长远影响力，确保共享网络能够应对不断变化的需求。

一、知识服务效率与效益评估

知识服务共享网络是图书馆信息资源融合的高级形态，也是知识型社会知识生产、传播、利用的重要基础设施。高效运转的知识服务共享网络，能够最大限度地实现优质知识资源的广泛共享与交互利用，进而极大地促进科学研究、技术创新、文化传承，推动经济社会的智慧化发展。

知识服务共享网络效能评估是一个多维度、动态化的系统过程，需要综合考察服务供给、平台支撑、用户利用、成果转化等各个环节的投入产出效率与综合效益。就服务供给而言，重点评估知识资源与服务的规模能级、响应速度、匹配准确性等。可设置网络汇聚知识资源总量、知识服务访问量、响应用户请求平均时间、知识推送准确率等定量指标，从规模、时效、精准等维度考察网络的服务供给效率。同时，还要关注知识组织关联的科学性、检索发现的便捷性、个性化定制的灵活性等定性指标，评判服务供给的质量水平。

平台支撑是知识服务高效开展的重要保障。对此，可从系统架构、运行性能、安全保障等方面，综合评判支撑平台的先进性、可靠性、可扩展性。可设置并发访问量、系统故障率、数据备份频次等指标，定量考察系统的负荷能力、运行稳定性、容灾备份能力。同时，对平台的开放整合度、移动适配性、人机交互友好性等开展定性分析，评估其对多源数据融合、跨平台服务提供、人机协同的支撑引领力。

用户利用是检验知识服务共享网络供给成效的关键环节。应坚持以用户为中心，综合运用数据等显性指标与用户满意度、成瘾性等隐性指标，多层次评判知识服务的覆盖广度和渗透深度。可通过平台注册用户数、访问用户数、人均访问频次、高频访问用户占比等指标，刻画服务受众的体量规模和利用黏性。同时，要重视发掘数据背后的用户感受和需求偏好。采用问卷、访谈等用户研究方法，围绕服务的及时性、专业性、交互性、引导性等设置满意度问项，揭示用户对服务的主观感受。在此基础上，深入剖析用户痛点，找准服务优化切入点，促进供需精准对接、动态匹配。

成果转化是知识服务共享网络价值实现的根本体现。对此，评估要将关注点拓展至知识服务的应用产出与创新绩效，考察知识供给对科研创新、决策咨询、教育教学、社会文化建设的支撑引领作用。可通过科研项目、咨政报告、教学案例、文创产品等承载知识服务的代表性成果的数量规模，核算网络的社会经济效益产出。同时，深入分析知识成果的学术影响力、决策支持力、人才培养贡献度、文化传播力等，多维度呈现知识供给的社会效益。尤其要聚焦国家及区域创新发展的重大战略需求，评估知识服务对关键领域核心技术攻关的支撑作用，以及对战略性新兴产业培育的引领带动效应。

知识服务共享网络是一个开放的、动态演进的复杂系统，对其效能评估必须立足全局，统筹兼顾，方能客观呈现网络绩效的全貌。应树立系统思维，从投入、过程、产出、效益四个维度，构建全链条的评估指标体系。投入评估重在考察资金、设备、人力等要素投入的规模与配比结构。过程评估则侧重于服务流程的系统性、规范性与集成化水平。产出评估强调服务供给的丰富性、及时性、精准性。效益评估着眼于显性产出背后的社会经济效益与可持续发展能力。基于投入产出比、产出效益比等分析，揭示网络整体绩效水平。

与此同时，还要立足动态评估的理念，持续监测网络发展的阶段性特征，探寻网络功能提升的内在规律。譬如，在网络构建初期，要重点考察基础设施、平台系统、资源汇聚等能力建设绩效，以投入评估为主导。待网络进入快速发展期，服务供给能力已初步形成，则应侧重评判服务的受众覆盖面、响应时效性等，加大过程评估比重。当网络步入成熟期，则要将评估重心转向知识成果的转化应用绩效，聚焦效益评估。通过动态调整评估侧重点，既能精准诊断不同发展阶段的突出矛盾，又能揭示网络功能演进的内生逻辑，为持续优化完善指明方向。

但是，效能评估不能简单照搬传统的以投入产出论英雄的做法，而要将服务创新质量作为评判网络发展水平的关键要素。当前，用户需求日益呈现个性化、情境化、智能化的趋势，这对知识服务的创新性与引领性提出了更高要求。评估要顺应这一趋势，研判网络服务对用户痛点的敏感捕获力，以及对未来需求的洞察力、引导力。可设置知识关联发现准确率、知识推送转化率、自适应服务满意度等指标，考察网络基于用户画像、行为分析的个性化服务能力。同时，要关注服务生态构建情况，评判网络协同创新、开放共享的发展空间。

推进知识服务共享网络效能评估，必须坚持开放包容，鼓励多元主体广泛参与。要建立政府主导、社会参与的评估工作协调机制，发挥图情领域权威机构、行业协会、第三方评估机构等各方力量，形成分工明确、优势互补的多元评估格局。尤其要重视发挥最终用户的评判力量，将用户反馈、满意度评价嵌入评估全过程，促进评估供需有效对接。同时，还要总结提炼各地网络评估的成功经验，加强跨区域、跨部门的交流互鉴，在开放共享中完善评估规范，创新评估模式。

知识服务共享网络是国家创新发展的重要战略资源，是构建社会主义现代化强国的关键支撑。客观评判网络运行绩效，找准影响供需匹配、制约创新发展的症结，对于优化网络治理，激发创新活力，加快建设创新型国家具有重大意义。这是一项复杂的系统工程，需要理论与实践、定性与定量、共性与个性相结合，坚持问题导向、需求导向，在多维视角中构建科学的评估指标，在动态考察中找准评估的切入点和着力点，在开放协同中凝聚各方智慧，形成定期评估、持续改进的良性循环。只有进一步加强顶层设计，完善制度规范，创新评估模式，提升评估的科学化、精细化、智能化水平，知识服务共享网络的效能评估才能真正成为现代化治理体系的有机组成部分和现代化治理能力的重要标尺，为不断开创网络发展新局面提供科学引领和有力保障。

二、用户满意度与忠诚度评估

知识服务共享网络是以用户需求为导向，以提升用户获得感为根本目标的服务型组织。用户满意度和忠诚度，既是检验网络服务供给成效的关键指标，也是影响网络可持续发展的核心要素。只有充分了解并积极回应用户需求，不断提升用户对网络的认同感和黏着度，才能真正实现知识供给与需求的精准匹配和动态平衡，进而推动网络的创新发展。

用户满意度评估的核心在于洞察用户需求偏好，评判知识服务的针对性和有效性。它以用户主观感受为考量维度，综合反映用户对网络服务的认知和态度。这就要求满意度评估必须坚持需求导向，在广泛深入地了解用户需求的基础上，围绕服务的及时性、便捷性、关联性、交互性、引导性等设置满意度的调查指标。可通过用户问卷、访谈、反馈日志等方式，采集用户对知识资源的主题相关性、呈现便捷性的主观评价，挖掘用户在知识检索、获取、分析利用各环节的痛点堵点。同时，充分运用数据挖掘、文本分析等技术手段，深入解构用户对网络平台界面友好度、功能完备性、运行稳定性的评判，揭示用户对移动服务、个性化定制、智能化应用的需求意向。在此基础上，对不同类型用户的满意度评价进行对比分析，找出共性问题和特定人群的突出诉求，据此提出有针对性的服务优化策略，做到精准画像、对症下药。

用户忠诚度评估则侧重考察用户与网络的长期互动关系，反映用户对网络的信任度和依赖度。它从用户使用网络服务的持续性、频次、深度等维度，刻画用户对网络的黏性和后续使用意愿。对此，需建立完善的用户信息档案，对用户的访问行为、互动行为进行大数据分析，设置"回头率""高频访问""积极推荐"等检验用户忠诚度的定量测评指标。通过追踪分析用户访问网络平台的频次、驻留时长的变化情况，考察用户与网络的互动广度和强度。通过挖掘用户对网络服务的依恋程度、推荐意愿，评判用户对网络品牌形象的认同度。同时，结合定性访谈，深入剖析影响用户忠诚度的深层次驱动因素，找准服务创新切入点。可邀请重点用户开展深度个案访谈，还原用户与网络的互动历程，了解用户需求动因的演变规律，以需求分级分类为抓手，做到因"群"施策、对症下药，推动网络服务不断迭代优化，增强用户体验，提升用户忠诚度。

用户满意度和忠诚度评估要坚持常态化、动态化，做到评估过程与网络运行同步推进、评估结果与服务改进同向发力。可依托网络平台，开辟用户体验专区，嵌入在线满意度调查、在线反馈、在线交流互动等功能，畅通用户参与渠道。定期开展满意度调查，建立用户满意度指数，动态监测满意度变化，实时发现短板弱项。对于反复出现的共性问题，纳入服务提升的重点项目库，明确优化时限和路线图。同时，发挥大数据分析优势，开展用户细分，识别高价值用户、潜在流失用户，有的放矢地开展针对性营销。对忠诚度高的用户，做好信息摘要推送、主题跟踪等知识增值服务，巩固用户黏性。对流失风险高的用户，及时诊断服务短板，制定挽留方案，提高用户保有率。此外，要建立激励机制，对积极参评、建言献策的用户给予精神激励，调动用户参与的积极性、主动性。

同时还要着眼"以评促建、以评促改"，将评估结果应用贯穿于网络运行优化的全过程。对评估中发现的重点问题，要举一反三，从制度、流程、机制、技术等方面综合施策，做到疏堵结合、标本兼治。完善网络治理体系，强化用户参与，畅通用户意见反馈渠道，建立首问负责制，提升用户诉求的响应速度和解决率。织密服务供给网络，加强与出版社、数据库商、科研机构、行业协会的战略合作，拓宽优质资源获取渠道，创新资源融合模式，做到资源聚合与用户需求同频共振。优化服务流程再造，实现从"以资源为中心"到"以用户为中心"的服务模式转型，强化服务的精细化、个性化水平。[1] 加强平台承载能力建设，优化系统架构，增强并发访问、异地灾备等运行保障能力。推进人工智能、大数据等技术在服务场景中的融合应用，加快建设智能化的用户画像、行为分析、知识推荐等应用，加强用户使用习惯分析，提升服务的智能感知与引导能力。

用户需求的分化与知识空间的复杂多变，对网络的快速响应能力提出了

---

[1] 金瑶."需求汇聚"智慧共享空间构建：基于数字云经济的理论视角[J].社会科学前沿，2019，8（6）：1043—1051.

新的更高要求。用户满意度与忠诚度评估必须立足开放共享理念，在机制创新过程中汇聚各方智慧。构建开放包容的多元评估格局，鼓励第三方专业评估机构参与，引入行业标杆对比、市场认可度测评等外部评估手段，促进内部评估与外部评估相结合，提升评估的客观性和公信力。加强与合作单位的联合评估，建立跨平台的用户反馈共享机制，实现数据互认、诉求互通、服务互赋能。广泛吸纳专家学者、行业机构、社会公众等多元主体参与评估工作，充分发挥"开门评估"的民主监督功能，推动评估工作向精细化运作、社会化参与迈进。

三、共享网络可持续发展能力评估

知识服务共享网络是一项复杂的系统工程，涉及资源、技术、管理、服务等诸多要素。其建设发展不仅要立足当前，满足用户现实需求，更要着眼长远，推动形成可持续发展的良性循环。当前，知识服务与创新驱动、文化繁荣、民生改善的关系日益密切，用户需求不断升级，信息技术加速迭代，这既为网络发展带来新的战略机遇，也对其可持续发展提出更高要求。

共享网络可持续发展能力评估应坚持目标导向、问题导向，突出战略性、前瞻性，综合考察支撑网络持续优化、动态平衡、创新发展的关键要素。就资源要素而言，要重点评估知识资源供给能力的成长性和适应性。结合知识图谱、引文分析等方法，定量评判网络知识资源的规模、覆盖度、更新频率等，考察资源供给对学科发展、科技进步的适配性。运用德尔菲法、情景分析法等，邀请多学科专家对资源供给的前瞻性、引领性做出判断，研判资源供给对未来创新性知识需求的激发、牵引能力。同时，对标国内外一流知识服务机构，找出资源建设的差距短板，据此制定资源持续优化方案。

就技术要素而言，侧重评判网络对新一代信息技术的响应能力、融合应用水平。考察网络对大数据、人工智能、区块链等前沿技术的跟踪研究、试点应用情况，评估新技术对优化资源组织、破解知识壁垒、革新服务模式的赋能作用。评判网络技术体系的先进性、开放性、安全性，既要看当前技术路线的完备程度，又要看未来技术发展的适应性。比如，在数据采集中引入物联网、5G等新兴技术，在资源组织中融入知识图谱、语义链接等智能技术，在服务创新中嵌入智能语音、AR/VR等交互技术，由此评判网络对技术创新的响应速度、融合程度。

就管理要素而言，聚焦评判共享网络治理体系的科学性、规范性、协同性。考察共享网络在发展愿景、制度规范、队伍建设、绩效评估等方面的体系完备性、规范统一性，促进形成定位清晰、机制健全、流程优化的可持续发展制度环境。评估网络成员在资源、技术、人才、设施等方面的协同共享水平，研判网络对外部力量参与的开放包容度。可设计网络战略共识度、标准规范匹配度、队伍互通度等指标，定性定量相结合地评判网络一体化发展潜力。同时，还要关注网络文化建设，考察网络的创新氛围、学习氛围、协作氛围，评判其对凝聚人心、激发活力的引领作用。

就服务要素而言，强调评判知识供给的创新性、引领性、增值性。围绕用户痛点，考察知识服务对重大科研攻关、关键核心技术突破、新兴产业培育的支撑引领能力，构建涵盖科研选题、过程跟踪、成果转化等环节的全流程创新服务评估框架。注重分析知识服务对催生新知识形态、孕育新兴学科交叉的策源功能，设置基于文献计量、语义分析的学科交叉度、知识融合度等指标，评判网络资源禀赋与服务模式对知识创新的驱动作用。此外，还要评估知识服务产生的经济价值和社会价值，引入服务潜力、带动就业、节约成本等指标，将服务价值内化为网络发展的内生动力。

共享网络的可持续发展能力是一个动态演进的复杂系统，对其评估必须进行动态设计，方能客观反映其成长轨迹。一方面，要因时而变，根据网络所处的不同发展阶段，合理设置评估的重点与权重。在网络建设初期，应重点评估资源、技术、人才等要素保障能力，以判断其发展后劲。进入快速发展期，则应侧重评估体制机制创新、服务模式升级，以判断其发展定力。步入成熟期后，则应将评估重心转向创新驱动、价值引领，以判断其可持续发展韧性。另一方面，要因"院"而异，立足不同类型图书馆的功能定位、资源禀赋，分类开展评估。对公共图书馆，宜突出服务均等化、阅读推广等方面的评估；对高校图书馆，则应侧重学科服务、科研支持等方面的评估；对专业图书馆，则应聚焦行业决策支持、创新引领等方面的评估。由此，方能做到因地制宜、精准画像，为网络分类指导、精准施策提供依据。

创新是引领发展的第一动力，共享网络的核心竞争力根本在创新。评估工作必须把创新摆在突出位置，将创新质量和效益作为检验网络发展水平的"试金石"。评估要对标世界一流,在衡量网络发展"有没有"的同时,更要看"好不好"。系统设计"有含金量"的创新评估指标,围绕服务需求的响应速度、资源组织的聚合程度、用户问题的解决效率等,评判创新成果的转化应用绩效。以创新工作量、创新投入强度、创新成果收益、可持续发展能力为核心,开展创新驱动发展综合评价,推动网络发展由要素驱动、投入规模型向创新驱动、质量效益型加速迈进。

推进共享网络可持续发展能力评估,必须进一步完善评估工作体系,创新评估组织模式。在评估主体上,要建立政府引导、多方参与的评估工作机制,鼓励专业智库、第三方机构、社会公众等广泛参与,提高评估的专业性和开放性。在评估客体上,既要评估共性发展能力,又要突出特色发展潜力,引导网络在错位发展中实现关联共享、互利共赢。在评估手段上,要综合运用定性、定量评估,推进评估模型、评估方法的创新,提高评估的科学性。此外,还要充分运用大数据、人工智能等新技术,创新数据采集、分析、应用机制,扩大数据来源、提升数据质量,推动评估向精准化、智能化迈进。

第四节 评估结果的应用与反馈机制

评估结果的应用与反馈机制是评估工作中至关重要的一环。通过多维度的评估结果呈现方式,图书馆可以从不同角度理解评估结果的意义,为后续的决策提供数据支持。评估结果不仅仅是对现状的反映,它们也为未来的改进与优化提供了明确的方向。通过科学的应用路径,图书馆能够有效利用评估结果,调整资源配置、优化服务策略,以提升整体运营效果。同时,建立常态化的反馈机制,可以确保评估工作成为图书馆管理的常规环节,使资源与服务的质量得到持续的提升。

一、评估结果的多维度呈现方式

评估结果呈现是评估工作的最后一公里,直接关系到评估价值能否得到有效释放与传递。立足多元利益相关方视角,遵循科学性、针对性、可理解性原则,综合运用数据可视化、内容优化等技术手段,探索建立一套评估结果的多维度呈现方式，对于推动评估结果的高效应用、促进评估质量的持续改进具有重要意义。

（一）评估结果的可视化呈现技术应用

知识服务共享网络评估结果的呈现方式对评估价值能否有效传递起着至关重要的作用。在信息高度碎片化的今天，单纯依靠文字罗列数据、阐述观点的传统呈现方式已难以为继。评估结果呈现亟须与时俱进，积极拥抱数据可视化、人机交互等现代信息传播技术，以直观、生动、互动的视觉化方式呈现评估成果，提升评估结果的易读性、吸引力和感染力，充分释放评估价值，推动评估成果的转化应用。

数据可视化是利用图形图像、动画等视觉手段，将大规模抽象数据转化为更易于理解和分析的可视化形式。将其引入共享网络评估结果呈现，可增强海量评估数据的可读性和分析洞察力。如对网络用户满意度调查结果，可借助饼图、雷达图等图表，将不同维度满意度量化对比，直观揭示用户对不同服务环节的主观感受差异。对于反映网络运行绩效的关键指标，可运用仪表盘可视化工具，设定指标阈值，将指标完成情况与预设目标同框对比，以红绿灯颜色变化直观展示网络发展的健康程度。对于反映网络发展变化趋势的动态数据，可嵌入时间轴设计可交互式动态图表，全景展现网络建设的阶段性特征。

信息图表是数据可视化常用的实现方式，通过图文组合阐释信息，是评估报告等场景的首选呈现形式。对评估结果的多维度分析，宜因"图"制宜、突出重点。如对网络资源聚合规模的评估，可使用面积图、气泡图等凸显资源总量；对学科主题分布评估，可结合树状图、旭日图等彰显层级结构；对资源类型、载体、语种的分布状况，则适合用饼图、条形图等对比异同。力求图表类型与数据特征相匹配，图表颜色、比例、布局的视觉冲击力与信息重要性相呼应。在此基础上辅以言简意赅的关键词标注，直观传递核心信息，引导受众快速获取要点、激发探索兴趣。

对评估报告而言，整体呈现框架的系统设计至关重要。应立足评估目的、评估对象，针对不同利益相关方的关注重点，合理设置报告框架，既要层次分明、逻辑严谨，又要重点突出、避免冗余。宜对评估维度进行必要的优化整合，围绕最能反映网络发展成效和问题诊断的关键要素，设计条理清晰、重点鲜明的报告提纲。同时积极利用版式设计、色彩搭配等可视化编排手段，增强报告的视觉吸引力。引入重点章节总结、逻辑链接图、案例插页等设计，优化报告呈现节奏，提升内容的连贯性、层次感。

评估报告的呈现应坚持"以人为本"，提升内容的针对性和互动性。对不同利益相关方，要有的放矢地突出其关注的核心议题。如面向决策管理层，应重点呈现战略性、全局性分析结果，以支撑网络发展战略优化；面向业务管理人员，则应突出问题导向，聚焦影响网络运行绩效的深层次原因剖析；面向最终用户，则宜通过分析服务短板、解构需求特征，以用户为中心优化服务。与此同时，还可结合在线评估系统，嵌入交互式场景呈现、自助式结果查询等功能，促进用户参与，提升报告的使用体验。

运用新兴的可视化技术能进一步提升评估报告的传播力。如借助动态信息图，通过图表、图示的渐进式、动态化呈现，逐步引导受众理解评估结论。又如通过可视化故事板，将关键评估成果融入情境化应用场景，生动再现评估过程，强化评估结论的说服力。再如开发评估报告的移动端呈现版本，运用响应式设计、卡片式布局，打造随时随地的评估报告获取、浏览体验。同时，积极利用H5、微信公众号等新媒体传播渠道，开发评估报告的移动化应用，促进评估结果的碎片化传播和社会化分享。

可视化大屏为集中呈现评估成果、系统展示网络全景提供了绝佳平台。可在网络管理与服务场所，搭建多媒体交互式可视化大屏，集成评估关键指标实时监测、重点评估维度多视角呈现、评估报告总览等功能，为领导决策、业务管理、社会公众了解网络发展提供直观便捷的渠道。大屏呈现应遵循宏观与微观相结合的原则，既要通过关键指标总览、评估要素柱状对比等宏观视图，客观反映网络发展的整体态势；又要通过重点评估要素的微观结构分析，揭示问题症结，为后续改进提供精准抓手。同时，应用大屏开展评估分析应坚持人机交互理念，提供可视化筛选、对比等人机交互功能，最大限度地发挥评估数据的分析价值。

（二）评估报告的内容结构与编制要求

评估报告的内容结构要立足评估目的、评估对象，兼顾不同利益相关方的信息需求，设计科学合理、重点突出的报告框架。一般而言，评估报告由前言、正文、附录三大部分构成。前言部分应概括交代评估工作的背景、目的、范围、方法等，使读者对评估工作的出发点、切入点有总体把握。正文是评估报告的核心，通常由评估结果概述、分项评估要素分析、评估结论与改进建议等模块组成。评估概述要突出评估工作的核心发现，全景式呈现被评估对象的发展态势和突出问题。分项评估要素分析则围绕各评估维度逐一展开，采用图文并茂的形式，系统阐述评估结果。评估结论与建议要提炼评估要点，诊断发展短板，提出切实可行的优化策略。此外，还应将支撑性的详细数据、参考文献等列为附录，方便读者查证和深入了解。

具体到知识服务共享网络评估报告，除遵循上述一般原则外，还应把握网络评估的特点，突出反映网络发展的关键要素。评估概述部分，除总体评判网络发展水平外，还应重点呈现资源聚合规模与结构、用户规模与结构、服务供给总量与增长率、新技术应用水平等核心指标，反映网络发展的基本面。分项评估要素分析应紧扣网络发展的关键环节，可设置资源建设与揭示、平台架构与性能、服务模式与流程、安全保障与风险管理、运行效率与效益、创新发展能力等专项评估模块，采用定性与定量分析相结合的方式，对各要素进行纵向与横向比较，揭示优势与不足。评估结论与建议应聚焦制约网络发展的深层次矛盾和瓶颈问题，从体制机制创新、服务模式优化、新技术应用等方面，提出有针对性、操作性强的发展建议。

评估报告的内容编排要坚持系统性、逻辑性，实现各模块间的有机衔接和通篇一体。应将评估结果置于网络发展的时空背景下考察，在动态对比中把握网络发展的阶段性特征与趋势性变化。同时，要加强各评估要素的关联分析，揭示资源、平台、服务、创新等要素间的内在作用机理，形成环环相扣、逻辑严密的分析框架。此外，编排方式要突出重点，善于运用多级标题、图表索引、逻辑链接图等编排手段，让报告层次清晰、结构鲜明，引导读者快速把握报告脉络。

评估语言的表述要力求专业、准确、通俗易懂，最大限度地保证评估信息的严谨性和可理解性。应规范使用评估专业术语，明确术语定义，必要时通过注释等方式作通俗化解读。在数据引用方面，要注重数据来源的权威性，明确标注数据口径、计算方法，确保数据真实可信。对于涉及评估对象敏感信息的表述，要慎重斟酌用词，兼顾客观性与建设性。同时，应结合受众特点，灵活调整语言风格，对专业性强的受众可适度使用专业化表述，对大众化受众则应最大限度地减少专业术语，做到雅俗共赏、通俗易懂。

图表化呈现是评估报告编制的重要手段,应将其与文字表述有机结合,相得益彰。运用图表,不是对文字内容的简单重复,而是力求通过直观化的视觉刺激,增强评估信息的感染力和说服力。要本着"形式服从内容,图表见仁见智"的原则,根据不同评估内容的特点,恰如其分地选择图表类型。如用折线图、面积图展现网络发展的动态趋势,用饼图、条形图对比要素构成的静态分布,用矩阵图、气泡图揭示多因素间的交互影响,用流程图、关系图梳理网络运行的内在逻辑,用地图、气泡地图反映区域间的横向比较。总之,要形神兼备,力求图表设计新颖美观,同时准确传递核心信息,引导受众快速洞察要点、激发进一步探索的兴趣。

评估报告的编制流程要遵循规范性、严谨性,确保评估报告的质量和公信力。应建立评估报告编制的责任机制和内控机制,明确报告作者的岗位职责和行为准则,细化报告撰写、审核、发布的操作规程,强化过程管控与质量把关。同时,要建立与利益相关方的常态化沟通机制,在报告编制过程中,通过座谈走访、意见征询等方式,广泛听取各方意见建议,增强报告结论的代表性和共识度。考虑到不同评估项目的特点差异,还应在规范的总体框架下,设置灵活多样的报告模板,既确保评估报告的结构统一性,又为个性化呈现预留空间。

推进评估报告规范化编制,需进一步加强制度规范和能力建设。要完善评估工作标准规范,就评估报告的基本框架、关键要素、编制流程、行为规范等内容制定明确的指引,为规范报告编制提供基本遵循。加强评估报告编制的方法创新,积极借鉴国际国内先进经验,探索开发既符合共享网络评估特点、又富有创新活力的报告编制模式。同时,注重评估队伍建设,完善专职评估人员的选拔、培养、激励机制,大力开展业务培训和实战演练,着力提升评估人员的专业素养和实务能力。此外,还要营造开放包容的评估生态,积极引入第三方评估机构参与,激发社会各界参与评估的主动性、积极性,在交流互鉴中优化完善评估报告编制。

(三)评估结果的分类归纳与综合集成

知识服务共享网络评估是一项涉及众多评估要素、评估数据繁复的系统工程。评估结果的有序呈现,既是提升评估报告可读性的关键,也是充分挖掘评估价值的重要前提。 分类呈现是基于评估结果的内在特性,进行系统化梳理的基本方式。知识服务共享网络评估通常采用指标化的评估思路,围绕资源、平台、服务、管理、效益等关键要素，设置了一系列定量和定性指标。对评估结果的呈现，应依循指标体系的内在逻辑，对各要素的评估数据进行系统分类，做到归类科学、界限清晰、重点突出。如对资源要素，可从资源聚合规模、主题分布、载体类型、来源结构等维度进行分类。对服务要素，可从服务访问量、用户覆盖面、响应时效性、互动频次等维度进行分类。在分类的基础上，还要进一步提炼各类别评估结果的关键指标，选取最能反映该领域发展态势与问题诊断的核心数据，进行可视化呈现，以小见大，为读者构建对网络发展的宏观认知框架。

就定量评估结果而言，应立足指标的时空属性，采取统计学方法，综合开展总量规模、结构分布、动态趋势等维度的横向与纵向比较，揭示网络建设的阶段性特征。如对反映网络发展的宏观态势指标，可对标行业平均水平，评判本网络的发展速度和规模能级；对反映网络运行绩效的关键指标，可纵向对比不同时间点数据，分析本网络的发展进程与趋势；对反映网络各子系统发展的专项指标，可进行结构分析，考察网络发展的均衡性与协调性。在统计分析基础上，还要借助数据可视化手段，通过走势图、气泡图、雷达图等形式，直观呈现总量规模、结构分布、发展态势，引导读者快速把握评估要点、洞察发展规律。

定性评估结果的呈现要立足评估要素的内在联系，对评估发现进行综合集成与逻辑排序。网络评估涉及的定性分析，既有对单项评估要素的独立判断，也有对多要素交互影响的系统分析。呈现时，要对各评估点的定性描述进行重点筛选与归类组合，依据内在逻辑进行排序与组块，使之形成结构完整、逻辑通顺的有机整体。如分析网络发展的制约因素，可从体制机制、资源禀赋、技术路线、服务创新等方面，对各评估点的定性论断进行归并整合，在揭示问题症结的基础上，进一步分析各因素间的因果关联，形成环环相扣的逻辑链条。对涉及评估对象敏感信息的定性表述，要慎重斟酌用词，兼顾客观性和建设性，必要时酌情隐去部分评估细节，突出呈现主要论断，避免因措辞不当引发不必要的负面影响。

事实判断是知识服务共享网络评估的重要内容，评估报告要把事实判断的呈现作为评估结论的基本依据。应以扎实的调查研究和科学的分析论证为基础，准确界定评估对象的内涵外延，客观真实地反映网络发展的基本面。对于通过事实描述和案例分析得出的重要判断，要在综合集成评估结果时优先呈现，并辅之以翔实的论据支撑，确保判断经得起推敲和验证。同时，要明确标注事实判断的适用范围和有效期限，防止因语境变迁导致判断失真。对于涉及未来趋势预测的判断，要审慎严谨，可在报告中就相关预测设置情景假设，并给出应对预案，增强趋势研判的科学性与可操作性。

评估过程中，各评估要素的衡量口径、测算方法可能存在差异，这就要求在呈现评估结果时，必须做好口径调整与同步归一。应在测算各评估要素时，即以行业标准、国家标准为尺度，采用规范统一的衡量口径，对于暂无统一标准的，要在评估报告中详细交代评判依据。同时，对于动态评估的结果，应进行趋同处理，剔除统计口径变动等非实质性因素的影响，保证评估结果的可比性。对新纳入评估范围的项目，要通过额外说明等方式，提示其对整体评估结果的影响，引导读者准确理解评估结论。在综合集成评估结果的基础上，还要进一步提炼关键评估指标，构建反映网络发展综合绩效的指标集，定期开展跟踪测评，动态监测指标变化态势，实现评估结果的常态化呈现。

数据互联互通是提升评估结果综合集成水平的关键所在。知识服务共享网络评估涉及海量数据，单一评估机构很难全面采集。应加强评估机构间的数据共享，建立统一的评估数据汇集与共享平台，实现异地异构数据的跨地区、跨部门汇聚。在已有数据标准规范、分类编码或体系的基础上，运用大数据、人工智能等新技术手段，实现多源评估数据的关联融合与综合集成，进而形成全局性评估结论。建议发挥国家图书馆、区域中心图书馆的引领作用，整合共享各级评估机构的数据资源，提供面向全国的评估数据汇集与分析服务。同时，积极探索与科研机构、高校智库的数据协同，引入相关领域科研数据，拓展评估的深度广度。

（四）面向不同利益相关方的评估结果呈现策略

知识服务共享网络评估是一项利益相关方广泛、影响领域宽泛的系统工程。网络运行绩效与决策管理层、业务管理人员、服务对象及社会公众等多元主体的切身利益密切相关。评估结果的呈现应立足利益相关方的差异化特点和信息诉求，有的放矢地优化内容选择、呈现方式和传播渠道，最大限度地释放评估价值，做到因"人"而异、精准传递，以增进共识、形成合力。

决策管理层是网络创新发展的领航者，肩负战略谋划和宏观管理的重任。

面向决策管理层呈现评估结果，要聚焦其对网络宏观态势把握、全局性决策的关键诉求。内容选择上，应侧重反映网络建设的战略目标达成度，资源配置的宏观结构与效益，跨区域、跨部门协同发展的成效，创新发展潜力等全局性、战略性问题，为科学决策、精准施策提供依据。呈现方式上，要善于综合运用图表、综合指数等可视化手段，通过雷达图、象限图等形式，直观表现网络发展的总体态势。同时，要辅之以案例分析、专家解读等定性分析手段，深入剖析发展态势背后的驱动因素，为优化网络治理、激发创新活力建言献策。此外，可结合重大决策议题，开展专题评估，形成评估专报，为决策提供针对性参考。

业务管理人员是网络优化完善的践行者，直接参与网络的规划、建设、运营、服务等环节。面向业务人员呈现评估结果，要紧扣提升网络运行管理水平这一核心诉求，聚焦评估中发现的业务短板与优化空间。内容选择上，应重点反映业务流程的规范性、标准化水平，业务活动的时效性、经济性，新技术应用水平等，为查找薄弱环节、优化业务流程、革新服务模式提供抓手。呈现方式上，要注重实证性、可操作性，采用流程图、控制图、因果图等，直观呈现评估要点，便于业务人员快速诊断问题根源、制定整改方案。同时，可借助数据分析工具，实现评估数据的实时更新、交互式呈现，引导管理人员深度参与评估、动态掌握运行态势、持续优化改进举措。

对于服务对象而言，网络发展的根本目的在于提升其知识获取感和满意度。面向服务对象呈现评估结果，要突出以用户为中心的服务理念，聚焦其在资源获取、平台体验、个性化服务等方面的核心诉求。内容选择上，要充分体现用户视角，围绕资源的主题相关性、服务的响应时效性、系统的易用友好性等，多维度反映网络服务的精准性、便捷性、互动性。在呈现方式上，要注重通俗性、互动性，采用图文并茂、音频视频等生动形式，善用隐喻对比、典型案例等表现手法，增强评估报告的趣味性和感染力。同时，依托移动互联网，建立面向用户的评估结果发布、交流互动平台，通过推送、自助查询等灵活方式，提升评估结果获取的主动性、随时随地性。此外，要建立用户反馈机制，广泛听取用户对评估的意见建议，形成评估、反馈、改进的闭环管理。

社会公众代表着社会舆论导向，对网络发展的社会影响力、公信力起着重要推动作用。面向公众呈现评估结果，要重点体现网络发展的显著成效和积极贡献，传递共建共享、服务民生的价值导向。内容选择上，要聚焦公众普遍关心的热点问题，如信息资源开放共享程度、公共文化服务均等化水平、网络安全防护成效等，彰显网络发展在传播社会主义先进文化、构建公共文化服务体系中的独特价值。呈现方式要注重通俗易懂、丰富多样，采用海报、动漫、视频等新颖活泼的表现形式，运用对比鲜明的关键词标示，突出网络发展的亮点成果，吸引公众广泛关注。要主动适应媒体融合趋势，借助新媒体传播优势，开展线上线下联动宣传，通过微信公众号、微博话题等形式，引导网民广泛转发传播，扩大评估报告的社会影响力。

面向不同利益相关方进行评估结果呈现，必须坚持统筹兼顾、协调联动，在个性化表达中把握整体感，在差异化呈现中体现一致性。要加强评估机构、业务主管部门、新闻宣传部门的密切配合，建立评估结果多维度呈现的协调联动机制，统筹推进各类评估报告、解读材料的编制发布，在释放各自独特价值的同时，形成传播合力。同时，要加强内容统筹，科学界定各类报告的侧重点，既要各有侧重、各擅胜场，又要相互印证、有机统一。此外，还要重视对不同利益相关方的评估需求进行深入分析，创新构建评估结果呈现的需求响应和绩效评价机制，形成评估、呈现、反馈、优化的动态闭环，不断增强评估供给对需求变化的前瞻性、适应性。

二、评估结果在优化改进中的应用路径

共享网络评估的意义在于应用导向、价值引领，通过诊断问题、把脉困境、凝聚共识，不断改进网络建设，激发创新活力。如何将评估结果应用于网络优化实践，推动形成评估、反馈、提升的良性循环，是发挥评估"以评促建、以评促改"功能的关键。

（一）建立基于评估结果的网络优化完善机制

评估结果应用的首要前提是完善顶层设计。应将评估工作纳入网络发展的总体部署，系统设计形成"评估—反馈—整改—再评估"的闭环管理体系，明确各环节的基本要求和运行机制，做到思路清晰、责任明确、流程规范、协同高效。要发挥国家层面的统筹协调职能，结合评估结果，科学制定中长期网络发展战略规划和年度工作计划，为评估结果在网络优化各领域、各环节的系统应用提供政策指引和制度保障。同时，各级各类图书馆要根据评估结果，及时调整优化本馆发展规划，制定切实可行的整改提升方案。上下联动，分类

指导，方能形成评估结果应用的完善顶层设计和一体化工作格局。

健全沟通反馈渠道是评估结果有效应用的关键环节。要以评估报告、情况通报等形式，及时将评估结果向相关部门和机构进行传达，使其全面准确把握网络建设现状，增强评估结果运用的主动性、针对性。要建立常态化的沟通协商机制，综合运用书面、面谈、现场会等多种方式，围绕评估中发现的问题与短板，组织管理部门、业务部门、评估机构等多方力量协同交流，研判问题成因，凝聚治本良策，为评估结果应用奠定基础。要拓展社会参与渠道，积极吸纳专家学者、社会公众等广泛参与评估结果运用，通过问卷调查、座谈走访等方式广泛听取各界意见建议，增强评估结果应用的社会基础。形式多样、渠道通畅的沟通反馈，是确保评估结果落地生根的重要保障。

建立评估结果交办、整改落实机制是推动网络优化的关键抓手。要将评估中发现的突出问题纳入重点整改事项，明确整改主体、目标、措施、时限等关键要素，强化过程管控和绩效问责，确保整改工作落到实处。对于共性问题，要从体制机制层面系统施治，建立横向协同、纵向联动的综合整治工作机制。譬如，对于评估中反复出现的资源共享障碍问题，不仅要在技术层面完善统一检索、数据交换、身份认证等关键环节，更要在体制机制层面破除条块分割藩篱，建立跨系统、跨部门的资源共建共享联盟。对于特定领域的个性问题，则要"一事一议"，有的放矢。如评估发现某图书馆服务深度不足，可结合该馆资源禀赋、业务基础，有针对性地制订服务创新计划。对整改结果，还要适时开展"回头看"，客观评判整改成效，对标评估要求查漏补缺，推动网络持续优化。

内外协同是确保评估结果高效运用的应有之义。网络是一个多元主体参与的复杂系统，单靠图书馆系统内部力量难以实现体制机制的根本性变革。要建立健全跨部门协调运行机制，充分发挥文化、教育、科技、网信等政府部门的行政推动作用，加强与出版发行机构、学术团体、科研院所的战略协同，调动各方面资源形成工作合力。同时，要坚持开门搞评估，鼓励新闻媒体、社会公众、第三方机构广泛参与，在倾听民意中优化整改措施，在问需于民中增进发展共识。要建立多元主体良性互动机制，搭建交流合作平台，完善利益协调机制，形成各尽其责、协同发力的生动局面。上下贯通、内外兼修，才能为评估结果应用营造良好的外部环境。

技术赋能是提升评估结果应用水平的必然选择。新一轮科技革命蓬勃兴起，为释放评估数据价值、创新评估结果应用模式提供了难得机遇。要积极顺应信息技术发展大势，加快构建先进适用的评估数据分析应用技术体系。综合运用大数据、人工智能、区块链等前沿技术，建立网络运行数据和评估数据的互联互通机制，实现评估数据的关联融合、智能分析和精准画像。建立基于评估数据的网络态势感知和辅助决策系统，形成监测预警、分析研判、策略模拟推演等功能，为科学施策、靶向治理提供有力支撑。要创新搭建在线评估数据服务平台，提升评估数据共享开放水平，为各界用户提供评估数据检索、分析、应用的一站式服务。数据驱动、技术引领，方能充分激发海量评估数据的应用潜力，推动评估结果运用从经验思维向数据思维转变。

激励问责是调动各方运用评估结果、推动网络优化的关键法宝。要建立评估结果与网络发展资源配置挂钩机制，将评估结果作为各级业务主管部门安排财政资金、人才项目等资源的重要参考，对评估绩效突出的给予重点倾斜支持，调动各方优化网络的积极性、主动性。要将评估结果纳入网络及其运行机构的绩效考核指标体系，作为干部选拔任用、职称评聘的重要依据，以利益驱动倒逼评估结果的落实运用。对评估发现的问题整改不力、屡评屡犯的，要建立责任倒查和公开通报机制，视情节轻重予以问责，形成有力震慑。同时，探索将评估工作纳入图书馆星级评定、文明单位评选等系列评优活动，营造比学赶超、争创一流的浓厚氛围。用好"指挥棒"，树立鲜明导向，方能充分调动积极因素，激活评估结果运用的内生动力。

（二）评估结果在网络发展战略调整中的应用

将来的网络发展战略应着眼巩固和放大既有优势，优化资源配置，集中力量加以重点突破，将其打造成网络核心竞争力。对于评估揭示出的特色资源优势，要从战略和政策层面给予倾斜支持，加大资金、人才、技术等要素投入，推动特色资源的精细化加工、智能化揭示、立体化呈现，实现由资源优势向服务优势的跃迁。对于评估反映出的服务品牌优势，要通过高位推动、典型引路，深化服务供给侧结构性改革，推动服务迭代升级、做优做强，将其打造成网络服务的金字招牌。对于评估显示出的区域辐射优势，要立足自身比较优势，找准战略定位，加快建设区域性知识服务中心，辐射带动区域知识服务水平整体跃升。优势引领、错位发展，方能实现由点及面、由表及里的系统突破。

网络发展战略还应聚焦评估中反复出现的普遍性、倾向性问题,在体制机制创新上寻突破、谋出路。对于评估反映出的资源共享深度不够的问题,要着眼跨界融合、协同共享,建立网络成员单位资源共建共享的利益协调机制,完善资源汇集、质量把关、绩效评价标准规范,破除条块分割藩篱,实现资源的全面共享、深度融合。对于评估发现的服务供需错位问题,要从机制层面入手,建立常态化的需求调研和反馈渠道,健全以用户为中心的服务创新机制,优化服务流程,创新服务方式,破解服务"最后一公里"难题。对于评估揭示的网络安全隐患问题,要从顶层设计和制度建设层面着手,加快构建全天候、全方位、全链条的网络安全保障体系,完善网络安全管理制度规范,强化安全风险动态监测、预警和应急处置能力,筑牢网络安全屏障。唯有补齐体制机制短板,激活制度红利,才能从根本上破解发展困局。

把准时代发展新机遇是网络发展战略调整的前提。建设教育强国、科技强国、人才强国,迈向现代化,对知识服务共享网络提出了新的更高要求。网络发展战略应立足国家战略需求,顺应时代发展大势,找准现代化建设进程中的角色坐标和着力点。比如,聚焦教育现代化需求,加快建设面向未来教育的数字知识资源供给体系、智慧化教学支持服务体系,深度融入智慧校园、智慧教室建设,为培养时代新人提供知识养分。聚焦科技自立自强需求,加快建设贯通科研活动全周期的学科化知识服务组织体系,深度参与重大科研基础设施建设,为高水平科技自立自强提供有力支撑。聚焦区域经济社会发展需求,立足区域特色产业和战略性新兴产业,加快建设产业知识服务共同体,为推动经济高质量发展注入新动能。时代呼唤担当,发展赋予机遇。准确识变、科学应变、主动求变,方能在危机中育新机、于变局中开新局。

推动我国数字经济健康发展,要处理好安全和发展的关系,走出一条互信共治之路。数字经济是继农业经济、工业经济之后的主要经济形态,正成为重组全球要素资源、重塑全球经济结构、改变全球竞争格局的关键力量。数字技术与知识服务加速融合,智能化、个性化、沉浸式成为用户体验的新趋势。网络发展战略应顺应数字变革趋势,加快构建数据驱动、智能引领的知识服务新范式。要坚持创新为要,加快新兴技术融合应用,推动数据资源共享开放和规范化管理,强化数据治理能力,加快形成与数字经济发展相适应的服务新业态。要坚持以人为本,创新服务场景和业态,加强算法推荐、智能问答、虚拟导览等智能化应用，提供沉浸式、交互式的知识体验。要坚持开放合作，推动跨界融合，积极参与数字文化建设，推动中华文化数字化，讲好中国故事，促进中华文明与世界文明交流互鉴。唯有融入数字变革浪潮，对接数字中国建设，才能在新一轮数字革命中抢占发展制高点。

网络是一个复杂的有机系统，资源、平台、服务、安全等要素相互关联、相互影响。网络发展战略调整要立足整体视角，坚持全局谋划和部署，统筹各领域、各层面、各环节，不断实现系统优化、动态平衡。要坚持目标引领，围绕办好人民满意的图书馆的总目标，科学制定网络发展的阶段性目标，突出不同时期的战略重点，一张蓝图绘到底，一茬接着一茬干。要坚持问题导向，聚焦资源、技术、机制等方面的突出矛盾，加强要素协同，改革完善体制机制，在补齐发展短板中提升网络整体效能。要注重风险防控，加强网络安全顶层设计，构建网络安全风险动态监测和综合治理机制，强化数据安全、技术安全、用户信息安全，在发展和安全的动态均衡中实现网络安全与现代化同步推进。大兴系统思维，善于"弹钢琴"，才能在纷繁复杂的矛盾中抓住主要矛盾，啃最难啃的骨头，在统筹兼顾中实现网络的整体优化和长远发展。

（三）评估结果对网络服务流程再造的推动作用

众所周知，网络内部机构同质化竞争、服务同质化问题突出，不同服务机构"各自为政"，存在大量服务内容雷同、服务方式趋同的情况，难以发挥"1+1>2"的叠加效应。这就需要以评估为镜，直面问题，在服务定位和服务分工上谋求突破。应立足不同机构的区位特点、馆藏特色、学科优势等，完善分工协作机制，实现差异化、特色化发展。通过顶层设计，明确不同层级机构的功能定位，推动形成布局合理、错位发展、优势互补的服务格局。同时，要建立健全资源服务全流程跟踪问效机制，加强服务绩效评估，完善优胜劣汰机制，在"有进有出"中实现服务资源配置的动态优化。定位清晰、布局科学的服务分工，是服务能力整体跃升的重要基石。

评估展示出的部门壁垒森严问题是推动网络服务流程再造的关键抓手。部门利益割裂、条块分割现象在网络服务中普遍存在，不同业务部门各自为战、单打独斗，信息壁垒严重，难以实现业务协同、流程贯通，服务供给碎片化问题突出。破除部门藩篱，打通业务壁垒，关乎服务效能的整体发挥。要顺应知识服务一体化趋势，树立"网络一盘棋"理念，建立健全网络内统一的服务流

第六章　图书馆信息资源融合与知识服务共享网络的评估

程规范和标准，实现采编、咨询、技术等业务部门间的标准统一、规范对接。要创新跨部门业务协同机制，积极运用大数据、人工智能等新兴技术手段，推动实现跨部门数据共享、流程联通、业务协同，打造线上线下一体、内外部门联动的整体化服务流程。要强化上下游业务部门同向发力，根据不同业务环节的关联特点，完善串联并联机制，减少业务传递"断点"，压缩服务响应时间，提升服务供给的协同性和时效性。

随着用户需求日益多元化、个性化，网络服务与需求精准对接的问题日益凸显。但现实中，网络服务供给往往带有明显的"生产者导向"，对用户需求把握不准、响应不及时，难以适应需求变化，供需错位现象较为普遍。纾解民困，关键在于让服务回归以用户为中心。要建立健全以需求为导向的服务创新机制，广泛开展服务需求调研，综合运用深度访谈、情景分析、用户画像等方法，多维度把握用户需求特点。同时，要拓展用户参与渠道，完善服务需求动态响应和反馈机制，积极运用互联网平台等，广泛吸收用户参与服务流程设计，做到"用户参与、用户评判、用户监督"。此外，要推动供给创新，鼓励从用户"痛点"入手，加强服务场景应用创新，推出个性化、精准化的服务解决方案，提升服务供给的适配性。唯有让用户真正成为服务流程再造的"主角"，供给和需求的精准对接才能水到渠成。

部分网络服务流程存在办事程序复杂、环节过多、手续繁琐等问题，难以适应互联网时代用户便捷获取的要求。优化流程、提速增效，关键要坚持问题导向和效率导向，聚焦影响服务质量和时效的堵点问题，系统梳理服务流程，摸清服务供给的"最后一公里"。围绕解决实际问题，运用信息技术手段，积极探索业务流程的自动化再造。要立足全流程，推动业务环节精简优化，探索实行并联审批、容缺受理等措施，最大限度压减办理时间。积极推行"一站式"服务，加快实现网上办理、一次办成。全面梳理面向用户的办事指南、服务手册，优化简化办事流程，提高服务指引的精准性、形象化，减轻用户办事负担。

强化网络安全，既是优化服务流程的内在要求，也是提升用户获得感的必由之路。要树立安全发展理念，将安全理念、安全要求贯穿服务流程设计的全过程，同步规划、同步建设、同步运行。加快构建全天候、全方位、全链条的网络安全保障体系，从制度建设、人员配备、技术创新、流程优化等方面，强化数据安全、系统安全和用户隐私保护，确保网络稳定安全运行。要加快形成风险防控、分析评估、应急处置的闭环管理机制,完善风险评估和隐患排查制度,优化应急预案和处置机制,切实维护网络设施安全、数据安全和用户信息安全。将网络安全理念、知识、方法嵌入服务全流程,加强宣传教育,强化安全意识,培育网络安全文化,筑牢网络安全防线。

三、构建常态化的评估反馈机制

没有通畅高效的反馈渠道,评估建议就难以及时传递,整改优化也就无从谈起。对此,应注重反馈渠道的制度化、多元化建设。制度化建设要从体制机制层面入手,将评估反馈纳入网络管理的基本制度,以制度规范明确反馈的工作职责、工作流程、工作要求,并结合网络发展的阶段性特点,对反馈的重点内容、反馈周期等进行动态调整,以制度保障为反馈工作提供基本遵循。多元化建设应立足评估利益相关方的差异化特点,搭建形式多样的反馈渠道。面向决策管理层,可通过专题汇报会、恳谈会等方式,重点反馈事关网络发展全局的重大问题和政策建议。面向业务管理部门,可定期召开联席会议,重点反馈影响业务协同、流程优化的问题和对策。面向服务机构,则可运用通报、函询等方式,有的放矢地指出其服务短板,传导整改压力。面向社会公众,应创新反馈形式,综合运用图文、音视频、H5等方式,提炼反馈要点,突出反馈亮点,扩大反馈覆盖面和影响力。

反馈绝不是单向的信息传递,而是评估机构与相关部门、机构的双向互动过程。要建立健全评估发现和整改要求的落实跟踪机制,推动评估反馈形成闭环管理,做到件件有着落、事事有回音。对反馈的重点问题,特别是带有倾向性、苗头性的问题,评估机构要加强跟踪问效,适时开展"回头看",督促整改落实。对整改不力、问题反复出现的,要从严从重问责,形成推动整改的强大压力。此外,还应在评估指标设置中嵌入反馈落实情况考核,将落实反馈作为评估对象的重要指标,纳入绩效评估体系和责任制考核,以考核倒逼反馈落实。

网络是多元主体参与的复杂系统,利益相关方众多,统筹协调、形成合力,是确保反馈落地的重要前提。要建立评估机构与相关部门、机构的常态化沟通协调机制,搭建多层次、多渠道的交流平台,畅通信息共享渠道。评估中,要注重与相关方即时沟通,敦促其重视评估、配合评估。反馈时,要通过座谈、约谈、听证等方式广泛听取各方意见,凝聚整改共识。整改中,要加强与相关方的联动，开展评估发现的校核、复核，确保整改措施有的放矢。对涉及多部门协同、多机构联动的重点问题，要发挥牵头部门的统筹协调作用，明确各方职责分工，压实整改责任，形成工作合力。

对积极配合评估、落实反馈的部门和个人，要加大正向激励力度，在资源配置、项目安排、表彰奖励等方面给予倾斜，以利益驱动引导各方将反馈要求内化为自觉行动。要建立常态化约谈问责机制，督促落实评估反馈。对重视不够、落实不力的，要加大约谈频次和力度，限期整改到位。对整改不力、问题反复出现或性质严重的，要严肃追责问责，视情节轻重采取诫勉谈话、组织处理、纪律处分等措施，以严明的责任追究倒逼主体责任落实。通过奖惩并举、激励问责并重，形成有力的制度约束和行为导向。

要坚持以"绩"定"评"，将整改实效作为评判反馈质量的关键尺度。定期对反馈工作进行全面评估，从反馈及时性、整改到位率、问题解决率等维度构建评价指标，运用定量与定性评价相结合的方式，客观评判反馈成效。要注重发掘反馈工作中的典型经验，加强案例分析和经验总结，在实践中完善反馈的内容、方式、时限等，不断增强反馈的精准性、有效性。要拓宽评价参与主体，充分吸纳专家学者、服务对象等参与反馈评价，并通过问卷调查、满意度测评等方式，广泛了解各方对反馈工作的意见建议，在开门搞评价中查找差距和不足，推动反馈机制进一步完善。

评估反馈是一项关乎公共利益的重要工作，只有确保其在阳光下运行，才能更好接受社会监督，赢得公众信任。要建立评估反馈信息公开制度，依法依规做好评估反馈信息特别是整改落实情况的公开工作。明确信息公开的主体、内容、方式、渠道等，既要保障公众的知情权、参与权、监督权，又要依法保护相关部门、机构的商业秘密，在公开与保密间把握好平衡。创新公开方式，综合运用网站、移动客户端、新媒体等渠道，采取"推送＋查询"的方式，拓展信息获取的广度、精准度。加强评估反馈信息的解读工作，提炼反馈要点，解析整改举措，回应社会关切。通过全流程公开，织密监督之网，进一步推动评估反馈在阳光下运行。

新一代信息技术的迭代演进，为评估反馈机制变革带来新的机遇。要主动顺应信息技术发展大势，加快"互联网＋评估反馈"步伐。依托大数据、人工智能等新技术，加快构建评估数据汇聚共享平台，打破信息壁垒，实现评估成果、整改措施、落实情况等数据的互联互通、关联分析，便于相关方及时掌握反馈全流程信息。探索建立评估反馈业务协同平台，优化流程，压减时限，实现反馈全流程网上运行，大幅提升反馈工作效率。开发移动端评估整改监管系统，实现评估反馈与整改落实的移动化、精准化、实时化监管。加强数据分析应用，运用可视化、数据挖掘等技术，加强评估反馈的态势感知、分析研判，为动态优化反馈内容、方式提供智力支持。

评估反馈是一项长期性、系统性工程。网络评估涉及的领域广、链条长，整改工作难以一蹴而就，需要一个较长的过程。要立足长远，科学把握评估反馈规律，在明确评估反馈定位、厘清反馈重点的基础上，有计划有重点、分阶段分步骤地稳步推进，在动态评估、持续改进中不断深化评估反馈成效。同时，要把评估反馈放到网络发展的大布局中统筹考虑，将反馈贯穿于网络的规划、建设、服务、创新等全过程，做到统筹联动、协调推进。要强化评估反馈的系统集成，坚持问题导向、需求导向与目标导向相统一，坚持当前与长远相兼顾，优化评估、反馈、整改各环节的配套衔接，在系统优化中实现反馈价值的最大化。只有建立常态化、制度化的评估反馈和整改机制，持之以恒抓整改、促落实，方能更好发挥评估的"诊断器""显微镜"作用，不断提升网络治理的科学化规范化水平。

本章小结

通过对图书馆信息资源融合与知识服务共享网络的评估体系的探讨，可以看出，科学合理的评估机制对资源管理和服务优化具有至关重要的作用。评估不仅是衡量资源使用效果和服务质量的关键工具，更是推动图书馆持续改进和创新的动力源。通过系统化的指标体系与定量定性相结合的模式，图书馆能够更加全面地了解自身在资源整合与服务提供方面的成效，从而为下一步的优化提供有力的依据。多主体参与评估确保了评估结果的广泛性和多样性，充分反映了用户的需求与满意度。与此同时，评估结果的有效应用与反馈，不仅帮助图书馆调整和改进资源配置与服务模式，也为构建一个更加高效、可持续的共享网络提供了理论支持和实践参考。在评估的推动下，图书馆将能够在信息资源管理和知识服务领域不断提升，进一步巩固其在知识社会中的重要地位。

第七章　图书馆信息资源融合与知识服务共享网络的发展趋势

信息资源融合与知识服务共享网络的发展，不仅受到图书馆内部资源管理的影响，还受到外部环境、技术进步与全球合作的多重驱动。在图书馆快速变革的背景下，信息资源的组织和知识服务的提供模式不断演化，形成了多样化的发展趋势。技术的深度融入，不仅改变了图书馆内部的资源管理方式，也提升了图书馆对用户需求的响应能力。同时，全球化的加速推进促使图书馆在知识服务和资源共享领域进一步加强国际合作，形成更加开放的网络系统。这些趋势不仅反映了图书馆自身的发展逻辑，也代表了信息资源管理与知识服务在未来的发展方向。通过对技术应用、服务模式和国际合作的综合分析，图书馆可以进一步优化其在信息时代的服务能力，为用户提供更高效的知识获取途径。

第一节　信息资源融合与共享网络的前景展望

信息资源融合与共享网络的发展潜力依赖于技术与管理方式的不断创新。资源融合为图书馆提供了新的数据处理方式，通过有效的资源整合，图书馆能够为用户提供更加全面的知识服务体验。同时，随着共享网络的逐步完善，图书馆内部与外部的资源流通渠道将更加顺畅。今后图书馆的资源不仅限于自身的藏书，而是通过共享网络连接其他图书馆和信息机构，进一步拓展了服务的广度和深度。共享网络的生态系统将不断完善，为知识服务的高效运作提供支持。

一、信息资源融合的发展前景

信息资源融合是知识服务共享网络发展的必然趋势，也是图书馆适应数字化、网络化、智能化新环境，实现服务转型升级的关键路径。随着大数据、云计算、人工智能等新兴技术的深入应用，信息资源在数量、类型、组织方式上呈现出爆发式增长与多样化发展趋势，不同载体、不同来源、不同学科领域的信息资源日益交融，呈现出集成化、关联化、语义化的发展态势。图书馆必须顺应这一趋势，加快推进信息资源的深度整合与协同共享，构建起内容丰富、覆盖全面、融合无缝的资源保障体系。

信息资源融合发展的一个显著特点是从封闭走向开放。在数字化、网络化技术推动下，开放获取资源日益丰富，已成为图书馆信息资源的重要补充。高质量的开放期刊论文、开放教育课件、开放科学数据等，极大拓展了图书馆资源建设的广度和深度。同时，在开放科学、开放教育理念的影响下，高校、科研机构、出版社等纷纷建立开放知识库，向社会免费开放科研成果、教学资源。图书馆要充分利用开放资源，与商业资源、本馆特色馆藏有机融合，实现优势互补，并积极参与开放资源建设，推动从数字化采访向知识开放共享转变。将来的信息资源融合既要立足本馆"藏"的资源，更要充分利用互联网"借"的资源，构筑内外融通的资源大生态。

异构资源的关联与集成是信息资源融合发展的突出表现。在大数据时代，图书馆需要管理的已不仅限于传统的图书、期刊等结构化资源，还包括大量的科研数据、社交媒体数据、网络开放资源等非结构化、半结构化资源。这些异构资源蕴含丰富的知识要素与关联，单纯的条目式组织已不能满足需求。因此，图书馆要运用本体论、语义Web、数据挖掘等技术，在不同粒度、不同语义层次上实现异构资源的映射、链接与聚合。通过构建资源关联数据，形成立体化、网络化的资源组织体系，揭示资源内在联系，实现跨库、跨域、跨语言的关联发现与智能检索，为用户提供一站式、情境化的无缝服务体验。

知识化与智慧化是信息资源融合发展的价值追求。当前，用户不再满足于获取单纯的信息，更需要图书馆基于资源提供知识服务和智力支持。为此，图书馆要充分运用人工智能、深度学习等技术，对信息资源进行深度整合、语义挖掘和价值提炼。一方面，要从资源中抽取、识别知识要素，揭示资源内容特征，构建起资源与知识的映射关系。另一方面，要对资源进行多维语义标引与关联，构建领域本体和知识图谱，形成网状化、图谱化的知识组织体系。通过将外显的信息资源与内隐的知识要素融合统一，创造知识化的资源，为用户提供精准、专业的知识发现与洞察服务，使图书馆从资源提供者转变为智慧服务提供者。

学科化与个性化是信息资源融合发展的重要路径。随着学科分化日益精细，跨学科研究不断深化，用户需求呈现小众化、个性化趋势。对此，图书馆一方面要加强学科信息资源建设，聚焦用户重点学科领域，有针对性地整合、采购、组织本学科及交叉学科的各类优质资源，打造特色学科资源库，为学科用户提供系统化、集成化的一站式资源服务。另一方面，要发挥大数据优势，基于用户画像，挖掘用户兴趣特征与行为习惯，实现个性化资源推荐与智能化知识关联，让每个用户都能便捷获取"私人定制"的资源。未来，图书馆将通过精准、动态、持续的学科化与个性化资源供给，最大限度地满足用户需求，提升用户资源获取的效率和便捷性。

资源聚合与情报分析是信息资源融合发展的深化方向。在大数据时代，海量信息资源给用户获取知识带来新挑战。面对信息过载问题，图书馆要不断强化资源聚合与情报分析能力，实现从海量信息中提炼知识、洞察趋势。一方面，要聚焦热点领域和前沿问题，多源采集、深度整合相关文献、数据、报告、舆情等异构资源，形成知识密集、联系紧密的复合型资源集合。另一方面，要积极运用文献计量、数据挖掘、知识发现等方法，深度分析资源内容，提炼研究主题，总结发展规律，揭示演进趋势。通过资源聚合与情报分析，图书馆能够及时、准确地把握学科动态，洞悉创新图景，为科研决策、学科规划等提供情报支撑和知识参考。

跨界融合与协同创新是信息资源融合发展的时代要求。当前，信息资源呈现出规模化增长、多样性变化、分散化分布的特点，对资源融合提出了更高要求。这就需要图书馆突破机构边界，加强与数据库商、出版社、研究机构、企业等的深度合作，构建跨界融合的资源协同体系。通过与数据库商合作，突破数据壁垒，实现不同学科数据库的互联互通；通过与出版社合作，获取更多优质出版资源，提升资源采访能力；通过与科研机构合作，共建机构知识库，实现科研数据的社会化开放共享。同时，还要发挥用户参与优势，借助众包、众创等模式，鼓励师生参与资源共建共享，实现协同化、众创化资源融合。未来，图书馆将从封闭的资源提供者，转变为开放、共享、协作的资源枢纽，实现多元主体协同下的创新驱动型资源融合。

二、知识服务共享的发展前景

知识服务共享是图书馆事业发展的战略选择，是顺应知识服务供给侧改革，满足用户日益增长的个性化、精细化知识需求的必由之路。随着信息通信技术的迅猛发展和知识创新周期的日益缩短，用户获取知识的渠道日趋多样化，知识需求的表达方式趋于碎片化。面对知识环境的深刻变革，图书馆必须加速推进服务理念、服务方式、服务流程的系统性重塑，以开放共享、融合创新、跨界协作为发展路径，构建泛在、精准、智能的知识服务新生态，为用户提供优质、高效、便捷的知识获取体验，彰显社会主义公共文化服务体系中的价值担当。

在数字网络时代，知识的生产、传播、利用呈现出分布式、去中心化的扁平化网络特征，单个图书馆的馆藏资源和服务能力已难以满足用户多元化、分众化的知识需求。这就需要图书馆深刻认识并践行开放共享理念，努力实现从各自为政、单打独斗到协同发展、互利共赢的战略转变。一方面，要加强图书馆之间的横向联合，发挥不同类型、层次图书馆各自的优势，实现人才互通、经验互鉴、特色资源共建共享，努力化解资源共享的体制机制障碍，为用户提供"一站式"检索、获取服务。另一方面，要打破行业分割藩篱，强化与数字出版商、文献数据库商、互联网企业等主体的深度融合，实现软硬件设施、技术平台、内容资源等要素的有机整合与协调联动，不断拓展知识服务内容的广度和深度。

面对知识生产模式和用户需求场景不断演化的新形势，图书馆单打独斗难以为继，必须基于开放共享理念，加强与学校教学、科研部门的跨界整合，以知识服务为纽带，推动产学研协同创新。通过紧密对接用户的教学、科研活动，深度嵌入教学、科研全流程，图书馆可以更加精准地把握一线用户的实际需求，同时充分借助教学、科研活动中产生的海量数据资源，利用数据驱动的智能算法，为用户提供更加个性化、情境化的知识选择与推送服务。知识服务跨界合作不仅可以拓宽图书馆事业发展的外延边界，更为知识生产、传播、应用各环节的深度融合提供了实现路径，有利于加速知识创新成果的转化应用，为高校人才培养、科技创新和社会服务提供重要支撑。①

知识服务共享要求建立在资源共建、平台共享的基础之上。面对传统文献资源与网络信息资源并存，以及中心化管理与分布式利用并行的复杂局面，亟须搭建高度开放、互联互通的知识资源与服务共享平台。充分运用大数据、人工智能、区块链等新兴技术手段，对多源异构的海量知识要素进行采集、整合、语义关联与智能组织，形成一个全域覆盖、动态更新的知识图谱与服务库，并基于统一开放的数据标准与接口规范，实现跨平台、跨系统的无缝对接与业务协同，为分布在不同节点的用户提供远程、多点并发的一体化知识服务。同时，知识共享平台建设要立足用户视角，优化人机交互界面，简化检索与获取流程，为用户提供沉浸式、交互式的知识探索与发现体验，激发用户参与知识生产与服务创新的主观能动性。

从资源共建、平台共享到生态共创，是知识服务协同发展的内在逻辑。知识生态以开放、共享、协作、创新为本质特征，强调各类主体在知识生产、流通、利用各个环节的网络化、社会化互动。对此，图书馆作为连接知识、用户、场景的重要枢纽，应该努力打造开放包容的文化氛围，建立互利共赢的合作机制，吸引多元主体深度参与知识服务的全流程。一方面，要鼓励用户走出被动接受服务的传统角色定位，积极参与知识组织、标引、评价等环节，实现知识供给与需求的精准匹配。另一方面，要搭建开放创新平台，连接社会各界优质资源，引导具有不同专长、资源禀赋的利益相关方协同攻关，在多元互动中实现资源、技术、智力等创新要素的迸发式融合，最终形成布局合理、活力迸发的知识服务生态系统。

衡量知识共享水平的关键要素不仅在于知识获取的广度与深度，更在于知识供给对用户工作、学习、生活的赋能程度。对此，图书馆应进一步创新服务理念，优化服务流程，从被动式、事后式的"提供知识"向主动式、事前式的"创造知识"转变。要充分运用大数据分析、智能语义挖掘、知识图谱构建等技术，深入把握用户行为规律和知识脉络，探测用户兴趣点与知识盲区，超前设计个性化的知识推送与智力支持服务。要主动嵌入用户的工作与学习场景，充分利

---

① 孔滨，颜世田，宋明惠.新时期高校实验仪器设备"五位一体"管理体系的构建[J].江苏科技信息，2019，36（18）：40—43.

用数字化、VR/AR、情景感知等新兴技术，为用户营造沉浸式、交互式的知识体验空间，实现从海量信息到高阶知识、从被动获取到主动创造的迭代跃升，最大限度地提高用户对知识的消化吸收与创新应用能力。

在数字网络环境下，知识服务共享面临诸多风险隐患。知识版权的碎片化与用户需求场景的虚拟化，给图书馆数字资源使用权限管理带来新的挑战。用户信息行为的网络化与知识获取方式的移动化，使个人隐私保护面临更大风险。对此，图书馆要进一步增强风险防控意识，将信息安全、隐私保护等置于与体验提升同等重要的战略位置，并贯穿于数字资源建设、技术平台研发、服务创新设计的全过程。通过数字版权管理、数字水印等技术，强化知识产权保护；运用大数据脱敏、同态加密、联邦学习等手段，最大程度保护用户隐私；利用区块链、非对称加密等新兴技术，构建安全可信的知识流通链条。与此同时，要加强宣传教育，增强用户风险防范意识，引导用户树立正确的知识共享价值观，自觉抵制和遏制各类侵权、违规行为。

知识服务共享是一项复杂的系统工程，离不开相关制度规范的有力保障。对此，图书馆界应牵头凝聚各方共识，积极推动知识共享法律法规建设，明确界定各参与主体的权利义务关系，在鼓励创新的同时保护各方的合法权益。要制定符合知识服务共享发展规律的政策导向，建立健全协同创新联盟章程与运行机制，平衡好效率与公平、竞争与协作的关系，形成责任共担、利益均沾的长效合作机制。同时建立科学合理的绩效评价体系，将知识服务协同发展纳入评估指标，完善与创新资源投入、知识供给质量、用户参与度等挂钩的利益分配机制，调动各方参与知识协同共享的积极性。此外，还要强化顶层设计，将知识服务共建共享上升为国家文化发展战略，鼓励地方立法先行先试，加大资金投入力度，为知识服务供给侧改革提供制度支撑与空间保障。

三、共享网络生态系统的发展前景

共享网络生态系统是知识服务供给侧改革的必然选择，是顺应知识生产模式变革、知识传播方式创新、知识消费需求升级的时代趋势。在数字化、网络化、智能化的新形势下，传统的以馆藏资源为中心、以提供文献为主的服务模式已难以为继，图书馆必须深刻把握共享经济发展规律，以开放、共享、协作、创新为服务生态系统构建的基本理念，推动从封闭、垄断、分割的管理模式向

第七章 图书馆信息资源融合与知识服务共享网络的发展趋势

社会化、扁平化、生态化的服务模式加速转变。通过优化资源配置方式,创新服务设计流程,重塑内外部合作机制,图书馆应努力在政府、市场、社会多元主体协同治理中发挥枢纽作用,最大限度汇聚公众智慧,释放社会创新活力,构建共建、共享、共治的知识服务命运共同体。

传统图书馆习惯于以本馆"藏"为主,对服务资源实行相对封闭、垄断式的管理,这种自给自足的知识供给方式已难以满足用户个性化、碎片化的知识需求。共享网络生态理念强调,要树立全社会知识资源共享的发展理念,既要立足本馆特色馆藏,更要善于利用好分布在高校、科研院所、政府机构、企业等各类主体的海量知识资源,积极推动从分散化管理迈向一体化融合,从单向服务迈向双向互动。要充分运用移动互联、物联网、区块链等新兴技术,打造服务于知识发现、获取、利用的泛在化网络基础设施,既为海量异构知识资源提供集中统一的资源池,又为分布式节点用户构筑互联互通的共享渠道,让知识无处不在、随时可得。要优化共享网络的体制机制设计,建立健全开放获取政策,消除共享壁垒,充分调动数字出版商、学术数据库商、互联网企业等市场主体和公众的参与积极性,加速推进共享网络生态系统从概念走向实践、从愿景走向现实。

大数据时代,爆炸式增长的海量信息给用户获取知识带来新的挑战,粗放式的资源建设与原子化的文献服务已不能适应精准化知识供给的需要。共享网络生态理念强调,要坚持以用户为中心、以需求为导向,充分运用大数据分析、知识发现、智能推荐等技术,深入挖掘用户在教学、科研、决策等场景下的行为偏好与知识图谱,构建贴近用户认知习惯、符合学科知识生长特点的知识服务供给侧结构性改革新模式。要从海量异构数据中快速锁定最能体现学科特色和前沿趋势的知识要素,多维度地分析其语义内涵与关联脉络,实现从单一要素向复合要素、从静态关联向动态关联的服务迭代升级。要主动对接用户工作、学习、研究的各个场景,既宏观又微观地把握用户兴趣点与知识盲区,在时间、地点、内容、形式等方面实现服务供给与需求的精准匹配。

在数字网络环境下,用户的知识需求呈现出综合化、一体化的新特点,传统的分散于采编、咨询等业务部门的割裂式服务供给方式已不能适应知识创新全流程的系统化需求。共享网络生态理念强调,要树立知识服务的整体性、关联性理念,积极推动跨部门、跨行业、跨区域的协同治理。内部要打破业务条线壁垒，整合采访、编目、咨询、统计等部门职能，实现从各自为政向通力合作的转变，既分工明确、各司其职，又优化整合、协同配合，为用户提供涵盖选题立项、过程管理、论文发表、成果转化的一站式知识服务解决方案。外部要加强与数字出版商、文献数据库商、学术期刊社的战略合作，探索资源共建共享、流程优化再造、平台交叉应用的路径，实现优势互补、错位发展。与高校教学、科研部门形成"你中有我、我中有你"的命运共同体，及时捕捉一线教学、科研的最新知识痛点，并将其转化为可持续优化服务的根本动力。

随着移动社交网络的兴起，扁平化、去中心化的组织形态和创新范式已成为社会发展的新常态，这对图书馆单一中心、科层式的管理模式提出了挑战。共享网络生态理念强调，要充分尊重并发挥每个参与节点的主体作用，鼓励基层员工、业界合作伙伴、最终用户等广泛参与到知识服务的全流程。要搭建开放、灵活的协作创新平台，畅通线上线下互动渠道，实现跨时空、跨主体的无缝协同，让创意灵感在多元碰撞中不断迸发。要创新众包、众筹、众创等协同生产模式，最大限度汇聚全社会的数据资源、智力资本，探索建立联合采编、协作编目、共建共享等新机制，形成用户参与知识生产、智慧融入服务创新的生动局面。要建立常态化的反馈优化机制，畅通用户建言献策渠道，将共享网络打造成不同利益相关方交流互鉴、协商对话的桥梁纽带。通过扁平治理，激发基层活力，发挥群体智慧，推动共享网络生态系统由"他组织"向"自组织"跃迁。

知识服务事关经济社会发展全局，图书馆要主动把握数字化时代知识创新的特点，将共享网络生态系统打造成国家创新体系的重要枢纽。要立足全局、着眼长远，准确识变、科学应变、主动求变，将满足人民群众日益增长的美好生活需要作为知识服务的出发点和落脚点。要瞄准世界科技前沿、经济主战场、国家重大需求、人民生命健康，超前谋划体制机制创新，为重大战略任务的实施提供知识支撑。要树立底线思维，强化风险意识，在数据共享中坚持安全可控，在资源利用中坚持依法合规，在服务创新中坚持伦理道德，筑牢共享网络发展的安全屏障。要加强顶层设计，凝聚发展共识，争取党委政府支持，推动共享发展战略纳入城市总体规划，形成党委领导、政府负责、社会协同、公众参与的共建共治共享格局。要加大资金投入力度，多渠道筹集发展资金，为共享网络生态系统的可持续发展提供坚实保障。

第二节 新技术对信息资源融合的影响

技术的进步已经深刻改变了信息资源的管理方式，尤其是人工智能、区块链、5G和物联网技术的应用。这些新技术不仅提高了图书馆资源管理的自动化水平，还为知识服务的智能化提供了基础。人工智能技术在信息资源检索、分类和推荐方面的应用，使得用户能够更快速地找到所需信息。区块链技术则为资源的安全性提供了保障，通过去中心化的方式，确保了数据的可靠性与不可篡改性。5G与物联网技术的融合，使得图书馆能够在更广的范围内实现信息资源的即时共享与传递。

一、人工智能技术的应用与影响

人工智能技术是引领新一轮科技革命和产业变革的战略性技术，正在成为驱动图书馆事业创新发展的关键变量。人工智能以机器学习、知识表示、自然语言理解、计算机视觉等为核心，模拟人类智能，让机器像人一样感知环境，理解语义，进行推理和决策，其融合性、渗透性、引领性特征日益凸显。作为海量数据聚集、多元知识交汇、智慧服务迸发的中心，图书馆正在成为人工智能技术赋能知识服务、重塑业务流程、催生应用场景的"试验田"。人工智能技术与图书馆业务的交叉融合，正在为传统的信息资源管理与知识服务注入新的生机与活力，成为图书馆破解资源建设同质化、服务模式单一化难题的"金钥匙"。

知识组织与揭示是图书馆的核心业务，而传统的编目、分类、主题标引等工作面临标准化程度不高、自动化水平偏低的问题。人工智能技术以其强大的语义分析和知识关联能力，正在为图书馆知识组织体系重构提供新的解决方案。深度学习、知识图谱、本体构建等前沿算法被广泛运用于多源异构资源的自动语义标引、分类主题提取与多粒度内容揭示，极大提升了海量文本资源的组织化、结构化水平。同时，基于用户行为分析与兴趣建模，针对不同用户的知识背景自动生成个性化主题词表、分类体系，一改传统知识组织的同质化弊端，实现了"千人千面"的精准化知识服务。此外，跨语言信息处理技术打破了语言藩篱，让中文文献与外文文献实现了语义层面的关联融合。由此可见，人工智能正在成为图书馆突破知识组织瓶颈、重塑资源揭示模式的"助推器"，推动知识服务从被动响应到主动精准、从宽泛撒网到定向滴灌的迭代跃升。

资源共享是数字图书馆的重要使命，但资源的标准规范不一、元数据质量参差不齐，导致异构数据库间缺乏互操作、跨库检索困难重重。人工智能正在为破解"信息孤岛"难题提供新的技术路径。知识表示与本体映射技术可实现不同数据库、不同元数据方案的语义关联，让分散于各系统的信息实体达成语义层面的融合统一。知识推理与链接预测技术则进一步拓展了资源的关联度，不仅能揭示文献与文献间的内在联系，更能发掘文献与学者、机构、项目的隐性关联，实现从静态、显性关联向动态、隐性关联的关系扩展。这无疑极大突破了传统资源整合的局限性，有望最终形成覆盖面广泛、结构严谨、语义丰富的一体化知识网络，让用户在海量信息中精准快速地获取知识，在跨库、跨域、跨语言环境下尽享"一站式"检索体验。

用户服务是图书馆工作的落脚点，但传统的被动式、事后式服务模式，很难洞悉用户行为偏好，难以交互式、情景化地满足个性化需求。人工智能为图书馆用户服务流程再造、服务方式创新带来诸多想象空间。用户画像与行为分析技术能够多维度地捕捉用户兴趣特征，及时发现潜在需求，通过个性化推荐、精准信息推送等方式，让知识获取如"私人订制"般贴心。基于深度学习的自然语言对话系统正在取代传统的"关键词—文献"匹配模式，用户可用自然语言表达需求，获得智能问答、情景关联的"一对一"交互式服务体验。知识推理与预测分析技术则进一步增强了知识供给的前瞻性，基于海量学术数据和科研行为习惯，自动预判学科发展动态、研究前沿热点，为学科战略规划、科研选题论证提供情报支撑。由此可见，人工智能正在成为知识服务从被动到主动、从事后到事前转型的"催化剂"，有望最终形成无所不在、无时不有的泛在知识服务生态。

文献保存是图书馆安身立命之本，但传统的人工查缺补漏、定期清点的方式，面对海量异构资源显得力不从心。人工智能以独特优势为馆藏资源的动态管理、智能运维开启想象空间。图像识别、语音识别技术可应用于传统纸质资源的数字化加工，通过对版面布局、排版格式的自动理解、文字符号的自动提取转换，大幅提升纸质文献数字化进程。数据挖掘、机器学习算法可嵌入文献采访工作流,自动比对分析读者借阅、检索日志,识别热点资源与空白领域,辅助馆员优化采购决策。知识图谱、关联规则挖掘等技术用于揭示馆藏资源的学科分布、珍稀程度、被引用情况,形成可视化的馆藏地图、馆藏健康评估报告,为馆藏的补充更新、淘汰处置提供决策参考。由此可见,人工智能与文献资源管理的融合应用,正在驱动图书馆从经验直觉决策向数据驱动决策、从被动管理到主动优化的模式转变。

创新服务是图书馆谋求转型发展的制高点。人工智能技术为拓展知识服务内涵、探索服务创新形态带来无限可能。虚拟现实、增强现实等沉浸式技术,让古籍修复、文物复原"活"起来,为读者营造身临其境的文化之旅。机器视觉、人脸识别等智能感知技术,可用于图书馆人流量分析、读者行为画像,为优化空间布局、创新服务项目提供精准数据。自然语言处理与知识推理技术,可赋能智慧导览、洞见发现等新型服务,让读者与智能机器人"对话",在轻松愉悦中循序渐进地探索知识。由此可见,人工智能为知识服务拓展应用场景、创新服务模式提供了新的工具与思路,成为图书馆服务转型的根本动力。

二、区块链技术的应用与影响

区块链是继大数据、物联网、人工智能之后又一场颠覆性技术革命,其以分布式账本、智能合约、共识机制、密码学原理等为核心要义,实现了多方协同下的可信数据交换与业务协作。区块链以其去中心化、不可篡改、可追溯、公开透明等典型特征,正在成为驱动信息资源融合、知识服务创新、图书情报行业变革的"新引擎"。互联网时代,知识服务生态日趋复杂,版权保护、隐私安全、数据共享等成为行业面临的共性挑战。区块链技术以独特优势为破解这些难题带来新的解决方案,正在成为图书馆攻坚知识服务困局、重塑业务流程、探索创新路径的"利器"。区块链对图书馆传统的资源组织、服务流程、管理模式、协作范式的变革影响不容小觑,正在催生"区块链+知识服务"的崭新业态。

数字版权管理是数字图书馆面临的核心议题,传统的数字版权元数据方案因标准不一、功能局限、互操作性差,在应对海量异构资源的版权管理与利益分配时捉襟见肘。而基于区块链的分布式账本技术,为破解版权管理困局提供了创新思路。将版权信息登记存证上链,版权元数据将永久记录,任何修改都将被追溯，真正实现了版权保护全流程、全方位安全可信。基于智能合约将数字资源的采购、交易、使用、结算等业务逻辑形成自动化脚本，业务规则公开透明、执行结果可追溯不可篡改，有效降低了交易成本、提升了资金清算效率，破解了电子资源采购"最后一公里"的诸多掣肘。"区块链+版权管理"有望最终形成覆盖内容提供方、图书馆、最终读者的点对点版权传播网络，实现基于用户付费、图书馆集中采购、版权方结算的闭环生态，为版权保护与激励创新开辟崭新路径。

数据共享是图书情报领域的战略议题，但各系统的数据标准规范不一，对敏感数据的不当共享将引发安全与伦理风险，而且数据确权难、激励少，共享动力不足。区块链为破解数据共享困局带来新的突破口。基于区块链技术，各节点的数据共享行为将被永久记录、有据可查，参与方的数据使用全程可追溯可监管，敏感信息将被脱敏处理、细颗粒度管控，最大限度保护隐私安全；基于智能合约技术，将数据共享规则写入代码后自动执行，数据责任边界清晰、共享过程公平透明，有效提升共享效率；基于代币激励体系，数据提供方可获得相应的经济回报或声誉激励，共享者权益有保障，共享数据质量可溯源问责，形成数据确权有序、流通高效的良性局面。区块链为数据要素"活水"注入源源动力，有望最终实现"数据价值化流动、流动数据价值化"的共享生态。图书馆可积极融入区块链+数据共享网络，以可信第三方身份参与数据治理，共同制定数据标准规范，探索数据使用与激励规则，为科研数据、文献数据的确权交易提供公证服务，助力知识要素的集成流通。

资源建设与文献采购是图书馆工作的重中之重，但传统"藏为本"理念下，对热门资源的重复建设、冷门资源采购不足等问题突出，馆际互借、文献传递也面临信息孤岛、流程烦冗的诟病。区块链为重塑采访、流通机制带来新契机。基于联盟链，文献元数据可在图书馆联盟内共享，成员单位可据此比对分析馆藏特色、优化文献资源布局，探索差异化、协同化的采访策略。基于智能合约将馆际互借规则写入代码自动执行，馆际互借、文献传递流程将被简化，用户一次请求即可触达联盟内馆藏，服务时效大幅提升。区块链助力资源建设协同化、服务响应自动化、用户体验无缝化，最终形成"你中有我、我中有你"的命运共同体。未来，个性化馆藏、一体化服务有望借助区块链技术从概念走向现实。

创新服务是图书馆谋求转型发展的制胜法宝。区块链的分布式账本、智能合约等特性,为开创"区块链+知识服务"新业态带来无限遐想。将古籍修复、文物鉴定数据存证上链,文化遗产溯源将更加便捷高效;将读者的阅读行为数据登记上链,个性化荐书、精准推送将更加智能贴心;基于联盟链搭建虚拟学习社区,学习过程可追溯、学习成果可确权,在协作互动中激发群体智慧;在物联网、人工智能、VR/AR等技术交叉融合下,以区块链为底层架构,有望最终建成覆盖线上线下的一体化智慧图书馆。区块链为知识创新注入源源动力,更将催生一批"藏、借、研、学"深度融合的创新应用,开启知识服务的崭新篇章。

三、5G与物联网技术的应用与影响

5G与物联网技术是新一代信息通信技术变革的战略制高点,正在成为驱动万物互联、人机交互、数据汇集的时代变革力量。5G以其高速率、低时延、广连接的典型特征,让物理世界与数字世界的边界日益模糊。物联网则以感知层、网络层、应用层为核心架构,以智能感知、信息交互、自主学习等为显著能力,将人、机、物连接成一个高度融合的有机整体。5G与物联网技术的交叉融合,正在重构信息流动范式,激活数据要素价值,这为图书馆破解资源建设同质化、服务流程简单化等发展瓶颈带来新的可能,为知识服务模式创新、空间布局优化、智能管理变革开启崭新篇章。"5G+物联网"必将成为未来图书馆发展的新引擎,以人机物高度协同、数据充分流动的独特优势,赋能知识服务从被动走向主动、从粗放走向精细、从封闭走向开放,全面构筑起无所不在的泛在知识服务新业态。

资源建设是图书馆生存发展之本。传统的"藏为本"理念,往往导致热门资源重复建设、特色专藏发掘不足等弊端。而5G与物联网融合应用,有望助力资源布局从同质化建设走向差异化协同。通过在藏书、期刊、设备等资源载体上植入物联网智能标签,结合5G的海量连接能力,可实时感知文献资源的存量、流量、热度等数据。进而利用5G网络的边缘计算能力,实现跨馆藏数据的实时交互与关联分析,从而更加精准地洞悉不同馆藏的特色与短板,辅助制定个性化的采购策略,在更大范围实现错位发展、优势互补。同时,物联网的感知设备还可应用于珍善本、特藏专藏等重点资源的精细化管理,通过

对温湿度、光照度等指标进行实时监控,有效延缓载体老化,让珍贵记忆永续传承。5G、物联网与资源建设的创新融合,最终将形成"藏用结合、以用促藏"的资源发展新范式。

文献流通是知识资源价值实现的关键环节。传统的借还模式,人工操作繁琐、服务时效滞后、管理精细度不足等问题日益凸显。而5G、物联网与文献流通的创新融合,有望破解这一困局。通过在书籍、阅览室座位等设施上嵌入物联网传感器,并接入5G网络进行数据上传与算力下沉,用户手机与智能设施的无感交互将大幅简化借阅流程。进而结合5G的高带宽、低时延优势,实现自动借还、移动支付、智能诱导停车等自助式服务。再利用大数据分析、可视化等技术,可动态呈现热门书目、借阅高峰时段等信息,辅助动态调整采购结构、优化馆藏布局,让有限的空间资源发挥出最大效能。5G、物联网与文献流通的深度融合,有望最终建成全方位感知、自动化调度、精细化管理的智慧书库,实现从被动服务向主动服务的跨越式提升。

创新服务是图书馆事业发展的新引擎。5G、物联网为开创沉浸式、交互式、个性化的智慧服务新业态带来无限可能。以智能书架为例,通过在书架层板上植入压力传感器,连接5G网络实时采集书籍动态,并结合个人借阅数据进行分析,书架上的屏幕可向读者推送个性化图书导航、针对性荐书等服务,带来比肩电商的智能体验。又如智能机器人,通过在机器人中嵌入物联网感知终端,并借助5G网络对海量信息进行处理,当读者向机器人提出语音问询时,机器人可快速检索知识库并给出智能应答,用声情并茂的方式为读者讲述书中精彩片段,带来沉浸式阅读新体验。此外,5G、VR/AR、全息投影等技术的交叉融合,可让远古洞窟壁画、非遗技艺"活"起来,读者可身临其境地感受文化遗产的独特魅力。由此可见,5G、物联网与图书馆服务的创新融合,将从感知、网络、应用各层面重塑服务理念,以数据流动串联人、书、空间,以沉浸交互重构知识体验,让未来图书馆成为创客汇聚、灵感碰撞的"第三空间"。

智慧空间是数字图书馆的重要特征。传统封闭式的功能分区设计,在应对泛在化知识获取、交叉化学科融合的新需求时捉襟见肘。5G、物联网与智慧空间的融合创新,为打造开放共享的学习伊甸园带来新思路。通过在阅览桌椅、研讨室等空间布设物联网传感终端,并基于5G网络进行多源异构数据的关联分析,可全景式感知读者的空间利用行为,进而优化布局,因需而变,打造灵活多变的学习空间。同时，结合智能硬件、AR/VR、情景感知等新技术，有望构建虚实交融的复合型学习空间。譬如，智能机器人可根据读者的学习偏好，动态推荐个性化学习资源；AR/VR 技术可模拟各类学习场景，让枯燥的学习过程变成寓教于乐；面向研讨小组的智能白板，可自动生成头脑风暴、思维导图，让碎片化思维在讨论中激情碰撞。5G、物联网与智慧空间的深度融合，最终将形成人机物高度交互的复合型学习共同体，让知识在开放共享中流动，让创意在交叉融合中迸发。

第三节 图书馆知识服务的未来发展方向

图书馆知识服务的未来发展方向，重点在于如何更加精准地满足用户的需求。个性化和智能化服务，能够根据用户的行为与偏好，提供更加精准的知识推送。嵌入式服务则通过无缝化的集成方式，将知识服务嵌入到用户的日常工作与生活中，实现信息的随时获取与应用。同时，参与式与协同化服务鼓励用户与图书馆进行互动，提升用户的参与感，形成图书馆与用户之间的双向反馈机制。这种服务模式的转变，将使图书馆的知识服务更加灵活和个性化。

一、个性化与智能化知识服务

个性化与智能化知识服务是新时代图书馆事业创新发展的必由之路，是顺应知识生产模式重构、知识服务需求升级的战略抉择。在大数据、人工智能等变革性技术的推动下，知识服务供给正加速从"千人一面"走向"千人千面"，只有以用户画像、行为分析为基础，洞察用户兴趣特征与行为偏好，构建贴合个体认知、触达服务情境的知识服务模式，才能最大限度地提升知识供给对需求的适配性。与此同时，人工智能、知识图谱等新兴技术与知识组织、知识发现的深度融合，不断提升图书馆感知需求、挖掘知识、智能响应的能力。个性化、智能化服务正成为知识服务走向精准化、沉浸化的关键驱动力。

用户画像是实现个性化知识服务的基石。传统的读者服务大多基于固化的身份属性，难以全面体现用户在不同场景下多变的知识偏好。大数据时代，海量用户行为数据的累积，为精准描摹用户画像打下了坚实基础。通过采集用户的借阅、检索、点击等行为日志，利用机器学习算法深入分析其学科背景、研究方向、兴趣偏好、认知习惯等，形成多维度、动态化的用户画像，这是构建个性化知识服务的前提和基础。值得注意的是，用户画像绝非静止的信息聚合，而应随用户行为实时更新，捕捉新的兴趣增长点，发现行为变化规律，不断修正画像的时效性与准确性，进而驱动服务方案的动态优化，真正做到"用户在哪里，服务就跟到哪里"。

个性化推荐是知识服务智能化的重要表现。大数据环境下，海量信息资源对用户形成严重的认知负荷，"信息过载"成为阻碍知识获取的普遍困境。个性化推荐通过分析用户与信息的关联特征，自动连接用户与其最感兴趣、最可能需要的知识资源，在缓解信息过载的同时，最大化地满足用户个性化的知识偏好。协同过滤、内容过滤等经典推荐算法，基于用户或物品的相似性，能较好地发现用户的兴趣偏好，实现"千人千面"的知识推送。近年来，深度学习、强化学习等人工智能新算法在个性化推荐领域大放异彩，既可提升推荐的实时性、准确性，又可扩展推荐的多样性、新颖性。知识服务要因势利导，充分利用智能算法优化推荐策略，在"物以类聚"的同时兼顾"惊喜发现"，带给用户更加沉浸式、交互式的知识体验。

智能参考咨询是知识服务从被动应答迈向主动发现的关键抓手。传统的参考咨询面对海量、碎片化的用户需求，存在时效滞后、交互不足的短板。语义分析、知识推理等人工智能技术为智能化参考咨询服务带来新的可能。基于自然语言处理，智能问答系统可深度理解用户自然语言表达的语义信息；基于知识图谱，可深度挖掘用户需求背后的潜在关联，扩展知识发现的广度；基于机器学习，可及时捕捉用户反馈，优化问答策略。由此，参考咨询服务将从被动响应升级为主动发现、精准推送，从"小参考"服务走向"大参考"智库服务。今后，虚拟助手、智能问答必将成为参考咨询的新常态，以人机协同、自然交互方式为用户提供沉浸式、情境化的个性化知识服务。

智慧学科服务是知识服务个性化、精细化的集中体现。随着跨学科研究不断深化，学科用户对知识服务提出了更高的要求，传统的学科服务模式已难以适应精细化、动态化的服务诉求。而大数据、人工智能等新技术在学科知识服务领域方兴未艾。通过文献计量、语义分析等技术，可实现海量学术文献的知识元抽取与关联映射，多维度刻画学科发展脉络；利用机器学习、社会网络分析等方法，可深入挖掘学科用户的研究特征与合作网络，实现学科用户"画像"；基于知识图谱，构建起学科领域知识的全景式、立体化呈现，支持学科主题的关联发现与智能检索。由此，智慧学科服务将从宏观走向微观、从静态走向动态、从共性走向个性，为学科用户提供全流程、嵌入式的精准化知识供给，成为学科创新的"助推器"。

知识关联发现是智能化知识服务的显著特征。知识的创新往往源于不同领域、不同载体知识要素的跨界融合与关联重组。传统的知识服务受限于载体与组织方式，对隐性关联、深层关联的揭示能力不足。人工智能、知识图谱等新技术为破解这一难题带来新的曙光。例如，基于深度学习算法可实现多模态数据的特征表示与相似性计算，并通过神经网络建模，在异构数据之间建立语义关联。由此，知识服务将突破载体局限，洞察显性关联背后的隐性关联，挖掘跨媒体、跨语言、跨领域的深层知识网络，让分散的知识在关联中碰撞，在融合中迸发创新的火花。可以想见，未来图书馆将成为知识关联发现的中枢，基于全域数据资源，全面感知创新动向，为用户提供"0距离"知识关联发现服务。

服务情境感知是个性化知识服务的核心诉求。移动社交网络时代，用户的知识行为呈现出碎片化、情景化特征，对知识服务提出了新要求。这就需要知识服务走进用户的应用场景，通过对用户所处情境进行智能感知，主动适配服务策略。5G、物联网、智能穿戴等新兴技术在图书馆的创新应用，为服务情境感知提供了有力支撑。通过在智能硬件、移动端植入情境感知模块，实时采集环境温度、湿度、光照等数据，并结合用户位置、借阅偏好、阅读行为等，多维动态地分析用户所处情景，进而主动触发相应服务。譬如，当感知到用户进入图书馆，系统可主动推送个性化资源导航。当感知到用户在特定书架驻足，可实时推送该主题下的精品好书。由此，服务情境感知将赋予知识服务"第六感"，让用户与知识服务的每一次邂逅，都成为交互体验的感官盛宴。

智能知识创作是知识服务与智能技术深度融合的新业态。随着人工智能从感知智能、认知智能迈向创造智能，智能知识创作正蓬勃兴起。图书馆可充分利用人工智能、知识图谱等技术，在海量文献数据基础上，深度挖掘知识要素，形成可供智能系统学习的高质量语料库；通过学科知识图谱，刻画学科体系、研究主题、关键实体之间的复杂关联，形成扎实的知识基础。在此基础上，智能知识创作系统可对用户输入的写作主题进行知识推理、语义扩展，基于深度学习实现观点阐述、语言生成，形成条理清晰、逻辑严谨的写作框架，并提供智能化的语法纠错、编辑润色等增值服务，让用户在轻松互动中完成"私人订制"的知识创作。可以预见，智能知识创作将成为未来知识服务的新增长点，以人机协同、持续进化的创新模式，让知识创新从灵感触发到成果产出的全流程，都能享受个性化、智能化的专属服务。

二、嵌入式与无缝化知识服务

嵌入式与无缝化知识服务是图书馆事业从支持走向引领、从环节服务走向全流程服务的必然选择，是知识服务供给从封闭走向开放、从割裂走向融合的时代呼唤。随着网络信息生态系统的日益复杂，用户获取知识的情境日趋碎片化、交互需求不断实时化，传统的"坐等服务"模式难以适应用户在工作、学习、研究、决策中的动态化、无缝化知识需求。知识服务必须突破"围墙"藩篱，将触角延伸至用户知识应用的各个场景，围绕用户需求痛点，设计个性化、情境化的嵌入式服务方案，让知识无处不在、服务无时不有。同时，随着跨界融合日益成为知识创新的新范式，嵌入式与无缝化服务正在成为图书馆融入创新网络，协同多元主体，打通资源、平台、服务的纽带与桥梁，驱动知识服务与教学、科研、管理深度融合，构建共生共荣的知识生态系统。

教学嵌入是知识服务从环节走向全程的关键路径。在慕课、微课、翻转课堂等新型教学形态的带动下，用户的学习行为日益碎片化、多元化。教学参考咨询、课程学习指引、在线学习工具等个性化、精准化的知识服务需求与日俱增。图书馆要主动适应教学模式变革，将知识服务嵌入在线教学平台，为学习者提供从选课、预习、复习到考试的全流程跟踪服务。通过对接慕课平台的用户认证体系与学习行为日志，以大数据分析为驱动，实现课程资源的个性化推送与学习效果的精准评估。此外，图书馆还要积极参与在线教学资源的建设，协助教师遴选、整合优质教学资源，开发富有吸引力的微课、翻转课。将信息素养教育嵌入各学科教学，提升学生的数字化学习能力。由此，嵌入式服务将加速推动图书馆完成资源中心向学习中心的角色蜕变，成为在线教育的重要参与者、推动者、引领者。

科研嵌入是知识服务从支撑走向引领的必由之路。随着跨学科研究不断深化，科研过程日趋开放化、协作化，科研用户需要知识服务深度参与选题论证、过程管理、成果评价等各个环节。传统的围绕"文献资源"开展服务的模式亟须升级换代。图书馆应主动融入用户的科研生态，设计嵌入式的全流程科研服务。早期介入选题论证，利用数据分析、知识发现等手段，协助科研人员把脉学科前沿，凝练研究命题。中期深度参与过程管理，结合项目管理工具，辅助科研团队制订计划、控制进度、优化资源配置。后期积极协同成果应用，助力科技成果的推广、转化和产业化，实现学术价值与社会价值的耦合。同时，要加强新兴学科领域的前沿监测，基于机器学习等技术，从海量文献中自动抽取研究主题，形成知识图谱，发现学科交叉增长点，引领交叉学科的生成与发展。由此，嵌入式的科研服务将使图书馆成为学术创新的"孵化器"与"催化剂"，在知识生产的关键环节发挥不可或缺的引领作用。

决策嵌入是知识服务彰显智库价值的重要抓手。在开放政府、智慧城市等新理念的影响下，政府治理与公共服务面临精细化、协同化的创新要求，科学决策、民主决策的社会诉求日益凸显。作为重要的公共文化机构，图书馆理应成为政府决策的"外脑"，积极服务于经济调节、市场监管、公共服务、社会治理等各领域。要主动对接党政机关决策需求，提供情报研究、舆情分析、专题调研、案例借鉴等精准化、嵌入式知识服务。要充分利用数据分析、知识发现技术，对政府开放数据、网络舆情数据进行深度挖掘、智能分析，揭示经济运行规律，把脉民生发展诉求。要积极搭建协同决策平台，汇聚多元主体参与政策制定，以众包、众创等新模式提升公共决策的科学化、民主化水平。由此，嵌入式服务将推动知识服务从信息分析走向智库研究，彰显图书馆参谋决策、建言献策的社会价值。

无缝化服务是知识服务模式创新的必然选择。随着云计算、移动互联等技术在图书馆的深入应用，泛在知识环境已初步形成。打造无缝化的全媒体、跨平台、多终端的一体化服务成为图书馆的现实诉求。这就要求各类数字资源与服务平台实现互联互通、无缝对接，让用户不分时空、不分场景，都能享受连续一致的知识服务。在资源建设方面，要进一步消除异构数据库间的壁垒，统一检索、规范数据标准，实现跨库、跨域的一站式查找。在服务供给方面，要加强移动服务能力建设，开发融合语音交互、情景感知等功能的智能化服务模块，为用户带来沉浸式、自然交互的服务体验。要积极整合线上线下服务，打造融合实体空间与网络空间的泛在知识生态系统，让用户线上触发的服务可线下无缝延续，线下产生的认知也能线上持续深化。

嵌入式与无缝化服务的应用实践不断创新图书馆知识服务的广度与深度。清华大学图书馆开发的"小图"智能咨询平台，利用自然语言处理、知识图谱等技术，可自动对话、语义理解、关联检索，让用户与知识服务实现了无缝对接。上海交通大学图书馆嵌入在线教学平台，为学生提供个性化的阅读推荐、学习进度分析等服务，让每个学生都有专属的课程助手。中国科学院文献情报中心构建的"科研助手"平台，可跟踪科研全流程，辅助科研人员进行文献调研、数据管理、同行对比等，打通了科研与服务的"最后一公里"。这些创新实践昭示着，嵌入与无缝正在成为知识服务的显著特征，驱动着服务理念从支持走向引领、服务方式从集中走向泛在的范式革命。

三、参与式与协同化知识服务

参与式与协同化知识服务是图书馆事业发展的时代呼唤，是知识民主化、社会化趋势下知识服务供给侧改革的必然选择。随着用户主权意识的觉醒和参与诉求的增强，单向传递、封闭管理的知识服务模式已难以为继。用户不再满足于被动接受图书馆提供的资源与服务，而是期望与图书馆形成更加平等、互动的伙伴关系，积极参与服务设计、共同提供服务价值。与此同时，随着跨界融合、协同创新日益成为知识生产的主流范式，打破部门藩篱、跨越行业边界，整合多元资源，构建开放、互联、共享的协同服务网络，已成为图书馆应对日益复杂的知识生态环境的现实需求。顺应这一趋势，重塑图书馆服务理念，创新服务路径，加速从封闭走向开放、从管控走向协同，以平等交互、共创共享重构用户关系，正在成为图书馆事业变革发展的关键制胜法宝。

传统图书馆习惯于以管理者、服务者的身份"端给"用户资源，用户处于被动接受的地位。这种单向度的供给模式，难以有效匹配用户日益个性化、多样化的知识需求。参与式服务理念强调，用户不仅是知识的消费者，更是知识生产的参与者，应成为知识服务全流程的"合伙人"。对此，图书馆须牢固树立用户至上理念，建立倾听用户、尊重用户的互动机制。要广泛听取用户对馆藏发展、空间设计、服务项目等的意见建议，形成常态化的需求反馈渠道。要鼓励用户参与知识组织、标引等工作，群策群力、集众人之智，提升知识服

第七章 图书馆信息资源融合与知识服务共享网络的发展趋势

务的用户体验。要积极搭建创客空间、学习共同体等交流互动平台，为用户的自主学习、协作创新提供支持。由此，参与式服务将促使图书馆从管理本位走向服务本位，以平等的互动、民主的参与，激发用户的主体意识，调动群体智慧，开创图书馆服务的新境界。

随着学科交叉日益频繁，服务创新呈现出多元主体参与、多种智力资源融合的复杂特征。任何一个图书馆的资源禀赋都是有限的，很难独立承担起知识服务的系统供给。这就需要树立"办馆为民、合作办馆"的发展理念，加强与业界主体的网络化协同。要主动对接重大科研项目、教学改革项目，以学科化团队深度嵌入创新活动，为跨学科研究提供情报分析、知识挖掘等支持。要加强与兄弟馆的横向联合，实现文献传递、馆际互借、联合编目、古籍修复等业务协同，打造优势互补、错位发展的资源共享网络。要积极融入区域创新网络，与政府、企业、社区等开展全方位合作，搭建跨界交流平台，使图书馆真正成为区域创新的"触媒"与"动力源"。由此，协同化服务将驱动知识服务从封闭走向开放，在交叉融合中实现优势互补、合作共赢，最大限度地释放社会知识资源的累积效应。

在开放创新、大众创业的时代潮流下，用户不再满足于单纯的知识获取，更期望参与知识生产，实现自我价值。众创、众包模式正是顺应这一趋势，充分尊重用户主体地位，鼓励用户参与服务创新的生动实践。在众创空间方面，可打造集创客体验、创意孵化、项目开发于一体的线上线下相结合的开放式服务平台，为创客提供信息资源、技术支持、设备工具等"创业加速包"，让天马行空的创意在交流碰撞中迸发火花。在众包服务方面，可充分运用移动互联、社交网络等新技术，吸引用户广泛参与馆藏建设、资源标引、知识组织等工作，实现多元主体分工协作、优势资源充分整合。要建立规范的参与机制，完善志愿者管理、绩效评价体系，形成可持续的用户参与生态。由此，以用户为中心、用户参与的众创众包模式，将促使图书馆从封闭管理走向开放创新，让用户从被动接受向主动参与转变，在交互体验中实现知识价值的最大化。

随着创新突破学科专业界限，集聚多元智力要素已成为知识创新的基本特征。这就需要图书馆突破行业藩篱，主动融入社会创新网络，积极探索与教育、科技、文化、产业等领域的跨界协同服务新模式。以服务教学科研为例，可充分运用学科馆员、学科团队等智力资源，深度参与教学科研全流程，提供选题论证、文献调研、过程管理、数据分析等嵌入式服务。以支持文化创意产业为例，可联合博物馆、美术馆、非遗中心等文化机构，共同挖掘、整合特色文化资源，开发沉浸式体验、互动式学习等创新型文化活动。以助推区域经济为例，可主动对接政府决策、城市规划、产业布局等需求，提供文献调研、竞争情报、知识产权分析、科技查新等服务，为区域创新驱动发展赋能。由此，跨界融合将成为协同化知识服务的新领域、新方向，引领图书馆从单兵作战走向协同作战，充分彰显图书馆在区域创新生态系统中的枢纽价值。

第四节　全球化背景下的图书馆共享网络构建与合作

全球化背景下，图书馆的知识服务与资源共享面临着新的挑战与机遇。随着各国间信息流动不断加速，图书馆需要在全球化的视野下，重新思考其共享网络的构建方式。知识共享在不同国家和地区的实施方式各异，因此图书馆必须通过国际合作，寻求更加有效的资源整合策略。国际化的发展不仅推动了图书馆在资源共享领域的创新，还为全球图书馆知识服务共同体的构建奠定了基础。这种跨国界的合作，将大幅提升图书馆在全球知识传播中的作用与影响力。

一、全球化背景下知识共享面临的新形势

全球化背景下，知识生产模式重构、知识流通领域扩展、知识创新主体多元，为知识共享网络建设带来机遇和挑战。以互联网、物联网为代表的信息通信技术迅猛发展，使知识创造、传播、利用突破了时空界限，呈现出全球互联、跨域流动的新态势。随着全球科研合作日益频繁，学术交流日益密切，多语种、多载体、多类型的网络信息资源呈爆炸式增长。面对数字化知识的溢出效应，任何一个国家和地区的知识服务都很难做到完全自给自足。共建共享全球知识生态已成为必然选择。作为连接知识资源、用户需求的重要枢纽，图书馆应顺应时代发展潮流，站在文化交流与知识传播的前沿，超越学科界限、跨越地域藩篱，积极构建开放、联通、互惠的知识共享网络，方能在全球文明互鉴中实现自身的创新发展。

学科交叉融合是知识创新的时代特征。随着科学研究不断向综合化、交

第七章　图书馆信息资源融合与知识服务共享网络的发展趋势

叉化方向发展，多学科视角的碰撞交融已成为知识创新的重要源泉。全球范围内，交叉学科的地位日益凸显，如环境科学、生物信息学、纳米科技等新兴学科方兴未艾。这对具有综合性馆藏优势的图书馆来说，是难得的历史机遇。通过建立学科主题知识库、开发知识发现工具，图书馆能展现学科资源的交叉关联特性，实现从海量文献中精准挖掘跨学科研究的增长点。同时，图书馆还要加强与出版社的合作，搭建学科开放获取平台，引导学界积极参与知识共享网络，最大限度释放学术资源的共享价值。总之，面向学科交叉的知识共享，正在成为全球化图书馆事业的发展新方向。

语言文化多样性是全球知识共享的现实境遇。在全球化时代，不同国家、地区在政治体制、经济发展、历史文化等方面存在显著差异，这必然体现为知识资源的多元性、非均衡性。仅就语言而言，联合国教科文组织统计显示，全球现有7000多种语言，尽管部分语种濒临消亡，但其蕴含的文化基因不容忽视。全球知识共享必须建立在尊重语言、包容差异的基础之上，这对图书馆的语种资源建设和服务供给提出了更高要求。图书馆要在立足本民族语言文化传承的同时，加大外文文献资源建设，完善多语种服务。要充分运用人工智能、大数据等新技术，探索多语言知识组织新模式，实现跨语言检索和知识关联。要积极参与国际图联等全球图书馆事业合作组织，在国际资源建设、特藏古籍保护等方面分享经验、互学互鉴，为人类知识遗产传承贡献力量。

知识产权保护是知识共享的现实挑战。随着数字出版、开放获取的蓬勃发展，学术信息的传播与利用呈现出去中心化的网状特征。然而，知识产权的确权归属、许可使用、利益分配等问题却日益突出，已成为制约知识共享的"瓶颈"。这就需要图书馆在促进资源共享的同时，更加重视知识产权的规范管理，在尊重著作权人合法权益的基础上寻求平衡。一方面，要增强版权意识，完善数字版权管理体系，探索建立基于区块链的资源使用与激励机制，在源头上为知识创新营造公平、规范的利益保护环境。另一方面，要加强版权素养培训，提升全民的知识产权意识，引导读者合法合理使用数字资源。此外，要积极倡导和实践版权开放共享，如推动本馆学术成果在合理许可范围内广泛传播利用，带动更多机构参与开放获取运动，最大程度彰显知识共享价值。

数字鸿沟问题是知识共享公平性的现实考验。全球信息化发展的不平衡性已成为不争的事实。发达国家在信息基础设施、数字资源、人才技能等方面占据明显优势，中低收入国家和地区则普遍面临着数字资源匮乏、访问渠道受限、数字技能缺失等困境。对于渴求知识的发展中国家民众而言，昂贵的数据库订阅费如同一道"数字围墙"，切断了他们与知识拥抱的通道。这与知识服务的公平正义理念背道而驰。对此，作为连接知识生产、传播、利用的重要纽带，图书馆应发挥行业引领作用，加强与国际组织机构的战略合作，积极推动数字资源的普惠共享，让处于不同发展阶段的国家均有机会分享知识红利。既要立足本国国情，在政府统筹下加大信息基础设施建设，完善信息服务网络布局；又要放眼全球，积极参与联合国2030可持续发展目标行动计划，为消除数字鸿沟、促进全球包容性发展贡献智慧和力量。

技术革命引发的知识服务模式创新，正在为全球知识共享网络注入新的活力。云计算、大数据、区块链、人工智能等新一代信息技术广泛渗透到知识生产、传播、利用的各个环节，推动知识服务模式从集中化走向分布式、从封闭走向开放。尤其是以用户为中心的个性化、智能化知识服务理念，正日益成为业界共识。这为图书馆开拓知识共享新疆域带来重大机遇。一方面，新技术赋能图书馆实现海量异构数据资源的关联融合，突破物理空间藩篱，创新泛在化、嵌入式服务供给。另一方面，也对图书馆改造传统业务流程、创新服务内容形式、培育复合型人才队伍提出了新的更高要求。对此，图书馆要准确把握新技术发展方向，加强与业界互联网机构的跨界合作，在人才培养、资源共建、平台开发等方面先行先试，充分运用新技术打造开放共享的国际化知识服务品牌。

知识共享的开放性与安全性之间的平衡，正成为全球化背景下知识服务面临的现实难题。开放互联固然有利于知识创新和价值流动，但数据安全、隐私保护、信息伦理等方面的风险也日益加剧。"棱镜门""脸书数据泄露"等事件无不警示我们，对个人隐私和机构信息的不当使用，将严重损害公众利益、破坏知识生态的和谐。这对全球知识共享秩序的构建提出了更高要求。图书馆作为知识服务的核心主体，要在促进资源开放共享的同时，高度重视数据安全和隐私保护，建立健全数据治理制度，完善数据访问、交换、利用的准入机制，构筑共享网络的安全防线。同时，要加强信息伦理教育，提升业界和公众的风险防范意识，培育有序包容的共享文化，引导形成理性、宽容、互信的网络生态环境。

二、图书馆共享网络的国际化发展策略

图书馆共享网络的国际化发展已成为全球化时代知识服务创新的必然选择，是顺应文明多样性保护与人类命运共同体理念的必由之路。面对日益频繁的跨国学术交流以及爆炸式增长的多语种网络信息资源，任何一个国家的图书馆业都很难独立应对，必须加强国际协同，推动中外文化互鉴，实现优质知识资源的广泛共享。图书馆应立足新发展阶段，以高度的文化自信和开放包容心态，在坚持中国特色、展现中国风格、传播中国声音的同时，积极吸收借鉴人类文明优秀成果，主动融入全球知识生态系统。通过构建高度互联、开放共享的国际化知识网络，不断丰富全球知识谱系，为构建人类命运共同体、推动构建新型国际关系贡献智慧力量。

顶层设计是推进知识共享网络国际化发展的重要基石。我国已明确将图书馆纳入公共文化服务体系，出台了《中华人民共和国公共图书馆法》，在促进全民阅读、传播先进文化、加强国际交流合作等方面做出原则规定。新时期，我们应在此基础上进一步加强战略谋划和系统部署，提升知识共享网络建设在国家软实力建设大局中的战略地位。要坚持统筹协调，充分发挥文化和旅游部、教育部等国家层面的宏观指导作用，加强公共图书馆、高校图书馆、科研院所资料室等不同类型图书馆的分工与协作，打造布局合理、优势互补、融合发展的知识服务体系。要坚持规划引领，编制国家图书馆事业中长期发展规划，明确跨国界服务网络建设的战略重点、重大项目、政策保障等，为共享网络持续发展提供顶层指引。同时还要加强法律法规建设，进一步健全图书馆标准规范体系，夯实国际交流合作的制度基础。

完善资源布局是图书馆共享网络国际化发展的重要内容。在数字化浪潮的推动下，图书馆馆藏资源的外延边界正在不断拓展，覆盖了印本文献、数字出版物、网络开放资源等多种异构资源。面对海量网络信息资源，单纯依靠购买模式已难以为继，必须加快与国际出版机构和文献数据商的战略合作，在数字资源采购、平台共建等方面强化谈判议价能力，争取更多优质资源。要立足中华优秀传统文化传承，充分发挥国家图书馆、高校特色馆馆藏的独特价值，加强珍善本特藏、非物质文化遗产档案的数字化加工，实现国学资源的全球共享。要瞄准前沿科技，积极参与国际大科学计划，与国外高校、科研机构建立

战略合作伙伴关系,形成文献资源交换互赠的良性机制。通过共建共享跨国知识资源库,为中外学者搭建学术交流的桥梁。

创新服务内容是推进知识共享网络国际化发展的核心要义。当前,全球知识图景正发生深刻变革,非结构化、动态化、碎片化的网络信息资源不断涌现,用户获取知识的情境日趋泛在化,传统的文献提供型服务模式已难以适应开放获取、跨学科交叉的新形势。这就需要超越"以馆藏为中心"的服务理念,充分利用大数据、人工智能等新兴技术,积极构建开放获取平台,为国内外用户提供个性化、精准化的知识发现与分析服务。要主动对接国际科研前沿和学科发展动态,面向重大工程项目、科研攻关任务等设置专题信息服务;要深度参与全球开放科学数据平台建设,引导数据密集型科研成果的社会化开放共享;要加强多语言处理和跨文化知识组织,打通海外中国学术信息发现渠道,让中国声音传播得更广、中国形象更加立体。

共建服务平台是图书馆共享网络国际化发展的关键支点。在数字化时代,物理空间的地域限制正日益消解,通过搭建开放互联的数字图书馆服务平台,可以实现全球知识资源的无缝对接与按需获取。各国应发挥大型公共图书馆和高校图书馆的引领示范作用,积极构建数字图书馆国际联盟,推动分布异构的数字资源不断整合共享。要充分运用云计算、大数据等先进技术,建设高可靠、高安全的国际文献资源数据中心,实现联盟成员之间的异地灾备和按需访问。要积极运用数字版权管理、数字水印等技术手段,在版权保护与推广利用之间寻求平衡。同时充分发挥图书馆在信息素养教育中的专业优势,大力开展知识产权宣传普及活动,提升全民尊重和保护知识产权的意识。要注重移动互联网技术在全球阅读推广中的创新应用,加速共享平台的移动化改造,让优质阅读资源随时随地唾手可得。

加强人才培养是图书馆共享网络国际化发展的重要保障。国际化的知识服务离不开具有国际视野、通晓国际规则的复合型人才。从国家层面,要将国际化图书馆人才纳入公共文化人才发展的宏观布局,引导和支持高校开设国际图书馆专业方向,培育一批熟悉国际业务、精通外语的高素质馆员。从机构层面,要拓宽人才引进渠道,积极吸纳海外优秀图书馆专业毕业生,打造具有多元文化背景的国际化工作团队。既要重视人才的专业化培养,帮助馆员全面了解掌握国内外文献资源体系,又要促进跨学科复合型人才的成长,鼓励馆员深入用户学科领域，以学科化视角参与知识服务全流程。要搭建国际交流合作平台，支持馆员短期访学进修、参与国际学术会议，在与海外同行的交流碰撞中开阔眼界、增强本领。

参与国际组织是拓展图书馆共享网络国际话语权的现实路径。国际图联等全球性行业组织对图书馆事业发展具有广泛影响。我国应以更加开放、自信的姿态，积极参与国际图联重大项目、核心标准规范的制定，加大中国图书馆"走出去"的力度。要大力支持国内图书馆界专家学者竞选国际组织重要职务、承办高水平国际会议，在话语体系、话语规则制定中贡献中国智慧。要进一步完善与"一带一路"沿线国家图书馆的交流合作机制，聚焦古代丝绸之路文献整理、非物质文化遗产数字化等领域，打造彰显人类文明多样性的重点合作项目，讲好中国故事、传播好中国声音。此外，还要以更加开放、包容的心态看待西方发达国家在知识经济时代中的竞争优势，积极吸收借鉴其前沿理念、先进技术，在文化互鉴中实现共同发展。

三、构建全球图书馆知识服务共同体

构建全球图书馆知识服务共同体是顺应人类文明发展大势、践行人类命运共同体理念的必由之路，是图书馆界立足新发展阶段、贯彻新发展理念、融入新发展格局的战略抉择。当今世界正经历百年未有之大变局，各国人民的命运从未像今天这样紧密相连。在世界多极化、经济全球化、社会信息化、文化多样化的时代潮流中，人类面临着共同的机遇和挑战，亟须携手应对。图书馆作为人类知识和文明传承的重要机构，理应担负起搭建全球文明互鉴桥梁、推动人类社会进步的神圣使命。通过共享中外优秀文化成果，推动不同文明交流互鉴，构建全球图书馆知识服务共同体，必将为增进各国人民相互了解和信任、推动人类文明进步贡献智慧力量。这是时代发展赋予图书馆的崇高责任，也是新时代图书馆事业变革创新的价值追求。

知识共享是构建全球图书馆知识服务共同体的基石。只有实现全球知识资源的广泛共享，打通知识交流互鉴的"大动脉"，方能凝聚起推动人类文明进步的磅礴力量。这就需要进一步打破资源藩篱，完善资源战略布局，构建内容丰富、布局合理、开放共享的资源保障体系。要加快与国际出版机构和数字资源提供商的战略合作，借助大数据分析、人工智能等先进技术，实现全球文

献信息资源的高效集成与关联揭示。要立足中华优秀传统文化，充分发掘国家图书馆、地方特色图书馆的馆藏资源价值，实现珍贵典籍文献、非物质文化遗产档案的数字化与全球共享。要积极参与开放获取运动和开放科学数据平台建设，引导和推动学术信息资源的网络化开放共享。通过构建连接全球的知识共享大平台，为中外读者架设互学互鉴的桥梁，让人类知识遗产传承创新之光普照全球每个角落。

服务创新是构建全球图书馆知识服务共同体的重要路径。在经济全球化、文化多样化的时代大潮中，知识获取的情境日趋碎片化，用户需求呈现个性化、精细化特征，传统的文献提供式服务已难以适应新形势。推动服务理念、服务方式、服务流程的全方位创新，以更加开放、灵活、多元的知识供给，让不同地域、不同文化背景的用户都能便捷地享受知识盛宴，是图书馆构建人类知识服务命运共同体的题中应有之义。这就需要立足不同国家地区的人文特色、发展水平，以需求为导向，以场景为依托，以用户为中心，设计个性化、精准化、沉浸式的知识服务解决方案。要打破业务条线壁垒，实现采访、编目、咨询、流通等业务部门的融会贯通，构建全流程、一体化的服务链条。要强化与教育、科技、文化等部门的跨界协同，嵌入教学科研全过程，营造有温度、有深度、有内涵的人文交流生态。要充分运用移动互联、虚拟现实、人工智能等新技术，为用户带来沉浸式、交互式的知识探索新体验。通过不断创新知识服务内容与形式，让不同国度、不同文明的人民在交流互鉴中增进了解，在求同存异中达成共识。

跨文化交流是构建全球图书馆知识服务共同体的内在要求。当今时代，不同民族、不同文化背景的交流对话日益频繁，求同存异、和而不同已成为不同文明和谐相处的基本共识。作为联通中外文化的重要纽带，图书馆应发挥独特的资源优势和专业特长，在尊重多元文化差异的同时，以更加包容的视角审视不同文明成果，推动中外文化交流互鉴、文明成果共享。要大力弘扬和传播中华优秀文化，积极承办具有国际影响力的阅读推广、文化交流活动，为海外民众了解中国、感知中国提供生动鲜活的文化载体。要加强与"一带一路"沿线国家图书馆的深度合作，推动中外文献资源的联合采访、古籍修复等领域的务实合作，以文化认同增进民心相通。要以海纳百川的文化自信，虚心学习借鉴国外先进管理经验，在比较借鉴中实现管理理念、发展模式的创新超越。

构建兼容并蓄、和而不同的多元文化交流格局，方能实现不同文明百川交汇、荟萃人类文明之美。

规则共建是构建全球图书馆知识服务共同体的制度保障。文化交流互鉴，文明成果共享，需要在平等互惠基础上形成一套行之有效的行为规范和运行机制。这就需要积极参与全球图书馆事业治理，在国际图联等专业组织的框架内，与国际同行一道制定共建共享的行为准则和标准规范。要做国际版权规则的积极倡导者和模范践行者，在推动全球文化资源广泛传播的同时，尊重和保护知识产权，在开放获取与合理使用之间寻求平衡。要积极参与数字图书馆国际联盟等学术组织的重大项目，在元数据标准、数据平台建设等方面贡献中国智慧、发出中国声音，提升中国图书馆界在全球图书馆事业中的话语权和规则制定权。要加强与联合国教科文组织等国际机构的务实合作，引领构建人类文明互鉴的全球伙伴关系。遵循共商共建共享原则，以开放包容的心态参与全球图书馆治理体系变革，在合作共赢中实现发展权益的普惠共享，必将为推动全球文明进步注入制度化动力。

全球视野是构建图书馆知识服务共同体的思想内核。当前，围绕知识获取与文明传承，世界范围内不同文化和价值理念交流碰撞日益频繁。我们要立足中国特色社会主义文化自信，秉持海纳百川、兼容并蓄的气度和眼光，在坚持本国文化主体性的同时，以更加开放包容的胸怀拥抱世界文明，积极吸收借鉴人类文明的一切优秀成果。要加强国际视野培育，鼓励中青年馆员"走出去"，通过国际交流项目、访学进修等方式开阔视野、增强本领。要构建国际化的图书馆人才成长发展平台，完善人才引进和激励机制，大力引进高层次国际化复合型人才。要以全球视野引领行业发展，积极推动中国图书馆界在国际舞台的影响力，着力打造具有全球影响力的现代图书馆事业品牌。以兼收并蓄的全球视野引领行业发展，以海纳百川的文化自信拥抱世界文明，必将为构建人类命运共同体提供强大精神动力。

本章小结

通过对信息资源融合与知识服务共享网络发展趋势的分析，可以看出，技术与管理模式的持续创新为图书馆的变革提供了坚实的基础。新技术的应用不仅改变了信息资源的组织和利用方式，还大幅提升了知识服务的精准性和效率。与此同时,全球化背景下的图书馆共享网络建设为不同国家和地区的图书馆之间提供了更多的合作机会。多元化的协作模式使得知识服务的覆盖面和影响力得到了极大扩展。在这个过程中,图书馆通过不断完善信息资源融合机制,优化知识服务,构建开放、协作的共享网络,实现了资源的最大化利用。这种融合与共享的模式,不仅提升了图书馆的服务能力,也促进了知识的广泛传播与有效应用。图书馆作为知识管理与服务的核心机构,在这种动态的网络中,展现出更大的灵活性与适应性,为用户提供了更加全面的知识支持。

第八章 结论与展望

信息资源的融合与知识服务的共享网络构建,是图书馆发展中的核心命题。随着信息技术的不断进步,图书馆的职能从传统的书籍管理,逐步扩展到更加广泛的知识服务与共享。技术创新为图书馆资源管理与知识服务的提升提供了全新的工具和手段,人工智能、区块链、5G等技术的应用,使得信息资源的组织、传递与共享效率大幅提高。与此同时,用户的需求也在发生变化,个性化、即时化的知识服务成为现代图书馆服务的重点。面对这些挑战,图书馆需要在技术的助力下,重新设计其整合资源与提供服务的模式。全球化背景下的合作网络,让图书馆之间的资源共享更加深入和广泛,为用户提供了更全面的知识获取途径。多元化的发展趋势意味着图书馆不仅要具备技术上的敏锐性,还要有创新的服务理念,以适应日益复杂的知识环境。

第一节 主要研究结论

图书馆信息资源融合与知识服务共享网络构建是一个涉及面广、影响深远的系统工程。本书立足新时代赋予图书馆的历史使命,围绕知识服务供给侧改革这一主题,从信息资源融合、知识服务创新、共享网络构建、绩效评估等维度,对这一重大课题进行了系统探讨。通过深入剖析国内外图书馆界的实践探索,结合前沿理论和技术发展,力求呈现知识服务融合创新与共享发展的宏观图景,为图书馆事业在新时代焕发新的生机活力提供理论参考和实践指引。现将主要研究结论概述如下:

信息资源深度融合是图书馆知识服务创新的基石。海量异构信息资源的不断涌现,对传统的资源组织模式提出了严峻挑战。本书系统梳理了信息资源融合的内涵与外延,揭示了资源融合的内在机理。研究发现,信息资源融合应立足语义关联，以知识图谱、本体论等为支撑，实现多粒度、跨介质、跨语种资源的无缝整合；应打破馆藏边界，构建虚实互补、多馆协同的资源汇聚与揭示机制；应顺应开放获取潮流，优化资源使用权限和开放策略，最大限度地实现资源开放共享。资源融合的广度、深度和开放程度，很大程度上决定了知识服务供给能级和社会化参与水平。

用户导向是推动图书馆知识服务模式变革的动力源泉。随着用户需求日益呈现个性化、情境化、智能化的新特点，传统的资源中心概念、"藏"为主的服务范式难以为继。本书从用户视角审视知识服务，强调以用户为中心重塑服务流程、优化服务供给。研究指出，要立足用户画像、行为分析，创新开展智能问答、情境感知、个性推送等智慧化知识服务，做到"千人千面"。要积极拥抱移动社交新生态，将知识镶嵌于用户的工作、学习、生活场景中，做到服务无处不在、时时可及。要尊重用户主体地位，拓宽参与渠道，汇聚用户智慧，实现知识供给与需求的良性互动。用户体验将成为知识服务能否彰显价值的试金石。

开放共享是知识服务跨界融合、协同发展的时代趋势。知识服务的外延不断拓展，单一机构和有限资源已难以满足用户日益增长的知识需求。本书立足开放融合理念，描绘了知识服务共享网络的发展愿景。研究表明，共享网络应立足全局，统筹各类图书馆、情报机构的异质资源禀赋，实现优势互补、错位发展；应发挥枢纽作用，联合出版机构、学术团体、科研机构等多元主体，构建跨界融合的知识服务生态；应坚持开源共享，探索资源使用、利益分配的新型机制，实现互利共赢、良性循环。共建共享的理念贯穿于网络的架构设计、运行机制、服务流程等各环节，为知识服务注入了源源不断的新动力。

评估是优化完善知识服务共享网络的重要法宝。面对网络日益复杂的系统架构和海量动态数据，传统的事后评估、经验判断已难以适应治理现代化要求。本书强调评估理念和评估方法的革新，提出了多元主体参与、定性定量结合、过程结果并重的评估模型。研究指出，评估要聚焦网络发展的关键环节，综合运用文献计量、数据挖掘、情景分析等方法，动态评判资源聚合、平台性能、服务绩效、用户体验等，形成评估合力。要坚持开门评估，鼓励管理者、业务骨干、专家学者、服务对象等多元主体参评，增强评估广度。要注重成果转化，完善"评估—反馈—优化"闭环，将评估嵌入网络发展全流程，发挥评估的导向、考核、激励功能。循证决策、精细治理将成为知识服务共享网络高质量发展的重要保障。

体制机制创新是释放知识服务活力、推动融合发展的制度密钥。知识服务事关公平正义,但市场失灵问题客观存在,单纯依靠市场配置难以实现优质知识的普惠共享。本书指出,要坚持政府主导,在搭建共享网络、制定政策标准、维护公平竞争等方面发挥引领作用;要优化内部治理,完善法人治理结构,推动管理重心下移,激发基层活力;要创新运行机制,探索知识服务的准公共产品属性,在政府保基本、市场增活力间找到平衡点;要打破条块界限,创新协同机制,在多元参与中汇聚各方力量。体制机制的活力释放,有望为知识服务注入源源不断的创新动力。

智慧引领是知识服务共享网络创新发展的核心动能。随着大数据、人工智能、区块链等新技术的迭代演进,数字化、网络化、智能化成为知识服务创新的时代主旋律。本书指出,共享网络发展要主动顺应智能革命浪潮,以智慧化重塑服务流程、升级服务功能;要强调人机协同,创新开展智能检索、语义组配、情境感知等服务,释放数据资源和专业智慧的叠加效应;要坚持开放融合,积极对接智慧城市、智慧校园等数字化基础设施,与各领域智慧服务协同发力;要注重生态构建,在开源共享中持续优化迭代,构建可持续发展的创新生态。智慧化将成为知识服务共享网络价值再造、能力再造的新引擎。

知识治理是知识服务共享网络高质量发展的战略选择。随着知识生产方式和传播机制的深刻变革,包括知识产权、学术诚信、伦理道德等在内的知识治理问题日益凸显。本书强调,共享网络要着眼全局,加快构建系统完备、科学规范、运行高效的知识治理体系;要协同各方,完善法律政策,推动知识产权保护与开放共享相统一;要加强科研诚信宣传教育,营造诚实守信、追求真理的良好学术生态;要加强伦理审查,坚守道德底线,在鼓励创新、防范风险间把握平衡。加强知识治理,有利于维护创新主体合法权益、营造风清气正学术环境,进而激发全社会的创新活力。

第二节 研究的局限性与未来研究方向

图书馆信息资源融合与知识服务共享网络构建是一个宏大命题,涉及图书馆事业发展的诸多方面。本书立足理论创新与实践指导相统一，系统梳理了国内外知识服务融合发展的理论与实践，剖析了我国图书馆界在资源融合、知识服务、共享网络、绩效评估等方面的突出矛盾和改革方向，提出了一些具有前瞻性、对策性的发展思路。这些研究对于拓宽知识服务理论视野、指导知识服务实践变革具有一定启示意义。但受限于学科背景、研究条件等主客观因素，本研究仍存在一些不足，有待在后续工作中进一步深化。现就主要局限性及未来研究方向概述如下：

研究视角有待进一步拓展。当前，知识服务已成为一个涉及多学科、跨领域的交叉综合性课题，既涉及图书情报学，也涉及计算机科学、管理科学、教育科学等。本书主要立足图书情报学视角，从文献计量、知识组织、信息检索等方面切入，对知识服务的内涵、模式、架构等进行了系统梳理，这有助于奠定学科理论基础。但知识服务实践的复杂性、多样性，远非单一学科视角所能穷尽。未来研究宜进一步加强学科交叉融合，综合运用计算机语言学、管理学、教育学等理论方法，从智能计算、组织管理等维度拓展研究视角，以多学科联袂共进的研究范式揭示知识服务的内在规律。

研究方法有待进一步创新。面向知识服务的融合发展趋势，传统的文献调研、案例分析等定性研究方法虽然有助于把握宏观格局，但在揭示网络化、数字化环境下知识服务运行的复杂机理方面仍显不足。未来研究应注重定性与定量研究相结合，在案例分析、经验总结基础上，积极运用用户行为分析、机器学习算法等定量化工具，深入剖析海量用户行为数据中蕴藏的知识服务需求特点、行为模式，揭示服务供需错位的深层次原因。同时，要顺应人工智能发展趋势，借助认知计算、深度学习等智能算法，加强知识服务全流程的数据感知、实时分析、辅助决策，革新服务流程与方法，推动从经验决策向循证决策、从被动服务向智能服务跃迁。

研究内容有待进一步深化。本书在梳理知识服务理论基础、技术路径的基础上，重点分析了信息资源融合、知识服务创新、网络化共享、服务绩效评估等热点议题。这些探索有助于构建知识服务的整体框架，把握服务创新的主攻方向。但面向信息技术的加速迭代和用户需求的快速分化，知识服务的内涵外延还在不断拓展。未来研究须进一步聚焦人工智能、大数据、区块链、5G等新兴技术在知识服务场景中的融合应用，深度剖析技术赋能知识服务流程再造的路径；要系统探讨跨介质、跨语种、非结构化数据的关联融合与智能化挖掘，拓展复杂网络、机器学习等在知识关联、知识推理中的应用；要进一步关注知识产权、隐私保护、伦理道德等知识服务的核心议题，推动建设科学规范的知识治理体系。唯有进一步拓展研究深度、广度，方能适应知识服务的革命性变革。

实证研究有待进一步深入。本书在国内外知识服务研究、案例分析的基础上，结合我国图书馆事业发展实际，提出了一些知识服务体系构建、运行机制创新的框架性设想。这些研究对于指导顶层设计、优化实践路径具有一定的前瞻性。但总体而言，本书仍侧重从宏观、中观层面论证共享网络构建的必要性、可行性，对具体实施路径的微观考察还不够深入，尚需在实证分析上下更大功夫。未来研究要立足不同类型图书馆的资源禀赋、服务特色，开展深入细致的实地调研，通过问卷调查、访谈等方式，了解不同利益相关方对知识服务供给侧改革的意见诉求，进而因地制宜地提出精准化、差异化的发展路径。同时，要注重理论与实践相结合，及时总结各地知识服务创新的生动实践，提炼典型经验，完善理论观点，做到理论指导实践、实践丰富理论。

研究成果转化有待进一步加强。知识服务研究的价值归根结底要通过成果转化来体现。遗憾的是，当前知识服务研究与图书馆实践创新的良性互动尚未完全形成，一些研究观点、政策建议的可操作性还有待进一步强化。未来研究要进一步突出问题导向、需求导向，紧扣图书馆事业发展的重大理论和实践问题，提出具有前瞻性、针对性、可操作性的对策建议。要加强与相关部门、业界机构的沟通协调，搭建产学研用协同创新平台，推动理论成果向实践工具、应用系统、管理制度等转化，形成研究、转化、再研究的良性循环。同时，要创新成果传播渠道，综合运用学术期刊、专题报告、决策咨询等多种形式，加大研究成果的宣传推介力度，扩大成果的示范带动效应。

跨界比较研究有待进一步强化。知识服务是一个全球性命题。本书在梳理国外图书馆界知识服务实践进展的基础上，分析了我国图书馆在资源融合、知识服务、共享机制等方面存在的突出问题，提出了改革创新的思路对策。但总体而言，本研究在国内外实践的纵向历史考察、横向比较分析上的力度还不够，知识服务本土化、特色化发展路径的探讨还不够深入。未来研究要进一步拓宽国际视野，加强与国外学术机构、行业组织的交流合作，积极参与国际前沿理论研讨,追踪全球知识服务的发展动向。同时,要立足我国社会主义公有制经济基础和意识形态环境,深入剖析图书馆在社会主义先进文化建设、公共文化服务体系建设中的独特角色定位,探索契合国情、彰显特色的中国道路、中国经验,推动形成中国特色知识服务理论体系。

知识服务供给侧改革是一项涉及面广、影响深远的系统工程。本书立足融合发展这一主旋律,对知识服务变革的动因、路径、策略等进行了初步探索,力求为图书馆事业破解发展瓶颈、激发创新活力提供理论参考和实践指引。但知识服务研究犹如一场永无止境的长跑,没有终点,只有连续不断地接力。图书馆学研究者须以高度的历史使命感、理论自觉和实践自觉,准确把握数字革命、智能革命的时代脉搏,加快构建具有中国特色、展现时代特征的知识服务理论体系,在丰富理论内涵、拓展实践外延中推动学科体系的现代化重构。要坚持以用户为中心的发展思路,创新服务理念、优化服务流程,推动知识生产、传播、利用的集成创新,实现知识服务与用户需求的精准对接。要主动顺应开放、融合的时代趋势,以体制机制创新为先导,以技术变革为驱动,以跨界合作为路径,推动资源、技术、服务、机制一体化设计,构建开放共享、融合创新的知识服务新生态。

第三节 对图书馆信息资源融合与知识服务的建议

图书馆是知识服务事业的中坚力量,在支撑创新发展、繁荣文化事业、提升国家软实力等方面肩负着重要使命。站在新的历史起点,面对新一轮科技革命和产业变革的时代大潮,图书馆事业的改革发展迎来了难得的历史机遇,同时也面临着前所未有的风险挑战。把握机遇,应对挑战,关键在于以改革创新为动力,加快推进信息资源融合与知识服务供给侧结构性改革,重塑发展理念,优化服务流程,革新服务方式,为经济社会发展注入新的活力和动力。现就深化改革、创新发展提出以下几点建议,以期为广大图书馆界同仁提供一些参考。

深化体制机制改革,激发创新发展活力。体制机制是推动事业发展的"总开关"。当前,图书馆普遍存在内部运行机制不畅、外部协调机制不健全等问题,严重制约了各类创新要素的聚合释放。亟须以创新驱动为引领，进一步厘清政府与市场的边界，健全法人治理结构，完善现代图书馆制度，推动图书馆治理体系和治理能力现代化。内部治理要坚持科学决策、民主管理、开放育人，建立健全理事会、管理委员会等法人治理结构，形成权责明晰、运转协调、监管有力的决策执行体系。外部治理要加强与政府相关部门的统筹协调，明确文化、教育、科技、新闻出版等部门事权，完善多元投入、共建共享的运行机制。同时，要以开放包容的心态积极吸纳社会力量参与，建立常态化的沟通协商机制，在多方协同中汇聚起推动事业发展的强大合力。

创新服务供给模式，打造知识服务生态。随着知识获取方式的日益多元，用户对知识服务的广度、深度、精准度提出了更高要求。图书馆必须顺应大势，加快构建多元化、个性化、泛在化的知识服务供给体系，重塑服务流程，创新服务模式，为用户提供沉浸式、交互式的知识体验。要坚持以用户为中心，综合运用大数据、人工智能、5G等新技术，加强用户画像分析和行为挖掘，精准感知并满足用户的个性化、场景化知识需求。要强化开放共享，构建跨馆际、跨部门、跨行业的知识服务协同网络，整合各类创新资源，实现知识的无缝对接与交互协作。要拓宽服务边界，主动嵌入教学科研、生产实践等应用场景，创新开展嵌入式服务，与教学、科研、管理等业务流程深度融合，实现从"藏"到"用"、从被动服务到主动服务的模式革新。

优化资源配置结构，提升供给效能。知识服务的质量和水平，根本上取决于信息资源的规模、质量与活力。当前，图书馆普遍存在资源总量不足、结构失衡、共享不畅等问题，供给与需求错位矛盾突出。必须立足用户视角，优化馆藏资源的战略布局，在保障基本需求的同时，加大特色资源开发力度，打造彰显本馆特色和优势的核心知识产品。要强化资源生命周期管理，加快实现从粗放式向集约化管理的跨越。同时，要以开放的胸怀积极融入全球创新网络，加快数字资源引进和本土化，推动中华优秀传统文化和本国知识成果的国际传播，提升我国在全球知识产业价值链中的话语权和影响力。通过优化配置、集约管理、扩大开放，最大限度地盘活存量资源，为创新发展提供优质知识供给。

加强知识组织揭示，增强知识关联创新。面对知识来源渠道的多元化和呈现形式的异构化，传统的编目、主题标引等组织方法已难以为继，亟须创新知识组织理念，重构资源揭示模型。要顺应语义网、开放链接数据等新技术发展趋势，综合运用本体论、语义网等方法，建立覆盖多学科、多语种、多文化的公共知识元数据框架，实现资源的语义关联与映射。同时，要强化人工智能、自然语言理解等技术在知识组织中的应用，创新开展用户标注、机器学习、深度挖掘等，实现对非结构化信息资源的自动语义标引、知识抽取与推理，构建融合显性知识与隐性知识、连接事实数据与情境关联的知识关联网络。此外，要加强用户参与，借助众包、协同标注等方式，充分调动用户参与知识组织的积极性，实现用户智慧与专业智慧的交互迭代。

推动跨界协同融合，构建知识服务共同体。随着创新范式从"自主创新"向"开放创新"转变，图书馆必须树立生态思维、基于网络化的系统观念，主动融入创新网络，深化与政府、科技、教育、产业和社会组织的战略协同。要以共建共享、互利共赢为宗旨，积极参与文化创意、科技创新、教育教学、智慧城市、数字经济等领域的协同创新，推动知识创新要素的跨界流动与价值增值。要创新服务机制，加强与各类创新主体的供需对接和协同互动，为科研院所、高新企业等提供产业技术情报、竞争情报等知识服务，成为区域创新发展的策源地和助推器。同时，要积极回应全民阅读、终身学习等国家文化战略，主动对接基层公共文化服务，促进优质知识资源向基层延伸，推动形成辐射城乡、融合线上线下的全民阅读服务网络。

坚持开放包容发展，拓展国际交流合作。开放的图书馆才有生命力。要以更加开放的视野审视图书馆事业，坚持扩大开放、融入世界，推动中国图书馆界在更高起点、更大范围、更深层次上参与国际交流合作。积极参与全球图书馆事业发展的战略谋划，在国际图联等重要国际组织中发出中国声音、提出中国方案，不断提升中国图书馆界的国际影响力。要充分利用"一带一路"等重大战略机遇，推动中外图书馆在人才培养、学术交流、资源共建等方面加强务实合作。支持边疆、民族地区图书馆加强与周边国家的交流互鉴，打造民心相通的桥梁纽带。同时，要加强与海外图书馆的合作，讲好中国故事，传播好中国声音，使中华文化走向世界。

强化科技赋能，加速数字化、智能化转型。新一代信息技术的迭代演进，为图书馆事业变革发展提供了强大动力。要把握新技术革命浪潮，加快实施数字图书馆活动工程，推动图书馆由资源中心向数据中心、智慧中心转型。加强顶层设计,制定数字化转型的中长期行动计划和路线图,明确转型重点和实现路径。加大资金投入,完善数字基础设施,提升网络支撑和算力保障能力。要强化跨部门协同,统筹推进数字内容、数字平台、数字服务、数字安全一体化建设。同时,创新体制机制,打破数据壁垒,完善数据共享开放、隐私保护等标准规范,营造数字化发展的制度环境。要夯实智能化基础,搭建知识图谱、知识推理等通用技术底座,推动人工智能、虚拟现实等新技术在知识组织、检索、分析、可视化等环节的融合应用,加速由管理信息化向服务智能化跃升。

弘扬新时代图书馆文化,涵育高素质专业人才队伍。人才是最宝贵的资源。当前,图书馆专业队伍建设面临职业吸引力不强、专业培养能力不足、知识结构老化等诸多挑战。必须把人才资源作为支撑创新发展的第一资源,着力建设政治素质过硬、业务能力精湛、育人水平高超的高素质专业化人才队伍。要树立新时代图书馆文化,大力弘扬尊重知识、崇尚创新、服务社会的价值理念,把图书馆打造成知识分子向往、创新人才汇聚的精神家园和事业平台。要完善人才培养使用机制,创新选人用人机制,在人才引进、职称评聘等方面给予政策倾斜。开辟灵活多样的职业发展通道,畅通专业技术和管理两条职业发展路径,为各类人才脱颖而出、施展才华提供广阔舞台。加强与高等院校、科研院所的合作,建立供需对接机制,推动图书馆学专业与相关学科的交叉融合,加快培养复合型、应用型、创新型人才。

构建完善的法律政策体系,营造创新发展的良好环境。法律政策是推动创新发展的重要保障。要加快建立健全适应新时代图书馆事业改革发展需要的法律法规和政策体系,为深化改革、创新驱动提供有力的法治保障。加快修订《图书馆法》,从法律层面明确图书馆的功能定位、治理结构、经费投入、人才保障等基本制度,强化法律在现代图书馆治理中的基础性作用。制定国家层面的中长期发展规划,明确事业发展的战略目标、主要任务、政策措施。同时,建立健全促进创新的政策保障体系,在技术创新、应用创新、管理创新、服务创新等方面给予政策激励和资金扶持。同时,完善知识产权保护制度,健全失信惩戒机制,加强网络空间治理,维护公平竞争秩序,营造风清气正的创新生态。

本书的最后,对于图书馆信息资源融合与知识服务共享网络的系统分析,可以看出,图书馆在现代社会中发挥着日益重要的作用。信息资源的有效整合为知识服务提供了坚实的基础，而共享网络的构建则进一步扩展了资源的覆盖范围和利用效能。这一系列创新措施不仅改善了图书馆的服务质量，还提升了其在信息时代中的竞争力和影响力。同时，科学的评估体系为图书馆的资源管理和服务优化提供了有效的反馈，确保其能够根据实际需求进行动态调整与改进。图书馆在应对技术变革和用户需求变化时，必须保持灵活性和适应性，不断完善自身的管理模式和服务方法。通过结合技术创新、管理优化与国际合作，图书馆可以更好地服务于用户需求，实现资源共享的最大化效益。综合来看，信息资源的融合与共享网络的建立，为图书馆未来的服务模式提供了有力的支持和保障。

参考文献

［1］李春明，杜照熙，薛雪，等.公共图书馆为国家立法和决策服务的模式与路径研究——以国家图书馆为例［J］.图书馆，2022（11）：92—97.

［2］段杰.移动互联网背景下公共图书馆转型研究［D］.秦皇岛：燕山大学，2017.

［3］李振，周东岱，童婷婷.元宇宙视域下图书馆空间重构的价值意蕴、逻辑理路与发展路径［J］.图书馆工作与研究，2023（02）：5—11.

［4］牛继伟.智慧化图书馆的服务模式构建与探索［J］.文化产业，2023（05）：109—111.

［5］黄美兰.新形势下基层公共图书馆地方文献工作刍探［J］.成才之路，2020（20）：42—43.

［6］宋丽丽，姜晓轶，赵龙飞，等.领域知识服务体系构建与实践——以海洋知识为例［J］.自然资源信息化，2023（03）：1—8.

［7］杜永华.全民数字素养教育融入学习型社会建设对策研究［J］.河南图书馆学刊，2023，43（04）：84—86.

［8］赵想飞，常颖聪，黄闽，等.第三代图书馆服务平台中的数据安全研究［J］.数字图书馆论坛，2021（08）：39—44.

［9］傅春平.知识服务体系建设研究——以福田区图书馆"选书帮"为例［J］.图书馆学刊，2020，42（03）：43—50.

［10］刁羽，薛红.高校图书馆典型用户群体电子资源行为数据分析实证研究——基于创文图书馆电子资源综合管理与利用系统［J］.新世纪图书馆，2022（07）：59—64，71.

［11］李小鹿，袁辉.基于线上点评的品牌联想测评——以地域性餐饮品牌为例［J］.辽宁大学学报（哲学社会科学版），2020，48（02）：81—91.

［12］赵磊磊，代蕊华，赵可云.人工智能场域下智慧校园建设框架及路

径［J］.中国电化教育，2020（08）：100—106，133.

［13］周洪宇，曾嘉怡.何谓·为何·如何："新时代小先生行动"的三个基本问题［J］.教育评论，2022（11）：3—13.

［14］金瑶."需求汇聚"智慧共享空间构建：基于数字云经济的理论视角［J］.社会科学前沿，2019，8（6）：1043—1051.

［15］孔滨，颜世田，宋明惠.新时期高校实验仪器设备"五位一体"管理体系的构建［J］.江苏科技信息，2019，36（18）：40—43.

［16］薄文广，黄南.基于政府合作视角的京津冀协同创新共同体构建研究［J］.河北经贸大学学报，2023，44（03）：55—62.